HISTOIRE

DE

CHARLES XIV

(JEAN BERNADOTTE),

ROI DE SUÈDE ET DE NORVÉGE.

II.

IMPRIMERIE D'AD. ÉVERAT ET COMP.,
rue du Cadran, 14 et 16.

HISTOIRE
DE
CHARLES XIV

(JEAN BERNADOTTE),

ROI DE SUÈDE ET DE NORVÉGE,

PAR

TOUCHARD-LAFOSSE.

TOME DEUXIÈME.

PARIS.
GUSTAVE BARBA, LIBRAIRE,
RUE MAZARINE, 54.
—
1858.

Un franc le volume in-douze
Cartonné à la Bradel.

CABINET LITTÉRAIRE
COLLECTION UNIVERSELLE
DES MEILLEURS ROMANS MODERNES

Bibliothèque des Maisons de campagne

RENFERMANT TOUS LES ROMANS
DE
MM. CHATEAUBRIAND, SALVANDY, WALTER SCOTT,
COOPER, CAPITAINE MARRYAT, BIBLIOPHILE JACOB, PIGAULT-LEBRUN,
PAUL DE KOCK, VICTOR DUCANGE, HOFFMANN.

TRADUCTEURS:
MM. DEFAUCONPRET ET DERAZEY.

500 Vol. in-12, à 1 fr. chaque, cartonnés à la Bradel.

On a fait bien des projets de bibliothèque universelle, et ces projets ont enfanté bien des gros volumes inutiles. Mais à côté de ces gros livres dont le format seul vous fait peur, et qui sont bourrés de science jusqu'à la marge, serait-il donc impossible de produire d'ingénieux petits volumes d'un format facile et commode, d'une lecture amusante et variée; en un mot, une bibliothèque pour la maison de campagne, pour le bosquet de verdure, pour le bord du ruisseau, pour tous les heureux instants de la vie nonchalante, ou encore pour les belles heures du coin du feu?

Tel est notre projet, tel est le plan du *Cabinet littéraire*; sous ce titre, nous offrons à nos souscripteurs la plus ingénieuse série de livres amusants qui aient été écrits dans notre siècle. Cette fois, grâce à nous, il n'y aura plus un seul château si inaccessible, plus une seule maisonnette si cachée dans les bois, qui ne puisse avoir son trésor divertissant de romans, d'histoires, de contes, d'ingénieuses et rares fictions. Grâce à nous, toute maison des champs, grande ou petite, possèdera sa bibliothèque portative, comme elle possède un jeu de billard. Eh! quel est le délassement qui se puisse comparer à celui d'un bon livre qu'on porte avec soi à toute heure, en tout lieu; utile ami qui ne vous manque jamais; facile causeur qui parle ou qui se tait, à vos ordres; imagination féconde, inépuisable, qui vous verse abondamment tous ses trésors! Montesquieu disait qu'il n'y avait pas un seul chagrin du cœur qui ne se calmât à la lecture d'un bon livre. Grâce à notre *Cabinet littéraire*, il n'y aura plus dans toute la France une seule maison de campagne où pénètre l'ennui.

Et en effet, comprenez-vous cette joie d'être seul, loin des villes, loin du bruit, et d'avoir à toute heure, là, sous sa main, cinq cents volumes qui portent les plus grands noms de la littérature contemporaine? Et notez bien qu'il ne s'agit pas ici d'un livre de parade, si lourd que votre main fatiguée le laisse tomber après le premier chapitre; si cher que vous trembliez que la rosée du lilas en fleurs ne mouille sa page entr'ouverte; si peu commode à porter que vous ne savez où le mettre quand vous sortez de la maison.

Nous avons supprimé ce faux bon marché qui consiste à imprimer un livre en caractères imperceptibles, et qui fait d'un volume un billot de carton; nous avons supprimé ce faux luxe qui délaie dans un volume in-8° à demi-blanc la matière d'un volume in-12; nous avons choisi entre ces deux excès, et naturellement nous avons retrouvé le format in-12, le seul format logique dans lequel on ait jamais fait des livres.

Quoi de plus commode que l'in-12? Il est facile à lire, il est facile à porter, il se prête merveilleusement à toutes les combinaisons du roman moderne; il n'est à charge ni à la main qui le porte, ni à la tablette qui le supporte; il se contente, dans la maison qui l'abrite, du plus modeste recoin; il est tout de suite relié, et à bas prix, comme une de ces jolies petites filles du peuple, si élégantes sous leur sarreau de bure; l'in-12 est le livre des femmes qui le cachent dans leur corbeille, sous leur broderie commencée. C'est surtout et seulement de l'in-12 qu'on peut dire avec juste raison ce que dit Cicéron des livres: *Rusticantur nobiscum, peregrinantur; ils voyagent avec nous, ils vont à la campagne avec nous.*

Nous donnerons donc, pour commencer dignement cette entreprise nationale et populaire, *cinq cents volumes in-12*, et ces volumes arriveront à nos souscripteurs dans un élégant cartonnage qui les dispensera de reliure, et nous leur livrerons chaque volume ainsi relié, au même prix à peu près qu'il leur en coûte quand ils veulent lire des premiers un roman à la mode; et notez bien que chacun de ces cinq cents volumes in-12 pourra être prêté, gâté, perdu, oublié sur l'herbe, sans trop de souci pour personne, car ce volume pourra toujours être remplacé au même prix, que ce soit le premier ou le dernier volume du roman dépareillé. — UN FRANC, tel est le prix de chaque volume de cette collection.

Ceux qui mènent la vie de campagne, cette douce vie si remplie de loisirs, comprendront sans peine l'immense avantage de cette combinaison et de cet admirable bon marché. Pour quatre francs par semaine, le propriétaire campagnard recevra quatre volumes neufs, reliés, bien imprimés; c'est à peine le prix qu'il donne au cabinet de lecture de sa ville voisine, pour lui emprunter le même nombre de volumes in-8°, si gras, si infects, si malheureux, qu'il est impossible de les lire sans dégoût et sans répugnance. Au bout d'un mois, les livres du cabinet de lecture ne sont plus que d'informes lambeaux qui n'ont plus de nom dans aucune langue; et cependant perdez une seule feuille des ces cadavres de volumes, cette feuille perdue va vous coûter quinze francs; car vous serez obligé de remplacer par deux volumes neufs ces deux volumes pourris que vous n'auriez pas jeté sur le fumier de votre basse-cour.

Non pas que nous voulions faire ici la guerre aux cabinets de lecture; au contraire, tout en les privant de leurs plus dispendieux lecteurs, des lecteurs isolés, lointains, qu'il fallait aller chercher en voiture au fond de leur parc, qui n'étaient jamais satisfaits, car ils ne trouvaient jamais le livre qu'ils voulaient lire, qui gardaient si long-temps les nouveautés les plus coûteuses, qui écrivaient sur les marges des romans toutes sortes de réflexions peu morales ou des sentences littéraires, nous rendons aux cabinets de lecture le grand service de les délivrer du format in-8° et des volumes à 7 fr. 50, qu'on ne peut louer qu'à une seule personne; bien plus, nous créons des cabinets de lecture, même dans le plus petit hameau. Quand pour 500 francs, payés lentement, un homme intelligent pourra se procurer 500 volumes cartonnés, et placer ainsi son argent de façon à doubler le capital en un an, qui peut dire où le cabinet de lecture s'arrêtera?

Et notez bien que cette fois nous ne tombons pas, en véritables libraires belges, dans *le domaine public*. A Dieu ne plaise que nous allions exhumer de l'oubli où ils dorment les vieux récits des vieux romanciers. Nous nous adressons tout d'abord à la littérature vivante, aux livres qui sont la propriété de leurs auteurs, à des livres qui n'appartiennent qu'à notre bibliothèque, aux auteurs les plus lus et les mieux lus dans toute l'Europe.

M. DE CHATEAUBRIAND, le roi du monde littéraire, apportera dans ce recueil ses beaux poëmes qui ont donné le mouvement à la pensée moderne. Viendra en même temps que l'auteur d'*Atala*, de *Réné*, le romancier de la famille, le sylphe du foyer domestique, le chaste narrateur de toutes les passions innocentes de la jeunesse, SIR WALTER SCOTT; et après lui COOPER l'Américain, l'historien de la mer. Puis bientôt, et par un contraste hardi, entendez-vous dans le lointain ce grand éclat de rire, si franc, si bourgeois, si moqueur? C'est PIGAULT-LEBRUN qui vient de relire *Candide* et *Micro-Mégas*, et qui ajoute des chapitres sans nombre aux romans de Voltaire. Celui qui fait cortége aux romans de Pigault, c'est son élève favori, PAUL DE KOCK, gaîté non moins franche mais plus retenue, imagination que rien ne lasse, dialogue que rien n'arrête. Après Pigault, après Paul de Kock, VICTOR DUCANGE, le Corneille du boulevard, le terrible agitateur de toutes les émotions populaires. Puis, comme un repos nécessaire à tant d'émotions, vous aurez les inventions d'HOFFMAN, le buveur allemand, le poëte qui rêve, qui voit tant de figures idéales sur la terre, qui entend de si admirables accords dans le ciel! Chemin faisant nous prendrons à M. de SALVANDY son beau roman d'*Alonzo*, histoire de l'Espagne sous les Cortès. Nous avons traduit tout exprès les romans du CAPITAINE MARRYAT, la nouvelle renommée de l'Angleterre; et comme représentant du roman historique, nous publierons les romans du BIBLIOPHILE JACOB, cet habile et ingénieux chroniqueur, qui avait cent ans, il y a quinze ans, lorsqu'il fut béni par sir Walter Scott, et qui est aujourd'hui dans toute la force de l'âge et du talent.

Tel est notre but, telles sont nos promesses. Nous toucherons le but pour peu que les livres soient, comme on dit, un des besoins les plus impérieux de ce siècle; quant à nos promesses, nous les tiendrons toutes, à coup sûr, et au-delà.

GUSTAVE BARBA.

CONDITIONS DE LA SOUSCRIPTION.

La collection du CABINET LITTÉRAIRE se compose de 500 volumes in-12, imprimés en cicéro neuf, et cartonnés à la Bradel avec une jolie couverture. Ces 500 volumes sont ainsi répartis, savoir:

CHATEAUBRIAND (romans)..................	10 v.
SALVANDY (romans).......................	8
WALTER-SCOTT, (seule édit. complète)......	146
COOPER, (œuvres complètes)...............	59
MARRYAT, (œuvres complètes)..............	56
BIBLIOPHILE JACOB (œuvres complètes)....	32
PIGAULT-LEBRUN (œuvres complètes).......	77
PAUL DE KOCK (œuvres complètes).........	98
VICTOR DUCANGE (romans).................	10
HOFFMANN (contes fantastiques)...........	4

500 vol.

Souscription à la semaine.

A partir du 21 avril 1838, il paraîtra chaque samedi, un Roman en 4 volumes in-12, au prix de UN FRANC LE VOLUME, CARTONNÉ A LA BRADEL. Pour jouir des avantages de ce mode de souscription, il suffira de déposer 20 francs, imputables sur le prix des 20 derniers volumes.

Souscription par 100 volumes sans rien payer d'avance.

L'entreprise du *Cabinet Littéraire* déjà fort avancée sera entièrement achevée fin juin prochain.

L'Éditeur, voulant faciliter l'acquisition de cette collection, a divisé les 500 volumes en *cinq* parties de 100 volumes chaque, pour les personnes qui voudraient ne retirer qu'une partie à-la-fois.

Chacune de ces parties se vendra séparément telle qu'elle est composée dans le catalogue ci-après, et sera expédiée *franche de port et d'emballage* par toute la France.

GUSTAVE BARBA.

Libraire-Éditeur, rue Mazarine, 34, à Paris.

PARIS. — IMPRIMERIE DE JULES DIDOT L'AÎNÉ,
BOULEVART D'ENFER, 4.

HISTOIRE

DE

CHARLES XIV

(JEAN BERNADOTTE),

ROI DE SUÈDE ET DE NORVÉGE.

Livre Deuxième.

(SUITE.)

CHAPITRE VI.

Situation de l'Europe après le traité de Tilsitt. — Politique du Danemarck. — Le prince de Ponte-Corvo gouverneur des villes anséatiques. — Dans quel but. — Lettre de l'empereur à Bernadotte. — Troupes espagnoles. — Le marquis de la Romana. — Démarches cauteleuses de la cour de Copenhague. — Expédition anglaise contre le Danemarck. — Bombardement et occupation de Copenhague par les Anglais. — Dispositions pour occuper le Holstein. — Trois mille matelots levés dans les villes anséatiques. — La grammaire de M. de Bonald. — Le directeur de spectacle. — Atticisme à la Henri IV. — Occupation du Danemarck continental. — Vues de l'empereur Napoléon. — Défection du marquis de la Romana. — Six mille Espagnols passent aux Anglais. — Épisode tragique. — Les Espagnols sont désarmés. — Lettre du roi de Danemarck à Bernadotte. — Une expédition en Suède projetée. — Son but. — Conduite de Gustave IV et situation déplorable qu'elle amène. — Les Russes entrent en Finlande et les Français en Poméranie.

Le traité de Tilsitt venait d'être signé : la France et la Russie étaient d'accord pour fixer le sort du continent, et nulle puissance ne pouvait apporter le moindre obstacle à leurs conbinaisons. L'Autriche, entraînée dans une fausse route politique, voyait sa prépondérance paralysée. La Prusse, déchue pour longtemps de son rang, subissait l'humiliation d'une occupation étrangère : ses places fortes avaient reçu des garnisons françaises. La Suède, forcée d'abandonner ses possessions du littoral allemand, était menacée d'une guerre sur ses propres frontières. Tous les ports de la Baltique et de la mer du Nord, en tant qu'ils appartenaient aux rivages prussiens, danois, anséatiques, ou à quelque partie des états confédérés, demeuraient soumis au pouvoir de Napoléon, et fermés au commerce anglais. L'Espagne, l'Italie, la Hollande, obéissaient aux lois de ce souverain, et le Danemarck qui, par une politique malléable, avait su jusqu'alors éviter de prendre part à la lutte universelle, allait être contraint de déférer aux intimations précises du vainqueur, et d'adopter ouvertement le système continental.

Tel était le résultat dès longtemps prévu par l'Angleterre; elle avait employé tous ses efforts pour le prévenir, en prolongeant les hostilités continentales. Trompée dans ses espérances, il ne lui restait plus à tenter que l'emploi des moyens violents, et elle y songeait. Le cabinet de Saint-James pensa qu'en cette situation extrême, il ne devait plus être question, ni de justice ni de droit des nations : la flotte danoise avait déjà fixé l'attention de Napoléon; il pouvait s'en emparer au premier moment, et la diriger contre la Grande-Bretagne. Il fut promptement décidé, dans le parlement, qu'on enleverait à ce redoutable adversaire la possibilité d'agir ainsi. Le Danemarck, averti par l'empereur; le Danemarck, dont la perspicacité subtile avait certainement pénétré ces paroles de lord Castlereagh : *Ceux qui sont l'objet de cette grande expédition n'en connaîtront guère les préparatifs qu'au moment où ils seront frappés;* le Danemarck, enfin, qui craignait encore plus Napoléon, qu'il ne redoutait les flottes anglaises, parut ignorer qu'il dût être inquiété par elles : il ne fit aucune disposition défensive.

Mais l'empereur des Français ne se montra pas aussi inattentif : dès le 14 juillet, c'est-à-dire cinq jours après la signature du traité de Tilsitt, il ordonna au prince de Ponte-Corvo d'occuper les villes anséatiques; étendant son commandement des bouches de la Trave à celles de l'Elbe, du Weser et jusqu'à l'Ost-Frise. Cette occupation avait pour but de fermer ces grands débouchés au commerce anglais, et d'éloigner des côtes du nord de l'Allemagne tout produit de l'industrie britannique.

Le prince arriva à Hambourg le 26 juillet avec le général de brigade Gérard qui avait reçu l'autorisation de suivre son altesse en qualité de chef d'état-major, le général de brigade Maison ayant conservé les mêmes fonctions au premier corps de la grande armée. Le maréchal se hâta d'informer l'empereur de son arrivée, et, conformément aux intentions de ce souverain, il lui fit parvenir un premier rapport sur l'ensemble de la situation du pays.

En ce moment le Danemarck, par une conséquence impérieuse des grands événements qui venaient de se passer en Allemagne, se disposait, quoique peu volontiers, à fermer ses ports aux Anglais. Les vaisseaux de cette dernière nation, sur le bruit de la prochaine entrée des Français dans le Holstein, avaient quitté les parages de Toenningen, emportant leurs cargaisons de marchandises, et la banque d'Altona suspendit ses opérations.

Le gouverneur des villes anséatiques écri-

vit à l'empereur : « L'occupation des ports du
» Holstein, causerait un préjudice notable à
» l'Angleterre; mais cette mesure serait incom-
» plète tant que la ville de Copenhague resterait
» sous la dépendance anglaise. L'on est généra-
» lement persuadé que le Sund une fois fermé,
» la paix suivrait immédiatement; et d'avance
» on paraît se résigner à toutes les mesures que
» cette expédition nécessiterait. »

L'empereur, prévenu ainsi, dès la fin de juillet, de la situation politique du nord de l'Allemagne, l'était aussi, à la même époque, de la destination des vaisseaux qu'on armait dans les ports d'Angleterre. Sa majesté savait également que, déjà, des forces britaniques, entrées dans la Baltique, se dirigeaient sur Stralsund, et paraissaient destinées à s'emparer de Copenhague. Cependant jusqu'alors Napoléon s'était borné à adresser de vifs reproches à l'envoyé danois, sur l'inactivité et l'insouciance de son gouvernement : « Votre pays sera écrasé, » lui disait-il, « et cela par suite de votre vacillation
» et de vos incertitudes. »

Dans cette situation, le prince de Ponte-Corvo, bien convaincu de la nécessité où l'on était d'agir promptement si l'on voulait prévenir l'exécution des projets de l'Angleterre sur le Danemarck, expédia en courrier, auprès de l'empereur, son premier aide-de-camp, le colonel Hamelinaye, pour recevoir les ordres de sa majesté. Cet officier, à la grande surprise de son altesse, ne lui rapporta que des instructions préparatoires : Napoléon écrivait à son lieutenant la lettre suivante, datée de Saint-Cloud, le 2 août 1807 :

« Mon cousin, vous devez être arrivé à
» Hambourg ; toutes les troupes espagnoles [1]
» doivent être sous vos ordres. Les troupes hol-
» landaises doivent être réunies du côté d'Emb-
» den, sur la gauche de l'Elbe ; elles se mon-
» tent à douze ou quartorze mille hommes. Dans
» le courant d'avril, un corps de vingt mille
» Français [2] vous aura joint. Je ne veux point
» tarder à vous faire connaître mes intentions,
» qu'il faut tenir secrètes jusqu'au dernier mo-
» ment. Si l'Angleterre n'accepte pas la média-
» tion de la Russie, il faut que le Danemarck
» lui déclare la guerre, ou que je la déclare au

---

[1] Ces troupes, que l'empereur avait jugé prudent d'éloigner de l'Espagne, au moment où il méditait l'invasion de ce pays, étaient dirigées vers le nord de l'Allemagne.

[2] Il n'y en eut jamais au-delà de dix mille.

» Danemarck : vous serez destiné, dans ce der-
» nier cas, à vous emparer de tout le continent
» danois. Comme vous êtes sur la frontière de
» ce pays, envoyez-moi des mémoires sur les
» obstacles que pourrait opposer le Danemarck,
» et sur les ressources qu'il présente pour vi-
» vre. Votre langage doit être celui-ci : vous
» récrier beaucoup sur ce que cette puissance
» a ouvert le passage du Sund, et laissé violer
» une mer qui, pour les Danois, a dû être
» aussi inviolable que leur territoire. J'ai donné
» les ordres les plus précis et fait témoigner
» mon mécontentement par mes agents d'Ham-
» bourg, sur ce que mes ordres ne sont point
» exécutés. Veillez à ce que toutes les mesures
» soient prises pour que tout le mal qu'il est
» convenable de faire à l'Angleterre ne soit pas
» neutralisé. »

Dans les premiers jours d'août, les troupes hollandaises annoncées au prince par l'empereur se réunissaient dans les pays d'Oldenbourg et d'Ost-Frise; il ne restait à la droite du Weser que les forces indispensables pour garder les batteries, jusqu'à ce que ces détachements pussent être relevés par les Espagnols, qui arrivaient successivement.

Ces dernières troupes étaient sous le commandement du marquis de la Romana, militaire d'une certaine distinction, qui, en traversant la France et surtout à Paris, avait été accueilli par une hospitalité bienveillante dont il paraissait sentir le prix [1]. Le prince lui continua cet accueil; et quoique ce général, ainsi que tous les Castillans, eût un abord un peu froid, il se montra sensible aux bontés de son altesse, et lui assura qu'il était fier de servir sous ses ordres. Cet Espagnol professait, ou plutôt semblait professer, une grande admiration pour l'empereur Napoléon. Le corps qu'il amenait, formant deux divisions, s'élevait à treize mille hommes environ, y compris plusieurs régiments de cavalerie. Ces troupes avaient une mauvaise tenue et leur armement était défectueux.

Le séjour des Espagnols à Hambourg fut pour eux une époque de prospérité : logés et nourris chez les habitants, ils avaient toute leur solde disponible; aussi paraissaient-ils enchantés de cette position. On doit ajouter que les Hambourgeois se montraient satisfaits de ces militaires étrangers; ils étaient sobres, d'un com-

---

[1] Le marquis de la Romana avait été élevé en France; il avait fait ses études au collége des jésuites de Lyon.

merce affable et toujours disposés à se rendre utiles. Le prince lui-même était content d'eux et les estimait. Lorsqu'il prit possession de l'hôtel du gouvernement, il y trouva un poste espagnol. L'un des soldats, en le voyant descendre de voiture, dit : *Oh! oh! ce général est des nôtres.* Le maréchal s'arrêta alors sur le perron, inspecta la petite troupe, lui parla castillan; et, après quelques questions adressées au commandant, il lui déclara qu'il était son aide-de-camp.

Dans le temps que les Hollandais et les Espagnols prenaient possession des divers cantonnements qui leur étaient assignés, les craintes que l'on concevait pour le Danemarck devenaient plus graves; une expédition sortie des ports d'Angleterre parut le 3 août à l'entrée du Sund. Elle se composait de vingt-trois vaisseaux de haut bord, dix-neuf frégates, cinq cents bâtiments de transport, et portait trente-trois mille hommes de débarquement. Cette flotte se divisa en deux escadres : l'une, sous les ordres de lord Essington, pénétra dans le grand Belt pour couper la Séelande du reste de la monarchie; l'autre, commandée par l'amiral Gambier, fit voile directement vers le Sund, et jeta l'ancre devant Krouenbourg.

La population de Copenhague était livrée à la plus grande stupeur ; l'île de Séelande se trouvant dépourvue de troupes de ligne, il paraissait impossible de s'opposer à la descente des Anglais. Cependant le prince royal de Danemarck partit précipitamment de son quartier-général de Kiel pour se rendre dans la capitale, dont il se proposait, disait-il, de repousser les Anglais par tous les moyens qui seraient en son pouvoir. Son altesse royale laissait le commandement des troupes danoises dans le Holstein au prince Frédéric de Hesse, avec le pouvoir de prendre, en son absence, toutes les mesures que les circonstances pourraient nécessiter. Mais le prince partait seul : aucun corps ne fut détaché des troupes stationnées en Holstein, pour se porter vers la Séelande ou la Fionie.

Ce fut à cette extrémité que la cour de Copenhague, enfin dessillée, fit une démarche auprès du prince de Ponte-Corvo. L'envoyé de Danemarck à Hambourg se rendit chez son altesse, et lui dit que son gouvernement se décidait à déclarer la guerre à l'Angleterre. Cette ouverture fut faite le 16 août, c'est-à-dire treize jours après l'apparition des escadres anglaises dans le Sund. Cependant, à cette époque même, le diplomate danois ne sollicita point l'assistance des troupes françaises : ce ne fut que le 20 qu'il articula, pour la première fois, la demande, encore assez indirecte, d'une coopération à la défense du Danemarck.

L'envoyé communiqua au prince une dépêche du ministre Bernstorf, portant en substance que sa cour avait vu avec indignation, dans les journaux ministériels anglais, que l'expédition du Sund était faite de concert avec le Danemarck, et pour lui fournir un appui qu'il réclamait. Le ministre, dans sa lettre, se répandait en protestations contre cette assertion des Anglais, et l'envoyé joignit avec beaucoup de véhémence ses dénégations à celles du comte de Bernstorf, sans parvenir à persuader le maréchal. Seulement son altesse reconnut que, ne pouvant plus se faire illusion sur les projets hostiles de la Grande-Bretagne, le cabinet de Copenhague se décidait enfin à se mettre sous la protection des armes françaises, que le message n'invoquait pourtant pas explicitement.

Le prince répondit à l'envoyé : « Je pense » que l'empereur ne refusera pas de soutenir » un allié si injustement attaqué; mais le degré » de résistance que vous opposerez aux Anglais

» en Séelande et en Fionie, sera la mesure de
» votre dévouement au système de sa majesté.
» Envoyez donc sur-le-champ des troupes dans
» la dernière de ces îles, où vous êtes encore
» sans défense. » Le Danois assura son altesse
qu'on allait donner immédiatement des ordres
pour que la Fionie fût mise en état de repousser
une descente. « Après tout, mon prince, » ajouta-
t-il, « je regarde comme un bonheur que les
» Anglais nous aient attaqués ; car, sans cette
» agression, le Danemarck n'aurait pu que très-
» difficilement se déterminer à leur fermer ses
» ports. »

Tandis que cet homme d'état conférait à Hambourg avec le prince de Ponte-Corvo, le diplomate anglais Jackson demandait officiellement,
à Copenhague, l'occupation de cette capitale et
de la Séelande par les troupes de sa majesté britannique, afin, disait-il, d'épargner de grands
malheurs au pays. La cour, indignée des conditions humiliantes qu'on avait osé lui imposer,
rompit décidément avec l'Angleterre.

Cependant le prince, après avoir mis l'empereur au courant des rapports qu'il avait eus
avec l'envoyé danois, reçut de sa majesté l'ordre d'offrir au roi l'assistance qu'il semblait at-

tendre de la France. Bernadotte, en exécution de cet ordre, expédia le général Gérard auprès du prince royal de Danemarck, avec une lettre ainsi conçue : « J'ai l'honneur de prévenir vo-
» tre altesse royale que l'intention de sa majesté
» l'empereur, mon souverain, est que j'offre à
» votre altesse les secours dont elle aurait be-
» soin pour résister à l'injuste agression de
» l'Angleterre. Je m'empresse de remplir les
» volontés de sa majesté, en annonçant à votre
» altesse royale que je puis disposer pour le
» moment de vingt à vingt-cinq mille hommes.
» Je prie votre altesse royale de me faire con-
» naître si elle accepte ce secours, et de vouloir
» bien donner sa réponse au général Gérard,
» que je dépêche près d'elle.

» Je me trouve fort heureux que l'empereur
» m'ait accordé, en cette occasion, l'avantage
» d'offrir à votre altesse royale l'expression des
» sentiments avec lesquels je suis, etc.

» BERNADOTTE,

» *Prince de Ponte-Corvo.* »

La réponse verbale que reçut le général Gérard, et la dépêche qui parvint au prince,

étaient également évasives : le gouvernement danois voulait évidemment esquiver l'entrée des troupes françaises dans le pays : la crainte de cette occupation équivalait aux terreurs qu'inspiraient les préparatifs hostiles des Anglais.

L'empereur montra, dans cette circonstance, une indécision inaccoutumée : on s'étonna qu'il n'eût pas donné l'ordre à son lieutenant d'occuper d'autorité le Danemarck continental; occupation dont le prince lui avait fait comprendre sans doute toute l'importance, par cette lettre, écrite précédemment à sa majesté :

« La conquête du Holstein, si votre majesté
» vient à l'ordonner, n'offrira pas, ce me sem-
» ble, de grands obstacles. Il est probable que
» les troupes danoises se retireront derrière l'Ei-
» der; le passage de ce fleuve pourra présenter,
» sans doute, quelques difficultés; mais je pré-
» sume qu'elles seront surmontées en peu de
» jours, quand bien même une partie de l'ar-
» mée anglaise se joindrait aux Danois. Le Hols-
» tein est un pays commerçant et agricole; sa
» population est d'environ trois cent mille âmes;
» il abonde en toutes sortes de denrées : ce pays
» et le Schlewig peuvent nourrir et solder une

» armée de cinquante mille hommes pendant
» six mois. Les communications passent pour
» être bonnes.

» Je me suis convaincu, sire, que l'Elbe ne
» peut être entièrement fermé au commerce
» anglais, tant que le Holstein jouira de sa
» neutralité. Néanmoins, je redoublerai de sur-
» veillance et d'attention pour que les ordres
» de votre majesté soient exécutés. »

Nonobstant ces communications et quoiqu'il fût évident que la flotte danoise allait tomber au pouvoir des Anglais, Napoléon n'ordonna point alors au prince d'entrer dans le Holstein. Le bombardement de Copenhague commença le 2 septembre, continua les 3, 4, 5; et le 7, cette capitale, écrasée par les projectiles de l'ennemi, fut contrainte de capituler. Les Anglais s'emparèrent de dix-huit vaisseaux de ligne, quinze frégates et plusieurs bricks : c'était à peu près toute la marine du Danemarck.

Le prince de Ponte-Corvo rendit compte à l'empereur de cet événement, en sollicitant de sa majesté des instructions sur la conduite qu'il devait tenir. Son altesse n'avait encore à sa disposition que des Hollandais et des Espagnols :

Napoléon fit donner l'ordre à la division Boudet, stationnée à Stralsund, de se rendre à Hambourg. Le major-général, en annonçant au maréchal ce mouvement de troupes, par sa lettre du 17 septembre, lui recommandait d'être fort attentif à tout ce qui se faisait en ce moment dans le nord de l'Europe.

Il est probable que dès le mois de septembre l'empereur avait arrêté, dans sa pensée, l'expédition en Danemarck; mais on verra bientôt qu'il attendait pour l'ordonner que les Russes fussent entrés en Finlande, et que leur marche pût coïncider avec celle de ses troupes pour l'invasion de la Suède.

Les Anglais devaient évacuer le Danemarck dans le délai de six semaines, aux termes de la capitulation du 7 septembre. Dans l'intervalle, le comte de Bernstorf vint trouver à Hambourg le prince de Ponte-Corvo, pour s'entretenir enfin ouvertement de l'assistance des troupes françaises, point qu'on avait jusqu'alors éludé avec une adresse digne de Machiavel. Il fut aisé à son altesse de reconnaître, durant son entretien avec le ministre danois, qu'il craignait que les troupes anglaises ne quittassent pas la Séelande au terme fixé, et qu'il venait s'entendre avec le lieutenant de l'empereur afin d'obliger, au besoin, ces troupes à se rembarquer.

Mais quelque adresse que Bernstorf déployât dans cette négociation, il lui fut impossible de dérober entièrement à l'attention du prince la crainte qu'il avait de voir la domination française succéder aux violences britanniques ; vainement se plia-t-il en mille façons pour concilier la nécessité absolue d'être bien avec la France, et le désir qu'il avait d'éviter que cette bonne intelligence allât jusqu'à l'occupation... Le ministre danois s'adressait à un homme plus adroit encore que lui :... Son altesse, en donnant connaissance à l'empereur de son entrevue avec M. de Bernstorf, révéla à sa majesté les appréhensions auxquelles se livrait la cour de Copenhague.

Vers la fin de janvier l'empereur fit prescrire au prince de Ponte-Corvo d'être prêt à faire entrer, au premier signal, en Séelande et en Scanie, un corps composé d'une division française, d'une division hollandaise et d'une division espagnole, formant ensemble dix-huit mille hommes, et qui devait combiner ses opérations avec celles de l'armée danoise. L'officier qui avait apporté cet ordre au prince continua sa route sur Copenhague, où il devait remettre des dépêches au ministre de France. L'empereur chargeait cet envoyé de demander à la cour de Danemarck, que le commandement des troupes françaises et danoises combinées fût confié au Prince de Ponte-Corvo, pour opérer une diversion en faveur de l'armée russe au moment où elle entrerait en Finlande.

Sa majesté ordonnait en même temps au prince d'expédier de son côté un officier intelligent à Copenhague, déjà évacué par les Anglais, pour que le passage et les subsistances fussent assurés au moment où le mouvement s'opérerait ; le chargeant en outre d'annoncer au gouvernement danois qu'il pouvait retirer toutes ses troupes du Holstein, afin d'être en mesure de bien défendre les îles et de renforcer l'armée de Scanie. Le même envoyé devait ajouter que si, au retour de la belle saison, le Danemarck craignait d'être inquiété par les Anglais, il pourrait demander des troupes françaises, et qu'on lui en enverrait.

Dans l'espace de temps qui s'écoula entre ces dispositions préparatoires et le début des opérations, le prince donna des soins assidus au gouvernement des villes anséatiques, dont il s'efforça d'alléger les sacrifices par des répartitions bien entendues et exemptes d'abus. En citant les détails se rapportant à cette partie de la gestion de son altesse, nous aurions à reproduire les témoignages de sollicitude que ce gouverneur français avait donnés précédemment dans le Hanovre; il suffira de dire que le même esprit d'ordre et d'équité, qui s'était fait remarquer et apprécier durant son premier gouvernement, présida aux mesures prises dans les villes anséatiques. Si le maréchal ne parvint pas à réparer entièrement les malheurs qui, depuis plusieurs années, pesaient sur ce pays, du moins réussit-il à les diminuer. Les efforts constants qu'il fit pour atteindre ce but, et la modération avec laquelle il imposa de nouvelles charges, lui méritèrent, aux bords de la Baltique, la reconnaissance et l'affection qu'il avait obtenues à Hanovre. Les Hambourgeois, plus particulièrement, furent alors à même de voir son zèle et son infatigable activité; ils en conservent encore le souvenir.

Avec de tels procédés les charges les plus accablantes perdent une partie de leur rigueur. Un décret impérial du 17 février 1808 prescrivit au prince de Ponte-Corvo de lever sur le

territoire d'Hambourg deux mille matelots; sur celui de Bremen cinq cents, et sur celui de Lubeck cinq cents, pour être envoyés à Flessingue et à Boulogne. La seule idée de cet impôt d'hommes, venant après tant d'autres exigences, fit frémir M. de Bourrienne, plénipotentiaire de l'empereur auprès des villes anséatiques. Le prince le rassura en lui disant avec un sourire plein de confiance : « Soyez tranquille, nous réus-
» sirons : la manière d'exécuter assure à moitié
» la possibilité de l'exécution. » En effet, cette levée, qui achevait d'anéantir les ressources maritimes du pays, s'effectua sans trouble. Si le nombre de marins demandé ne fut pas complet, cela tint uniquement à l'impossibilité où l'on se trouva de le réaliser entièrement. Du reste, le résultat politique que Napoléon se proposait était obtenu : il avait détruit sur le territoire d'Hambourg, de Lubeck et de Bremen, tous moyens de communication avec les Anglais.

Parmi les traits d'utile générosité à l'aide desquels le prince s'efforçait d'accoutumer les Hambourgeois au joug impérial, nous devons en citer un qui produisit en eux une profonde sensation. Un émigré français, M. de Bonald, ancien avocat au parlement d'Aix, était fixé à Hambourg depuis les premiers temps de l'émigration. Ainsi que tant d'autres, l'adversité l'avait rendu industrieux : homme instruit et possédant bien la langue allemande, il avait composé une grammaire dont les nombreuses éditions attestaient l'honorable succès. Dans une des premières éditions, le grammairien avait fait imprimer, comme exemple de syntaxe : *On dit que Bonaparte est un grand général ; mais ce n'est qu'un brigand heureux...* On peut être savant sans posséder le don de la prescience : M. de Bonald ne prévoyait point alors que, peu d'années après l'émission de cette injurieuse sentence, Hambourg et son territoire tomberaient sous la domination de Napoléon. Lorsque cet événement eut lieu, le pauvre grammairien faillit perdre l'esprit ; un grand nombre d'exemplaires de l'ouvrage était en circulation, et la frayeur triplait encore ce nombre aux yeux de l'auteur. Elle fut cependant vaine : l'empereur avait en ce moment autre chose à faire que de sévir contre une syntaxe. M. de Bonald diminua toutefois le grief autant qu'il put, en faisant mettre un

carton à son livre. « Oter la phrase tout en-
» tière, » se dit-il dans sa logique intime, « ce
» serait montrer trop de crainte, trop de pusil-
» lanimité; bornons-nous à changer le nom. »
Par malheur, en faisant cette substitution, le
peu chanceux professeur fut encore mal servi
par sa quinteuse destinée : on lut sur les nouveaux exemplaires de la grammaire, le nom de
Bernadotte, remplaçant celui de Bonaparte dans
l'exemple malencontreux. C'était décidément
jouer de malheur : les exemplaires rectifiés cir-
culaient depuis quelque temps, lorsque le maréchal Bernadotte fut investi du gouvernement
des villes anséatiques. Il ne tarda guère à connaître l'irrévérencieuse apostrophe de l'émigré
français; il en rit d'abord de bon cœur : un
esprit élevé ne pouvait s'alarmer d'une niaise
boutade que l'opinion de toute l'Allemagne et
de toute la France démentait. Mais, après y
avoir réfléchi, son altesse pensa qu'on pouvait
faire surgir de cette circonstance une bonne
leçon, et qu'elle serait aussi utile aux Hambourgeois, que l'avait été peu à la jeunesse allemande la phrase injurieuse du professeur. Le
prince dit au sénateur chargé de la police qu'il

désirait faire la connaissance de M. de Bonald, et le pria de le lui présenter le lendemain, de dix à onze heures.

Nous n'essaierons pas de peindre l'anxiété à laquelle le grammairien fut livré, lorsque le sénateur vint lui annoncer qu'il fallait se rendre, avec lui, auprès du maréchal-gouverneur; mais l'injonction était formelle.

A l'heure désignée, le prince était revêtu de tous ses insignes et décorations quand le sénateur fut introduit avec M. de Bonald; cet appareil de grandeur, la taille élevée du dignitaire français, surtout sa physionomie fortement caractérisée, sur laquelle se réfléchissait, aux yeux du coupable, l'expression d'une colère que son altesse n'éprouvait pas, troublèrent à tel point cet écrivain classique, qu'il se précipita aux genoux du prince, en s'écriant : « Ah! monseigneur.—Relevez-vous, monsieur, » lui dit le maréchal, d'un ton qu'il s'efforça de rendre sévère; « ce n'est que devant la Divinité » qu'on doit se prosterner ainsi. » M. de Bonald, dans sa confusion extrême, n'osait lever les yeux sur l'homme qu'il avait si gravement et si gratuitement offensé. « Regardez-moi, mon- » sieur, » reprit son altesse, « je puis avoir les

» traits d'un Scythe, mais je n'en ai pas la ru-
» desse... Qu'y a-t-il jamais eu de commun
» entre vous et moi, et de quel brigandage avez-
» vous pu m'accuser, vous ou les vôtres? —
» Ah! monseigneur, » s'écria le professeur,
« toute la ville pourrait attester à votre altesse
» que ce n'est pas son nom... — Halte là, mon-
» sieur, » interrompit le prince en élevant la
voix; « gardez-vous de dire un mot de plus; je
» puis me montrer indulgent pour ce qui me
» concerne; mais vous me forceriez de sévir si
» vous alliez plus loin. Comment un homme
» dont l'expérience a mûri dans les vicissitudes
» de la vie et les épreuves du malheur; un
» homme que je dois supposer doué d'une cer-
» taine aptitude intellectuelle, comment a-t-il
» pu oublier assez les bienséances, qui sont les
» premières bases de toute société, jusqu'à im-
» primer une injure aussi grossière?... Je sais
» qu'on ne manque pas d'écrivains toujours
» disposés à traiter de brigands les hommes de
» guerre; mais c'est une étrange confusion d'i-
» dées que de comprendre indistinctement
» dans cet anathème tous ceux qui combattent
» pour la défense ou la gloire de leur patrie.
» Qu'il m'arrive d'avoir trois millions d'hommes

» à gouverner, et l'on verra quel brigand je
» suis... Et si la jeunesse entre les mains de la-
» quelle votre livre se trouve vous eût demandé
» compte d'une telle opinion; si elle vous eût
» adjuré de lui faire connaître les méfaits du
» général que vous atteigniez ainsi dans son
» honneur, dites, monsieur, quelle eût été
» votre réponse? sur quelle accusation eussiez-
» vous fait reposer votre jugement?... Alors la
» honte, dont vous cherchiez à environner mon
» nom, serait inévitablement retombée sur le
» calomniateur... Et savez-vous, imprudent,
» quelles peines les lois de tous les pays réser-
» vent à la calomnie, à la diffamation? Je n'au-
» rais pas besoin, pour vous perdre, de recourir
» aux codes de la France : il me suffirait d'invo-
» quer la législation de ces Hambourgeois au
» milieu desquels vous vivez... Que cette leçon
» vous profite, monsieur, » ajouta le prince,
appitoyé déjà par le profond abattement de
cette tête à cheveux blancs; « n'oubliez jamais
» qu'un professeur, dans quelque enseignement
» que ce soit, ne doit émettre que des princi-
» pes honnêtes, et qu'il doit savoir se rendre
» assez maître de ses passions pour ne pas les
» ériger en préceptes. »

Le prince demanda ensuite à M. de Bonald combien d'exemplaires il lui restait de la dernière édition de sa grammaire ; sur la réponse du professeur, son altesse lui prescrivit de faire apporter ces exemplaires à son hôtel.

On conçoit aisément que, quitte à si bon marché d'une alarme terrible, M. de Bonald se hâta d'obéir. Sa surprise fut grande lorsqu'on lui rapporta, de la part du prince, le prix des exemplaires déposés au gouvernement. Son étonnement doubla le lendemain, car le maréchal renvoya la partie d'édition payée la veille, se contentant de faire dire à M. de Bonald qu'il pourrait encore en tirer parti en y introduisant un nouveau carton.

Bernadotte s'était ainsi ménagé toutes les chances de générosité, et la dernière appartenait à un esprit vraiment supérieur ; car il prouvait par là qu'il ne redoutait nullement la publication ultérieure du passage insultant. Nous n'avons pas besoin d'ajouter que le carton fut fait ; et tout porte à croire que, cette fois, la malencontreuse phrase disparut entièrement. L'auteur de la grammaire reconnaissait enfin que dans le cours des révolutions les personnalités offensantes sont d'un usage trop dangereux, et que les grandes distances ne peuvent pas rassurer sur les suites de la diffamation.

Cet épisode de la vie du prince de Ponte-Corvo fit beaucoup d'honneur à son caractère parmi les Hambourgeois. En voici un autre que l'on croirait détaché de l'histoire de Henri IV, tant il est empreint de l'atticisme qui distinguait ce monarque spirituel.

Les magistrats de Hambourg, au moment de l'arrivée du prince, avaient mis à sa disposition un hôtel plus commode que fastueusement meublé : son altesse l'avait bien remarqué ; mais il ne lui sembla pas convenable de réclamer sur cet objet, auquel, du reste, ce général, habitué des camps plutôt que des palais, attachait fort peu d'importance.

Le prince se montrait aussi indifférent quant à la jouissance de sa loge du grand théâtre : dans tous les temps, les plaisirs de Bernadotte se bornèrent à peu près à l'exercice de ses devoirs, et au soin des affaires qui lui étaient confiées. Sa prodigieuse activité fut et sera toujours, en même temps, le premier élément et la première récompense de sa vie.

Il arriva cependant que le prince, ayant un jour à sa table un des professeurs de nos lycées de Paris, en mission à Hambourg et que son altesse connaissait particulièrement, on vint à parler d'une représentation de *Don Juan*, qui devait avoir lieu le soir même, et dans laquelle on entendrait la plus belle voix de l'Allemagne. « Ah! je sais que vous aimez la musique, » dit le maréchal à son convive; « nous irons voir cet » opéra. » Un des aides-de-camp crut alors devoir se rendre immédiatement au théâtre, sans doute afin que son altesse n'attendît pas à la porte de sa loge l'employé qui devait l'ouvrir.

Le prince allait partir, lorsque cet officier revint annoncer que cette même loge n'était pas libre. Le directeur s'en était montré désolé; mais il n'en avait disposé que longtemps après le lever du rideau. « Parbleu, » dit le prince, « voilà des gens qui en font à leur aise; pour » une fois qu'il me prend fantaisie d'aller à leur » théâtre, ils me privent de ma loge. Eh bien! » mon ami, » ajouta son altesse en passant son bras sous celui du professeur, « nous irons au » parterre. — Impossible, monseigneur, » se hâta de dire l'aide-de-camp, « vous ne parvien- » driez pas même à la porte, tant la foule est » compacte. » Force fut donc de renoncer, pour ce soir-là, au spectacle. On rentra au salon, où le gouverneur-général fut un moment pensif. Il avait aperçu la conséquence qui pouvait résulter de ce fait, peu important par lui-même, mais dont l'impunité autoriserait peut-être d'autres abus. « Ce directeur a manqué à son devoir, » reprit son altesse, après avoir appelé l'aide-de-camp; « ma loge est bien payée; il ne doit pas » en disposer. Allez donner l'ordre au com- » mandant de la place de faire coucher cet » homme en prison; une autre fois il se mon- » trera plus respectueux envers l'autorité, et » meilleur juge de ses droits. » Cet ordre fut exécuté.

Le lendemain, le prince reçut à son lever la visite de celui des sénateurs qui avait le plus de rapports avec lui. Il venait, au nom du sénat, témoigner à son altesse combien on était désolé de ce qui s'était passé la veille, et solliciter sa clémence en faveur du prisonnier. Le maréchal qui, sans cette démarche, allait probablement faire renvoyer le directeur chez lui, se montra fort irrité, et déclara qu'il fallait le laisser encore sous les verrous, afin qu'il pût bien se convaincre de son tort. « Ah! monsei- » gneur, » répondit le sénateur, « il en est assez » convaincu; mais c'est un si brave homme, et

» vous êtes si bon ! Je ne quitte pas votre altesse
» sans avoir obtenu la grâce que je lui demande,
» dussé-je rester huit jours dans son hôtel. »
« — A la bonne heure, » répondit le prince, inspiré soudain d'une idée malicieusement spirituelle, « va pour huit jours, et pour quinze
» si vous voulez ; mais dites-moi, je vous prie,
» quelle est la partie de l'hôtel que vous voulez
» habiter ; je m'empresserai de la faire meubler
» convenablement... Tout ceci, » ajouta son altesse, en désignant d'un geste dédaigneux les meubles flétris qui garnissaient son appartement, « tout ceci est bon pour un soldat
» comme moi ; mais je ne souffrirai pas qu'un
» sénateur tel que vous soit aussi mal logé...
» Choisissez donc l'appartement : nous habi-
» tons une ville de ressources; et je ferai si
» bien que ce soir même vous serez dans
» l'hôtel, à peu de chose près, comme chez
» vous. »

Le prince broda encore un moment sur ce texte, qu'écouta avec un sourire quelque peu forcé l'honorable sénateur, plus désappointé, sans doute, du résultat de sa visite matinale, que son altesse ne l'avait été la veille par la privation de sa loge. Le magistrat hambourgeois sortit bientôt après, avec l'autorisation de délivrer le directeur.

Le lendemain une nuée d'ouvriers inonda l'hôtel du gouvernement; tout l'ameublement fut renouvelé; une sorte de magnificence remplaça l'extrême simplicité dont le prince s'était plaint d'une manière si spirituelle. « Ce zèle » d'embellissement fut tel, » nous disait la personne de qui nous tenons cette anecdote, « que si son altesse n'eût pas congédié les ta- » pissiers, je crois qu'ils décoreraient encore » cet intérieur, d'abord si négligé. »

Dans les premiers jours de mars 1808, des dispositions militaires furent prescrites par l'empereur, et donnèrent suite aux projets précédemment arrêtés. La division française aux ordres du général Boudet fut augmentée du 19ᵉ régiment de ligne, et des 14ᵉ et 23ᵉ régiments de chasseurs. Par ce renfort, cette division, y compris l'artillerie, se trouva portée à près de dix mille hommes.

Le prince, avec ce corps français, auquel se joignirent deux divisions espagnoles, fortes d'environ treize mille hommes, se dirigea sur les îles danoises, conformément à l'ordre qu'il en avait reçu de l'empereur; laissant au général

Dupas le commandement des villes anséatiques, avec deux régiments d'infanterie française, un régiment belge et de l'artillerie. Cette dernière division, qui devait être complétée à quatre régiments, était comme une sorte de réserve, destinée, au besoin, à soutenir le corps expéditionnaire. Quant aux divisions hollandaises qui se trouvaient sous les ordres du prince, Napoléon ordonna que l'une d'elles fût renvoyée en Hollande; l'autre, composée de quatre régiments d'infanterie, d'un régiment de cuirassiers et d'un parc d'artillerie, servit, avec d'autres troupes françaises, à compléter un corps de huit mille hommes, laissé dans les villes anséatiques, sous les ordres du général Dupas.

Le prince de Ponte-Corvo s'ébranla dans le courant de mars, pour se porter en Danemarck. Sa marche était ouverte par un régiment de cavalerie française, un régiment d'infanterie légère et huit pièces de canon. Venait ensuite une division espagnole, suivie de la division Boudet; la seconde division espagnole fermait la marche.

Le plan de campagne que devait suivre le prince de Ponte-Corvo, n'ayant pu recevoir son exécution par suite des divers événements que nous rapporterons plus loin, il n'est pas sans intérêt d'en faire connaître les dispositions, parce qu'il explique assez clairement les conventions secrètes arrêtées à Tilsitt, entre les empereurs Alexandre et Napoléon : conventions confirmées depuis dans l'entrevue d'Erfurt. Voici le texte des ordres que le prince de Neuchatel avait été chargé de transmettre au commandant en chef de l'armée expéditionnaire.

« Sa majesté vous autorise à faire passer des
» troupes dans les îles danoises, c'est-à-dire un
» régiment de cavalerie et deux régiments d'in-
» fanterie espagnole ; aucun des régiments fran-
» çais ne doit y passer que vous n'ayez reçu de
» nouveaux ordres; et pour les donner l'empe-
» reur attendra qu'il ait des nouvelles de la
» facilité qu'offrira le passage, et des disposi-
» tions des Danois. Mais, dans tous les cas,
» aucune troupe française ne doit passer la mer
» qu'après une division espagnole... Vos vingt-
» trois mille hommes, joints à treize mille que
» peut fournir le Danemarck, formeront une
» armée de trente-six mille hommes. Avant que
» vos troupes soient passées, la division Dupas
» et les Hollandais arriveront ; probablement

» ils ne seront pas nécessaires; mais ils occupe-
» ront le Holstein et maintiendront les commu-
» nications.

» Au retour de votre courrier on saura le
» résultat des opérations de l'armée russe, qui
» a dû entrer, le 10 février, en Finlande...
» Donnez l'ordre à un officier du génie de visi-
» ter le Holstein, la Fionie et le bout du con-
» tinent. Cet officier demandera la permission
» d'examiner les fortifications que les Danois y
» ont élevées, afin de reconnaître les difficultés
» qu'il y aurait à vaincre pour *s'emparer du*
» *pays* en cas d'événement. »

On voit, par cette dépêche, que Napoléon ne comptait pas sur une alliance bien solide de la part des Danois; et la suite de ses ordres le prouvera mieux encore. Le major-général écrivit, le 15 mars, au prince de Ponte-Corvo : « Prince, l'empereur a reçu la nouvelle que
» les Russes sont entrés en Finlande, et que les
» premiers coups de fusil ont été tirés contre
» les Suédois. L'intention de sa majesté est que
» vous activiez votre marche autant que possi-
» sible. S'il arrivait, comme on croit avoir lieu
» de l'espérer, que les Belts vinssent à geler [1],

---

[1] Cet espoir était peu fondé à la fin de mars.

» vous ne devez pas hésiter à les passer avec les
» divisions espagnoles, votre division française
» et deux danoises, formant ensemble trente
» mille hommes. Aussitôt que l'empereur saura
» que vous avez passé, sa majesté se propose de
» donner ordre à la division hollandaise et à
» une division française de se mettre en marche
» pour vous soutenir. »

La dépêche du prince de Neuchâtel, en date du 23 mars, entre plus explicitement dans le but de l'expédition : « Sa majesté, écrivait le
» major-général, vous autorise à faire passer à
» Copenhague les deux divisions espagnoles et
» la division française... Ces troupes seront
» prêtes à partir de cette capitale avant les huit
» premiers jours d'avril; celles du général Du-
» pas resteront où elles se trouvent, jusqu'à ce
» que l'empereur sache positivement où elles
» se sont arrêtées [1]. Des frontières de la Russie
» à Abo, il y a un mois de marche; ainsi les
» Russes ne peuvent y être arrivés que du 20
» au 25 mars. Or, avant d'entrer en Scanie, il est
» nécessaire de connaître, 1° si les Russes sont
» arrivés à Abo; 2° le nombre des troupes que

[1] Elles étaient entrées dans le Holstein, se tenant à portée ou de marcher en avant, ou de rétrograder vers les villes anséatiques.

» les Danois veulent employer dans l'expédition
» de Scanie. L'entreprise doit être tentée ; mais
» seulement avec toute sûreté de réussite. L'in-
» tention de sa majesté n'est pas que vous pas-
» siez en Suède avant d'être certain d'avoir sous
» vos ordres trente-six mille hommes, indépen-
» damment des secours que peut vous offrir la
» Norvége. On pense que les divisions espa-
» gnoles et la division française formeront,
» sous les armes, un effectif d'environ vingt-
» deux mille hommes ; il faut donc que les Da-
» nois fournissent quatorze mille hommes pour
» arriver à trente-six mille.

» Les choses étant ainsi, l'empereur, mon-
» sieur le maréchal, vous laisse carte blanche ;
» vous recommandant toutefois d'avoir soin, en
» arrivant en Suède, de ménager ses troupes,
» sans faire une guerre d'invasion.

» Dans ce cas, l'empereur vous laisse le maî-
» tre de disposer d'une division hollandaise et
» d'un régiment de la division Dupas pour gar-
» der la Fionie et Copenhague ; mais il vous
» défend expressément de passer en Suède, si
» les Danois n'ont quatorze mille hommes à
» joindre à vos troupes. *Sa majesté n'a point*
» *un assez grand intérêt à cette expédition pour*

» *la hasarder* avec moins de trente-six mille
» hommes ; elle ne veut pas non plus que,
» quand ses troupes seront en Suède, et sépa-
» rées du continent par la mer, *les Danois soient*
» *tranquilles à Copenhague :* cela n'aurait pas
» de sûreté pour l'empereur. »

Il ressort évidemment de ces mesures et de la circonspection inaccoutumée que l'empereur recommandait dans leur exécution, que sa majesté était en effet peu intéressée au succès d'une expédition contre la Suède. Napoléon avait vu récemment les Anglais agir d'une manière redoutable dans la Baltique, et de façon à exciter des craintes pour les villes anséatiques, pour la Hollande elle-même. C'était dans cette situation imminente qu'il avait rallié le Danemarck, en l'aidant, par la proximité de ses troupes, à se débarrasser de l'ennemi commun ; et l'accession de cette puissance du Nord à son système s'appuyait nécessairement des forces danoises... A ceci se bornait l'avantage de l'empereur dans son alliance avec le cabinet de Copenhague ; mais comme, en définitive, cette alliance exposait le Danemarck à la vengeance de l'Angleterre, il avait fallu que Napoléon fît briller de belles compensations aux yeux de la diplomatie danoise. Ces compensations se révélèrent, par la marche combinée des troupes de l'empereur Alexandre en Finlande et de l'armée française en Scanie : la Suède ne pouvait manquer d'être réduite; sa nationalité devait être anéantie, et le territoire de cette brave nation deviendrait le partage de la Russie et du Danemarck. Il ne faut que lire avec attention les ordres de l'empereur Napoléon, pour reconnaître que telles durent être les promesses qui eurent l'assentiment d'Alexandre à Erfurt.

Or, la demi-froideur de Napoléon, quant à l'expédition en Suède, était bien motivée; les avantages qu'il en devait tirer, au moins immédiatement, se réduisaient, nous le répétons, à l'alliance du Danemarck, qu'il regardait comme d'autant plus chancelante, que le territoire de cette puissance était plus exposé aux invasions maritimes de l'Angleterre. Et voyez, cependant, à quels incidents tient quelquefois la destinée des hommes et des empires : si Napoléon eût été plus directement intéressé à pousser avec vigueur l'expédition en Scanie, certes! on ne l'aurait point vu s'abandonner aux fluctuations d'idées, aux molles tergiversations qui ressortent des ordres que nous avons rapportés : Tant d'hésitations et de scrupules n'appartenaient point à son caractère ; mais la Providence avait décidé que l'épée du prince de Ponte-Corvo ne serait pas un instrument de destruction pour la Suède; et que l'empereur des Français lui-même ménagerait à son lieutenant une nouvelle patrie, un trône et la restauration des belles destinées de la Scandinavie.

Lorsque l'on arriva à Copenhague, le dégel était complet et la flotte anglaise avait repris ses stations dans le Sund. Déjà même les vaisseaux anglais reparaissaient dans les Belts : ce fut en ce moment que le prince de Ponte-Corvo reçut de Bayonne la dépêche suivante du major-général, en date du 29 mars : « Prince, l'empe-
» reur m'ordonne de vous expédier un courrier
» pour vous porter le *Moniteur* de ce jour [1].
» L'intention de sa majesté est que vous teniez
» ces nouvelles secrètes aussi longtemps que
» vous pourrez : vous en causerez avec le
» commandant des troupes espagnoles, et vous
» prendrez toutes les mesures nécessaires pour
» que les derniers événements ne produisent
» aucun mauvais effet sur les soldats. Sans

[1] Il contenait l'article communiqué sur l'abdication de Charles IV, roi d'Espagne.

» douté la haine que ces troupes, comme tous
» les Espagnols, portent au prince de la Paix,
» leur rendra cette nouvelle agréable; mais,
» comme on assure qu'il y a un parti formé en
» faveur du roi Charles IV, qui a *été forcé de*
» *donner sa démission*, et qu'il est possible que
» *le prince des Asturies ne soit pas longtemps à*
» *la donner aussi*, il est nécessaire de dérober
» le plus longtemps possible à ces troupes la
» connaissance de ces événements. »

La démission, ou, pour parler d'une manière plus conforme à la vérité, la déposition violente du prince des Asturies (Ferdinand VII) suivit en effet de près celle de son père. Le prince de Ponte-Corvo fit connaître ces événements aux Espagnols placés sous ses ordres, avec toute la mesure, toute l'adresse même qu'une communication si délicate exigeait. On leur tut, ainsi qu'il est naturel de le penser, les véritables motifs de cette grande subversion; et comme ils ignoraient absolument ce qui se passait en Espagne, ils ne firent aucune difficulté de prêter serment de fidélité à Joseph Bonaparte.

Cependant, par une dépêche du 15 avril, l'empereur fit donner au prince de Ponte-Corvo l'ordre d'envoyer en Séelande tous les secours qui étaient en son pouvoir contre les Anglais : Sa majesté prescrivait, entre autres dispositions, au maréchal de faire passer dans cette île deux régiments espagnols, avec tous les officiers d'état-major et toute l'artillerie dont on pourrait avoir besoin pour sa défense. Napoléon insistait, en général, pour que le prince employât les Espagnols à la défense des îles. Mais, dans la situation actuelle des choses, son altesse ne jugea pas prudent d'isoler entièrement ces troupes, d'une fidélité suspecte : il en retint à peu près la moitié avec lui dans le Jutland. Cette division, y compris le régiment de cavalerie d'Algarve, s'élevait à six mille six cents hommes, et le général Kindelan la commandait. Le surplus du corps espagnol passa dans les îles, conformément aux ordres de l'empereur, et sous le commandement du marquis de la Romana.

Il n'y avait plus, au moins pour le moment, à tenter l'expédition de Scanie : l'empereur le comprit, et des ordres qu'il expédia, le 15 avril, au prince de Ponte-Corvo, portaient : « Vous » devez, prince, prendre le commandement » général du Holstein, et veiller, avec les deux » divisions espagnoles, une division hollandaise » et votre division française, non-seulement à

» la garde du Holstein, mais encore à la dé-
» fense des villes anséatiques et de Cuxhaven.
» Une division hollandaise est nécessaire pour
» défendre l'île de Valchren, Flessingue et le
» Texel, où nous avons des escadres considé-
» rables. »

Ce qui prouve bien mieux encore que Napoléon renonçait, pour son compte, à l'expédition en Scanie, c'est que le major-général ajoutait dans la même dépêche du 15 avril : « Dès
» que le mois de juin sera arrivé, faites cam-
» per toutes les troupes françaises par division,
» dans des lieux très-sains, pour entretenir la
» discipline... Tenez la seconde division hol-
» landaise réunie et prête à retourner en Hol-
» lande, où les Anglais pourraient bien tenter
» quelque chose, s'ils s'apercevaient qu'elle est
» dégarnie. »

On trouvait dans la même lettre ce passage :
« Sa majesté me charge de vous faire connaître,
» prince, que les troupes espagnoles méritent
» quelque surveillance, et qu'il est nécessaire
» de les isoler de manière à ce que, dans aucun
» cas, elles ne puissent rien faire. »

Après avoir appris au prince l'invasion *protectrice* de la péninsule ibérique par cent qua-

rante mille Français, le major-général ajoutait :
« L'empereur désire que vous causiez de ces
» événements avec le général de la Romana, et
» que vous lui disiez que sa majesté désire l'a-
» vantage de l'Espagne, et veut relever ce pays,
» afin qu'il soit utile à la cause commune con-
» tre l'Angleterre. »

Le prince de Ponte-Corvo entretint le marquis de la Romana dans le sens, malheureusement peu persuasif, des instructions de l'empereur. Cet officier parut se laisser convaincre ; toutefois le maréchal connaissait trop bien le caractère castillan pour se flatter d'avoir réussi. Il continua d'exercer une active surveillance envers les troupes de la Romana : nous disons qu'il continua, parce que, dans cette disposition, son altesse avait devancé les ordres de l'empereur.

Mais quelque aptitude qu'on apporte à ce genre d'attention, il est difficile de n'être pas trompé.

Les Anglais, qui croisaient dans le Cattégat et dans les Belts, parvinrent à instruire les officiers espagnols de la véritable situation des choses en Espagne. Peu de temps après ces premières informations, un ecclésiastique, bravant tous les dangers, réussit à parvenir jusqu'au marquis de la Romana; il lui révéla, dans le plus grand détail, les agitations qui déchiraient sa patrie; lui apprit que l'armée française occupait à peu près toutes les forteresses espagnoles, et que la guerre civile était près d'éclater des Pyrénées à Cadix. Cet homme, à qui les Anglais avaient donné des instructions très-précises sur les moyens de faire évader les troupes espagnoles, en fit part à leur général. Celui-ci hésitait à croire ce prêtre chargé d'une mission aussi délicate; mais bientôt deux officiers, envoyés vers lui par la junte de la Corogne, parvinrent également jusqu'à son quartier-général, secondés par les croiseurs anglais; et, lorsqu'il eut appris d'eux que le gouvernement britannique envoyait des troupes en Espagne, il se décida à profiter de l'assistance qu'on lui offrait, pour soustraire lui et ses soldats à la domination française.

La Romana eut peu de peine à persuader les officiers : le patriotisme parle haut dans les cœurs espagnols lorsqu'il se combine avec l'orgueil du rang. Il fut moins facile d'entraîner les soldats : quoique naturellement braves, ils reculaient devant les dangers attachés à l'évasion. D'un autre côté, ces hommes simples se fussent considérés comme parjures s'ils eussent trahi leur nouveau souverain : ce n'est pas dans les classes inférieures que la foi jurée redescend, en certaines circonstances, au rang des préjugés. Il fallut faire entendre à ces militaires que le roi Joseph était mort, et qu'ils se trouvaient déliés du serment de fidélité qu'ils avaient fait.

Le marquis de la Romana, moins scrupuleux, tramait sa défection au moment même où il obtenait de l'empereur une faveur qu'il avait vivement sollicitée : ce général, qui se trouvait alors en Fionie, ayant été nommé grand-officier de la légion d'honneur, écrivit au prince de Ponte-Corvo, afin d'en obtenir la permission d'aller recevoir de ses mains les insignes de sa nouvelle dignité. Le maréchal prenait alors les bains de mer à Travemunde, près de Lubeck : c'est là qu'il reçut la lettre du marquis. Son altesse envoya l'aide-de-camp Vilatte au général espagnol; cet officier l'entendit, dans une revue, dire à ses troupes : « Voulez-» vous rester toujours dans l'avilissement? que » peuvent les Bourbons pour nous? Rallions-» nous à la nouvelle dynastie [1], et suivons l'é-

---

[1] On n'avait point encore annoncé aux soldats espagnols la mort supposée du roi Joseph.

» toile du grand Napoléon. » En ce moment même le prince recevait des rapports qui lui ouvraient les yeux sur la duplicité de ce Castillan; en cet instant aussi, la Romana négociait avec les Anglais, pour passer sur leurs vaisseaux, avec ses troupes.

Le premier avis du complot fut donné au prince par deux officiers du régiment d'Algarve, et par un autre qui servait dans les chasseurs catalans. Ils annoncèrent à son altesse cette trahison, sans préciser positivement quel en était le but. La dénonciation du Catalan portait seulement que toute l'infanterie et l'artillerie cantonnées en Fionie, venaient de recevoir, du général la Romana, l'ordre de se rendre dans la forteresse de Nyborg, et deux régiments de cavalerie dans l'île de Faning; aucune charge plus précise ne s'élevait contre le marquis.

Le jour où le prince reçut ces diverses instructions, il partit à minuit avec le général Gérard, pour Rendsbourg, où se trouvait une brigade française; d'autres troupes étaient cantonnées à Apenrade et à Hadersleben. Son altesse leur donna l'ordre de se mettre immédiatement en marche pour se rendre à Colding, sur des voitures que le chargé d'affaires de Danemarck avait fait préparer la veille. De là les troupes se rendirent à Snagoé sur le petit Belt; pour opérer leur transport, tous les bateaux et bâtiments marchands furent mis en réquisition sur la côte, depuis Frederica jusqu'à l'île d'Alsen.

Peu d'instants après l'arrivée du prince à Rendsbourg, le général Kindelan, qui commandait la division espagnole stationnée en Jutland, se rendit près de son altesse, et lui dit qu'il venait de se soustraire aux poignards des officiers envoyés de Nyborg, pour lui prescrire de donner à ses troupes l'ordre immédiat du départ. Kindelan, homme adroit et fin, avait paru d'abord se livrer sans réserve à ces officiers, et leur avait dit qu'il allait ordonner à la troupe de se mettre en marche, tandis qu'on leur servirait à souper... Puis, s'étant élancé à cheval, avec un de ses aides-de-camp et un seul domestique, il s'était rendu au galop près du premier poste français.

Arrivé à Colding, le prince passa le petit Belt avec les troupes françaises et la compagnie des grenadiers espagnols de Zamora. Continuant sa marche, le maréchal se dirigea ensuite sur Midelfort; mais, avant d'y arriver, son altesse se fit précéder par le colonel Ameil, commandant un détachement de cavalerie, afin d'arrêter l'embarquement du régiment d'Algarve. Ce mouvement fut si rapide, que la cavalerie espagnole fut encore trouvée attendant des bateaux pour passer le Belt. Ameil, officier d'une grande intrépidité, somma le commandant du régiment d'Algarve de faire mettre pied à terre à sa troupe, et d'attendre les ordres du prince. L'Espagnol, voulant essayer d'une sorte de capitulation, demanda la vie sauve et le retour en Espagne, pour lui et tout son monde. Le maréchal, qui arrivait en ce moment, fit répondre que si l'on ne se rendait pas sans condition, il allait faire fusiller tous les officiers et décimer les soldats.

Alors le commandant espagnol, voyant que tout moyen de passage lui était interdit, s'avança vers le colonel Ameil, et lui dit : « Je » suis le seul coupable; mes soldats n'ont fait » que m'obéir : c'est moi qui les ai entraînés. » A ces mots, prenant un pistolet à l'arçon de sa selle, il ajouta très-distinctement, en se tournant vers ses cavaliers : « Je vous ai trompés; » je m'en punis. » Et cet officier se brûla la cervelle. On sut presque aussitôt que c'était un émigré languedocien au service d'Espagne : il se nommait Acosta.

Lorsque le prince de Ponte-Corvo passa le Belt, la Romana était encore enfermé dans la forteresse de Nyborg; se voyant sur le point d'y être surpris, il ordonna que l'artillerie fût jetée à la mer; que les chevaux des deux régiments de cavalerie stationnés dans l'île de Faning eussent les jarrets coupés, et que la troupe passât immédiatement à l'île de Langeland. Lui-même s'embarqua l'un des premiers pour s'y rendre, sur les barques que les Anglais fournissaient. Plusieurs officiers, témoins de la précipitation que ce général apportait à ces dispositions, lui représentèrent qu'il ne paraissait pas nécessaire de tant se presser, puisqu'ils étaient dans une forteresse, et qu'il faudrait un siége en règle pour les soumettre. Mais quelque chose de plus impérieux encore que les circonstances le pressait : c'était le remords : « Ne comptez-vous pour rien, mes-
» sieurs, » répondit-il, « l'ascendant du prince
» sur les troupes qui servent sous ses ordres? Il
» est à Odensée; demain il sera sous les rem-
» parts de cette place, et, si nous l'attendons,
» je ne réponds pas de nos soldats. Il est juste-
» ment courroucé; nous avons manqué à notre
» parole comme militaires; mettons un grand

» intervalle entre nous et celui qui a le droit
» de nous faire des reproches. »

L'intendant-général de l'armée espagnole, qui était l'ami et le conseil du marquis de la Romana, fut de son avis, et c'est lui qui, plus tard, répéta les paroles de ce général. Il réussit à faire embarquer environ six mille hommes sur les vaisseaux anglais, disposés pour recevoir ces troupes : cet embarquement s'effectua dans la nuit du 10 au 11 août. Le lendemain, les bâtiments de transport firent voile pour l'Angleterre.

Deux régiments stationnés en Séelande, avertis de l'entreprise de leurs camarades, avaient excité à Rotschild une émeute contre ceux de leurs chefs qui voulaient rester fidèles à Napoléon : un officier français y perdit la vie. Mais, sur l'invitation du prince de Ponte-Corvo, le gouvernement danois fit désarmer ces Espagnols, qui furent conduits en Fionie, à la vue des Anglais, puis livrés au gouverneur des villes anséatiques.

Voici la lettre que le maréchal reçut, à cette occasion, du roi de Danemarck : « Mon prince,
» dans la situation fâcheuse où l'insurrection
» des troupes espagnoles et la trahison de leurs

» chefs viennent de réduire le Danemarck, il
» est consolant pour moi de vous dire que je
» compte avec une confiance entière sur les ef-
» forts que vous ferez et sur les mesures que
» vous prendrez pour la sûreté de mes états. Je
» regrette seulement de ne pouvoir partager vos
» soins d'une manière plus efficace. Le major
» Hoffner vous aura déjà prié, en mon nom,
» de disposer sans réserve des forces qui me
» restent dans mes provinces continentales. Je
» souhaite vivement que mes troupes puissent
» trouver l'occasion de combattre sous vos yeux,
» et de mériter votre approbation. J'espère que
» les officiers de marine que je vous ai envoyés
» pour vous offrir leurs services seront rendus
» auprès de vous avant que vous receviez cette
» lettre, et que les canonnières que j'ai fait
» partir par le petit Belt pourront y arriver à
» temps pour vous être utiles.

» Plus le danger et les embarras de ma con-
» dition se multiplient, plus ma confiance dans
» l'empereur et mon dévouement pour lui se
» raffermissent ; je viens de lui écrire pour ré-
» clamer de nouveau son intérêt et son appui,
» et pour lui réitérer l'expression des senti-
» ments que je lui ai voués. Je vous prie de

» vouloir bien aussi les lui garantir de ma part.

» Les troupes espagnoles étant devenues les
» ennemies de la France et du Danemarck, je
» n'ai pu tarder davantage à désarmer et à met-
» tre en lieu de sûreté la division qui se trouve
» en Séelande; il en était temps, car l'insubor-
» dination de cette troupe allait au point que
» l'autorité de ses propres officiers était entiè-
» rement anéantie.

» Vous connaissez la sincérité des sentiments
» avec lesquels je suis, mon prince, votre bon
» ami.

» Frédéric. »

Le général Kindelan invita, par une proclamation, tout ce qui n'avait pas partagé la défection de la Romana à se diriger sur Flensbourg; promettant à ces troupes qu'il leur serait permis de retourner dans leur pays. Mais Kindelan s'était trop avancé : le prince de Ponte-Corvo reçut l'ordre formel de faire désarmer tous les Espagnols sans distinction, de les envoyer en France prisonniers de guerre, et de diriger les chevaux de la cavalerie sur divers points, pour être répartis entre les régiments français stationnés en Allemagne. La dernière dépêche de

l'empereur renfermait cette injonction terrible :
« A la moindre rébellion, il faut ordonner
» qu'on les fusille; nous n'avons plus rien à
» ménager avec l'Espagne, qui se trouve en
» révolte contre le roi. »

Cependant les Russes avançaient toujours en Finlande, quoique l'importante diversion que les Français devaient faire dans la Scanie, en traversant le Danemarck, eût été paralysée par les divers événements que nous avons rapportés. Les troupes danoises observaient cette province suédoise; mais, seules, elles ne pouvaient en tenter la conquête; et, dans ce moment, les ressources de la Suède étaient telles que, mieux dirigées, elles eussent pu la faire triompher de ses ennemis. Écoutons, à cet égard, un gentilhomme suédois, qui a écrit sous l'influence des impressions du moment. « La nation, » dit-il, « se laissait joyeusement inscrire et imposer,
» contre toutes les lois fondamentales de l'état;
» elle donnait tout ce qu'on lui demandait.
» Cent dix mille soldats ou matelots furent mis
» sur pied par une population de trois millions
» d'âmes. On espérait voir renaître les beaux
» jours de Narva. Sans croire entièrement à la
» réalisation d'un si beau rêve, on peut dire

» au moins que, dans l'état de désorganisation
» où se trouvait l'armée russe après la bataille
» de Friedland, la moitié des forces de la Suède
» aurait suffi pour arrêter l'invasion dont le
» pays était menacé, et même pour faire re-
» pentir les Russes de leur entreprise. »

» On s'attendait à voir le roi se présenter à la
» tête de son armée, et faire oublier, par son
» courage réfléchi, l'impression fâcheuse qu'avait
» produite sur l'armée, la fuite de Stralsund, et
» l'abandon de Rugen [1]. Mais la défense de la
» Finlande fut confiée à un vieillard faible et
» incapable, auquel le roi prescrivit un plan
» avec lequel Turenne n'eût pas défendu le
» pays [2]. »

Jamais en effet, campagne ne fut plus déplorable, plus funeste à la Suède : elle s'écoula en tâtonnements ; le général sacrifiait chaque jour des détachements de quelques mille hommes, et pas une seule fois il ne sut réunir sur un point une force de six mille combattants. L'armée se fondait sans qu'aucun mouvement utile fût tenté : des régiments de deux mille hommes, qui n'avaient pas tiré un coup de fusil, furent

---

[1] Voyez chapitre 11.
[2] Mémoires inédits.

détruits en marches et contre-marches, accompagnées de toutes les souffrances, de toutes les privations qui résultent d'une mauvaise administration.

L'hiver surprit les troupes suédoises dans cette malheureuse situation; la flottille, qui avait tenu la mer sans but et jusqu'à la dernière extrémité, dut rentrer à Stockholm... Par suite du désordre qui présidait à tout, on avait laissé accumuler sur les bâtiments un grand nombre de malades et de blessés, couchés dans l'eau croupie de la cale, qui ne tarda pas à se glacer autour de leurs membres... Il fallut dégager ces infortunés à coups de pioche pour les porter aux hôpitaux. D'un autre côté, la grande flotte suédoise rentra à Carlscrona, avec une fièvre pestilentielle; ce qui n'empêcha par le roi de lui ordonner d'aller jeter en Livonié cinq à six mille hommes de débarquement. Elle revint sans avoir pu même tenter cette entreprise; il y avait à peine sur les vaisseaux assez d'hommes debout pour assurer la manœuvre.

Enfin, trente mille Russes passèrent dans l'île d'Aland, sur la glace des détroits; tandis que douze mille hommes de la même nation traversaient le golfe de Bothnie, par le même moyen, et coupaient de Stockholm les débris d'un corps finois. La capitale n'était pas couverte par cinq mille soldats, et les cosaques passaient déjà la mer d'Aland.

Durant cette campagne, l'empereur Napoléon, doublement préoccupé des affaires d'Espagne et des prévisions d'une prochaine rupture avec l'Autriche, s'était borné à donner l'ordre au prince de Ponte-Corvo de faire entrer une division française en Poméranie; et bientôt le gouverneur-général des villes anséatiques dut se rendre à Dresde, pour se disposer à faire la guerre sur un plus vaste théâtre.

CHAPITRE VII.

Révolution en Suède. — Situation déplorable de ce pays. — Armistice accordé aux troupes suédoises par le prince de Ponte-Corvo. — Il en est blâmé par l'empereur. — Correspondance du prince avec l'empereur. — Réponse de ce souverain. — Le maréchal Bernadotte commande le 9ᵉ corps de la grande armée. — Sa composition. — Lettre de ce maréchal au prince Poniatowski. — Bernadotte rejoint la ligne d'opérations de l'armée. — Tête du pont de Lintz. — Participation du 9ᵉ corps à la bataille de Wagram. — Réserve de ce corps enlevée à Bernadotte. — Résultats funestes. — Suite de la bataille de Wagram. — Entrevue de l'empereur et du prince de Ponte-Corvo. — Explications imparfaites. — Elles sont complétées dans une lettre du général Dupas. — Le cheval alezan. — Victoire de Wagram. — Elle pouvait être remportée la veille. — Fameuse proclamation aux Saxons, rectifiant le bulletin. — Elle cause la disgrâce du prince. — Son retour à Paris.

Au mois de mars 1809, et tandis que s'opéraient les mouvements militaires mentionnés dans le chapitre précédent, éclata dans la capitale du royaume de Suède cette révolution, qui devait précipiter Gustave IV d'un trône ébranlé par son règne frénétique, et surtout par sa fougueuse inimitié contre la France.

Le premier soin du nouveau gouvernement, présidé par le duc de Sudermanie, provisoirement *nommé administrateur-général du royaume,* fut de demander un armistice aux puissances avec lesquelles Gustave IV était en guerre. Ce bon prince sentit que nul besoin ne se faisait sentir aussi vivement en Suède que celui de la paix. De cent mille hommes aguerris, il en restait au plus trente mille en état de faire le service; le reste était tombé dans les combats, se trouvait prisonnier de l'ennemi, ou avait succombé à tous les genres de privations et aux maladies qu'elles avaient déterminées. La landwehr, cet espoir d'une armée future, offrait à peine la moitié de son effectif; le surplus de cette milice avait péri ou s'éteignait misérablement dans les hôpitaux. Les remparts du royaume, assiégés par un voisin puissant, audacieux et déjà vainqueur, ne pouvaient maintenant garantir l'indépendance de la Suède; et ce pays, à l'approche de l'hiver, se voyait menacé de dangers imminents.

Dans ses détails, ce tableau devenait plus sombre encore : l'agriculture, cette principale branche de l'industrie des nations, dépérissait de plus en plus, soit à défaut de bras, soit par suite des innombrables transports faits pour le compte de la couronne, et qui avaient enlevé aux laboureurs les moyens d'activer leurs travaux; soit enfin par suite des fournitures qui, depuis plusieurs années, privaient les cultivateurs de leurs ressources présentes, sans leur laisser le temps d'en préparer de nouvelles. Les travaux des mines, frappés de langueur, étaient, sur plusieurs points, menacés d'un entier anéantissement, faute de débouchés. Le fer, en barre ou en gueuse, tombait à un si bas prix qu'il ne couvrait pas même les frais de fabrication. Le défaut de communications avec la Finlande, la Poméranie et les bords de la Baltique, privait aussi le pays des ressources de l'importation; de là l'enchérissement excessif des blés et des comestibles, dans un moment où les besoins de l'armée avaient augmenté la consommation : état de choses devenu insupportable pour les classes pauvres du royaume. Enfin, les pertes multipliées de l'état et des particuliers, durant la stagnation du commerce et de la navigation, pertes encore aggravées par les captures faites en mer, mettaient le comble aux calamités que les guerres avaient attirées sur la Suède.

Tel était le legs fait à cette malheureuse monarchie par le dernier règne; telle fut la réunion de motifs trop légitimes qui détermina le duc de Sudermanie à solliciter une suspension d'armes.

Le courrier chargé de porter cette demande au prince de Ponte-Corvo, général en chef de l'armée française, ne put la lui remettre qu'à Dresde, où ce prince était déjà rendu, par ordre de l'empereur, pour la formation de l'un des corps de la grande armée. Ce fut de cette ville que son altesse écrivit, le 30 mars, la lettre suivante au maréchal suédois, comte de Klingspar : « J'ai reçu la lettre que votre excellence
» m'a fait l'honneur de m'adresser pour me
» proposer, au nom de son altesse royale le duc
» de Sudermanie, régent du royaume, un ar-
» mistice avec les armées de sa majesté l'empe-
» reur et roi. J'ai cru utile au succès de la
» mission dont vous avez chargé monsieur le
» major de la Granége, qu'il se rendît lui-même
» auprès de sa majesté l'empereur et roi; j'ai
» ordonné à un de mes aides-de-camp de l'y
» accompagner. Je ne doute pas que les passe-

» ports que son altesse désire pour un négocia-
» teur ne soient bientôt expédiés : sa majesté
» l'empereur et roi a déjà témoigné, dans plus
» d'une circonstance, ses bonnes dispositions
» pour la nation suédoise, et je crois pouvoir
» assurer que son altesse royale n'aura qu'à se
» louer des résultats de l'initiative qu'elle a
» prise aujourd'hui.

» En attendant la décision de sa majesté,
» j'ai ordonné provisoirement au lieutenant-
» général Gratien, qui commande sous mes
» ordres dans les villes anséatiques et sur les
» bords de la Baltique, de suspendre toute
» hostilité contre la nation suédoise, et même
» d'accueillir les bâtiments suédois que les cir-
» constances pourront amener dans l'étendue
» de son commandement.

» Je me félicite vivement, monsieur le ma-
» réchal, de mes relations avec votre excellence;
» leur objet contribue surtout à me les rendre
» agréables : il m'est doux de penser qu'une
» parfaite intelligence pourra être bientôt réta-
» blie entre la France et une nation aussi
» brave que généreuse. »

On voit, par cette lettre, que le prince de
Ponte-Corvo, sachant que la nation suédoise ne

partageait point les inimitiés du monarque interdit, crut non-seulement remplir les intentions de Napoléon, mais obéir à une politique sensée, en faisant cesser les hostilités dans le nord de l'Europe, surtout au moment où la France allait avoir à combattre de nouveau la puissance autrichienne. Cependant l'empereur, ainsi que nous le verrons plus tard, blâma son lieutenant des dispositions pacifiques qu'il avait faites; prétendant qu'elles avaient paralysé les opérations des Russes en Finlande, et les projets des Danois sur la Scanie : ce qui fit soupçonner au prince que, dans les conventions secrètes arrêtées entre Napoléon, Alexandre et le roi de Danemarck, la chute de Gustave IV et l'extinction de la nationalité suédoise avaient été résolues.

Le maréchal Bernadotte, arrivé à Dresde vers la fin du mois de mars, attendait de jour en jour, d'heure en heure, des instructions pour le commandement des troupes qu'il devait réunir sous ses ordres. Ce ne fut que le 11 avril qu'il reçut les premières dépêches du major-général, prince de Neuchâtel, lesquelles, cependant, étaient datées des 25 et 26 mars. Ce retard inimaginable et le contenu même des lettres déterminèrent le prince à écrire directement à l'empereur, ce qui suit:

« Sire, aujourd'hui 11 avril, je reçois les
» premières dépêches du quartier-général, de-
» puis mon arrivée à Dresde.

» Ces dépêches contiennent l'ordre de me
» diriger de Dresde sur le Danube, dans le cas
» où un événement imprévu nécessiterait, de
» ma part, un mouvement de retraite, en lais-
» sant trente mille hommes pour défendre
» Dresde, si je crois cette place à l'abri d'un
» coup de main. Le major-général se plaint de
» n'avoir pas encore reçu de moi les états de
» situation de l'armée polonaise, de la division
» Dupas, de la brigade du général Bruyère. J'ai
» l'honneur de représenter à votre majesté, que
» ce message m'apporte le premier avis que
» l'armée polonaise et même les troupes fran-
» çaises restées en Hanovre, fassent partie du
» nouveau commandement que votre majesté
» m'a assigné en m'appelant à Dresde. Je pou-
» vais d'autant moins le deviner que, sans par-
» ler de la distance qui me sépare de ces divers
» corps, j'ai appris par hasard hier que la divi-
» sion Dupas est partie d'Hanovre sur un ordre
» direct du major-général.

» J'ai eu l'honneur de supplier votre majesté
» de me faire relever dans le commandement
» des Saxons; je lui ai exposé l'insuffisance de
» mes moyens pour conduire des étrangers;
» j'attends avec une vive impatience que votre
» majesté ait la bonté d'exaucer ma prière; car
» ce qui se passe journellement à mon égard,
» affectant mon moral de la manière la plus
» sensible, achève d'épuiser les forces que je
» trouve encore dans mon âme.

» Je suis venu à Dresde sans aucune instruc-
» tion; la première lettre qui en contienne et
» que les hasards de la guerre auraient pu me
» rendre si importante, m'est expédiée par la
» poste, et ne m'arrive qu'au bout de seize
» jours... Tout cela, sire, me fait trembler
» pour la suite de mes opérations; et je me
» vois exposé à ce que mes efforts soient conti-
» nuellement paralysés par une force cachée,
» dont il me serait trop difficile de triompher...

» Je conjure votre majesté de m'accorder ma
» retraite, à moins qu'elle ne préfère me ré-
» server pour quelque expédition lointaine,
» où mes ennemis n'aient plus d'intérêt à me
» nuire. »

Le prince renouvela la demande de son remplacement le lendemain, 12 avril; il la renouvela le 15, et enfin le 20. Ce même jour il reçut de l'empereur la lettre suivante, datée d'Ingoltadt, le 19 :

« Mon cousin, j'ai reçu toutes vos lettres. La
» guerre que j'ai à soutenir est de concert avec
» la Russie, et vous êtes entré pour quelque
» chose dans cette combinaison. Voyez donc
» une preuve de mon estime et du cas que je
» fais de vous dans la destination que je vous ai
» donnée. L'Autriche a précipité les mesures ;
» le major-général vous écrit ce qui doit servir
» de règle à votre conduite. Je suis arrivé à
» l'armée depuis deux jours; j'ai mis tout en
» mouvement, et j'espère chasser bientôt cette
» nuée d'Autrichiens au-delà de l'Inn. Tenez-
» vous au courant des mouvements des Russes,
» du côté de la Gallicie, et de ce qui arrivera
» au cabinet[1]. La Saxe est en guerre avec l'Au-
» triche; aucun ministre ni envoyé autrichien
» ne doit être souffert à Dresde, et il ne doit
» exister aucune communication avec la Bo-
» hême. »

Dans cette lettre, où l'on reconnaît le style saccadé qui résultait ordinairement des dictées

[1] Celui de Dresde.

de Napoléon, il semble à peine avoir gardé le souvenir des vives doléances que le prince de Ponte-Corvo lui avait adressées. On doit présumer que l'empereur, informé de l'extrême irrégularité que l'on avait apportée dans le service, avant son arrivée en Allemagne, s'était pénétré des fautes ou des inexactitudes du major-général à l'égard de Bernadotte, plutôt que de la trop grande susceptibilité de celui-ci. Il est constant que son altesse avait des ennemis auprès de sa majesté; mais pouvait-on affirmer que ce fût par suite de leurs intrigues que les instructions lui avaient manqué aussi longtemps? Les plaintes du maréchal ne se bornaient pas, d'ailleurs, à signaler des tentatives dirigées contre lui; elles paraissaient admettre de mauvais offices accomplis, et dont le résultat eût été d'armer, pour le perdre, une force redoutable et cachée. Or, il faut avouer qu'en ceci, la plainte devenait presque hostile à l'empereur lui-même. Cependant sa majesté, qui reconnut sans doute qu'on avait eu des torts envers son lieutenant, garda le silence sur l'extrême sensibilité qu'ils avaient excitée.

A peu près en même temps que la lettre de l'empereur, le prince reçut enfin les instructions du major-général sur la composition du neuvième corps d'armée, qu'il devait commander [1]. Le prince de Neuchâtel lui écrivait : « Ce » corps sera composé de l'armée saxonne, » comprenant les trois divisions réunies à » Dresde, et de deux divisions des troupes du » duché de Varsovie, formant plus de cinquante » mille hommes. Vous avez donc sous vos or- » dres l'armée saxonne et toutes les troupes du » duché de Varsovie. L'empereur met pareille- » ment sous vos ordres les garnisons de Glogau » et de Dantzig. »

L'armée polonaise était commandée par son brave compatriote le prince de Poniatowski. Avant même d'avoir reçu des instructions définitives, le commandant en chef du neuvième corps, adressa à ce général polonais la lettre suivante, sous la date du 12 avril : «Prince, je m'empresse de » prévenir votre altesse, que le 9 de ce mois, le » général autrichien comte Bellegarde, comman- » dant l'armée de Bohême, a signifié la déclara-

---

[1] Cette armée n'avait pas reçu, comme les troupes réunies en 1805 et 1806, le nom de *Grande armée;* on l'appelait plus modestement l'armée d'Allemagne ; mais la nation lui conserva la pompeuse désignation de grande armée, qu'elle méritait, du reste, aussi bien que dans les précédentes guerres.

» tion de guerre aux avant-postes français, sur
» la route d'Egra à Weyden. Il est donc conve-
» nable que votre altesse réunisse l'armée polo-
» naise de manière à pouvoir manœuvrer promp-
» tement au premier signal. Je n'ai pas encore
» reçu les instructions définitives de l'empereur
» sur les opérations dont l'armée polonaise doit
» être chargée [1] ; mais jusqu'à nouvel ordre,
» votre altesse doit serrer toutes ses troupes
» vers les frontières de la Gallicie, pousser ses
» avant-postes le plus loin possible, et faire
» mine de menacer Cracovie. Dans ce dernier
» but, votre principal point de réunion me pa-
» raît être les environs de Pétrekau, en ayant
» soin de faire garder le faubourg de Praga.

» Si votre altesse avait déjà reçu des instruc-
» tions directes de l'empereur ou du major-
» général, il est bien entendu qu'elle doit les
» exécuter de préférence aux miennes. »

Après avoir lu la lettre de l'empereur que nous avons rapportée plus haut, le prince de Ponte-Corvo sentit qu'il ne devait pas insister

---

[1] Elle combina plus tard ses mouvements avec ceux d'un corps russe pour agir contre la Gallicie ; mais les troupes du czar agirent mollement. Il n'y eut de ce côté aucune diversion importante. Cet état de choses causa dès lors du refroidissement entre Alexandre et Napoléon.

dans la demande de son remplacement. Il s'occupa donc activement d'organiser les troupes étrangères placées sous son commandement, et dont il ne tarda pas à gagner la confiance.

Vers la fin d'avril, ayant reçu l'ordre de rejoindre la ligne d'opérations de l'armée d'Allemagne, son altesse partit de Dresde, avec le neuvième corps, entièrement formé de troupes saxonnes, à l'exception d'une division française, commandée par le général Dupas, et forte d'environ trois mille cinq cents hommes.

Le prince dirigea sa marche de manière à menacer constamment la Bohême, afin d'y attirer quelques troupes autrichiennes. Il passa le Danube à Straubing, et arriva, le 17 mai, à Lintz. Le général Vandamme, qui commandait les Wurtembergeois postés à la tête du pont de cette ville, allait être forcé de l'abandonner, lorsque le neuvième corps, arrivé à Ofar, changea subitement la défense en offensive. Le maréchal Bernadotte attaqua les Autrichiens, commandés sur ce point par le général Collowrath, les battit, et conserva ainsi la tête du pont de Lintz, qui possédée par l'ennemi, lui eût donné la facilité de tourner l'armée française. Le prince, ayant fait ensuite retrancher le poste important de Post-Lingberg, prépara, par ses mouvements ultérieurs, sa jonction avec l'armée principale, dont il forma la gauche, sous les ordres immédiats de l'empereur.

Pendant sa marche, le prince de Ponte-Corvo avait député au quartier impérial le colonel Le Brun, son premier aide-de-camp, afin de représenter à sa majesté que le commandant en chef du neuvième corps d'armée n'avait, à peu près, sous ses ordres que des Saxons. Napoléon, après avoir écouté cet officier, lui répondit : « Mais est-ce que le prince ne compte pour rien » sa renommée? » Cette réponse valait peut-être mieux que le secours d'une division, surtout avec un homme tel que le maréchal Bernadotte.

Le 5 juillet, jour de la bataille de Wagram, le prince de Ponte-Corvo, ayant reçu les instructions qu'il devait suivre, marcha à l'ennemi, qu'il rencontra dans la position de Raschdorff. Les troupes réunies en ce moment sous le commandement de son altesse étaient peu nombreuses; deux bataillons français et la moitié de son artillerie avaient été retenus dans l'île de Napoléon, par l'ordre de l'empereur; tandis qu'une division saxonne était également restée à la tête du pont, en attendant l'armée de Dalmatie. Cependant l'ennemi fut chassé de Raschdorff par un bataillon du 5ᵉ régiment d'infanterie légère et deux bataillons saxons... Maître de cette position, le prince se dirigea sur Deutsch-Wagram.

La division Dupas, qui formait la réserve de son altesse, marchait à près d'un quart de lieue de la première ligne, lorsque, par un ordre direct de l'empereur, elle fut détachée du corps dont elle faisait partie, et reçut une autre direction. Au moment où cela se passait sur les derrières du neuvième corps, à l'insu de son chef, un détachement ennemi, composé d'environ trois mille chevaux et de plusieurs bataillons d'infanterie, déboucha sur la gauche de ce même corps. Le prince chargea le général Gérard, son chef d'état-major, d'attaquer ce détachement ennemi, à la tête des dragons et des hussards saxons. La cavalerie saxonne passe pour la meilleure de l'Allemagne; jalouse de soutenir sa réputation, elle fournit, dans cette circonstance, une belle charge, dont le succès fut complet. Les Autrichiens se retirèrent dans le plus grand désordre; laissant au pouvoir du neuvième corps, cinq cents prisonniers et le drapeau du régiment de Chasteler. Dans cet engagement, un escadron des dragons du prince Albert, chargeant sous les ordres d'un général français, culbuta un autre escadron du même régiment, au service de l'empereur d'Autriche: singularité affligeante, que renouvela sans doute plus d'une fois la mobilité des alliances imposées aux souverains allemands.

Cependant, le prince attendait avec impatience la division saxonne restée au pont, ainsi que les dragons du prince Jean, réunis, par ordre de l'empereur, au corps du général Oudinot. Ce fut en cet instant que le général Savary, aide-de-camp de sa majesté, vint dire à son altesse : « que l'empereur voulait finir la » journée par un coup d'éclat; que la gauche » et le centre de l'ennemi allaient être écrasés; » et que sa majesté ordonnait au neuvième corps » de marcher rapidement pour soutenir l'atta- » que de tous ses moyens. »

En exécution de cet ordre, le prince se porta sur Wagram, que les Autrichiens défendaient avec près de quarante mille hommes. Le village fut emporté néanmoins, et l'infanterie saxonne s'y établit, malgré tous les efforts de l'ennemi et le ravage causé par sa nombreuse artillerie.

Tandis que cette manœuvre périlleuse s'exécutait, le prince expédiait exprès sur exprès aux troupes restées à la tête du pont, pour leur prescrire de le rejoindre, dussent-elles abandonner leur position sans être relevées. Enfin, cette division arriva vers la nuit, et l'on se promettait, avec ce faible renfort, de conserver le poste de Wagram. Un incident malheureux détruisit cet espoir : au moment où le détachement rappelé du pont, entrait dans le village, les ténèbres commençaient à s'épaissir; les avant-postes, entendant parler allemand, ignorant, d'ailleurs, ou ne se rappelant plus qu'une division saxonne était attendue, la prirent pour l'ennemi, et firent feu dessus. La colonne arrivante, livrée à la même erreur, riposta : cette funeste méprise ne dura qu'un instant [1]; mais les Autrichiens en profitèrent

---

[1] Le bulletin dénatura complétement ce fait en disant : « L'attaque de Wa-
» gram eut lieu; nos troupes emportèrent ce village. Mais une colonne de
» Saxons et une colonne de Français se prirent, dans l'obscurité, pour des
» troupes ennemies, et cette opération fut manquée. » Comment des troupes françaises et des troupes saxonnes eussent-elles pu tirer les unes sur les autres, lorsqu'il n'y avait là que des Saxons. On a vu que dès le commencement de l'affaire, l'Empereur avait disposé de la division Dupas, qui ne revint auprès du prince de Ponte Corvo que le 6 juillet au matin. L'altération du fait rapporté par le bulletin fit murmurer fortement l'armée, et plusieurs généraux s'en montrèrent fort irrités. Masséna

pour attaquer le village. Le prince, qui comprenait toute l'importance de ce poste, fit les plus grands efforts pour en rester maître. Ce fut alors qu'il envoya l'ordre à la division Dupas de s'avancer en ligne... Quelle fut sa douloureuse surprise lorsqu'on vint lui annoncer qu'il n'avait plus de réserve!!! Le neuvième corps dut évacuer Wagram... Peu de temps après, il s'en empara de nouveau; malheureusement les obus de l'ennemi l'incendièrent : il devint impossible de s'y maintenir. Toutefois, ces attaques successives ne furent pas précisément sans résultat : son altesse, en se retirant, emmena plusieurs centaines de prisonniers; faible trophée d'un mouvement qui, comme on le verra bientôt, pouvait être décisif, s'il eût été exécuté avec des forces suffisantes.

On ne cessa de combattre qu'après minuit; le prince concentra toutes ses troupes entre Wagram et le village d'Adlerklau : elles bivouaquèrent dans cette position, presque au milieu des ennemis. Pendant la nuit, son altesse, ayant envoyé des reconnaissances sur ses flancs et vers les points où devaient s'établir ses com-

---

dit à cette occasion : « Il nous prend donc pour des brutes quand il avance, » dans ses bulletins, des choses qui n'ont jamais existé. »

munications, on vint lui rapporter que l'armée française se trouvait à près d'une lieue sur ses derrières.

Le 6, à trois heures du matin, l'ennemi, voyant le neuvième corps isolé, commença des manœuvres pour l'envelopper. Le prince fit alors un mouvement pour serrer l'armée française, et s'établit sur un coteau, en arrière d'Adlerklau.

Entre six et sept heures, l'empereur se rendit auprès du prince de Ponte-Corvo. Celui-ci lui adressa les reproches les plus vifs sur la destination donnée la veille à la division Dupas et à deux régiments de cavalerie saxonne, au moment même où sa majesté venait d'ordonner l'attaque de Wagram. Napoléon, visiblement troublé, nia que cette disposition eût été faite par son ordre. Le général Dupas arrivait en cet instant; son altesse le fit appeler et lui enjoignit de déclarer par quel ordre il s'était séparé du neuvième corps, l'empereur venant d'assurer qu'il n'avait pas ordonné ce mouvement. Dupas se disposait à répondre; mais un regard significatif de Napoléon enchaîna sa langue; puis il balbutia l'assurance qu'il n'avait agi que d'après une intimation supérieure, qu'il croyait n'être pas étrangère à sa majesté[1].

Le prince, voyant l'embarras de Napoléon et du général, cessa d'interroger ce dernier, et lui ordonna de placer les débris de sa division, ré-

---

[1] L'ordre avait été donné au général Dupas par le major-général, en présence de l'empereur ; mais celui-ci n'a jamais voulu en convenir.

Le lendemain, 7 juillet, le général Dupas écrivit au prince une lettre que nous croyons devoir rapporter textuellement : « Monseigneur, le
» temps est trop court pour que je puisse répondre à tout ce que V. A.
» m'a dit concernant les ordres que j'ai exécutés, contradictoirement aux
» siens, dans la journée du 5. Cependant je ne dois pas différer à mettre
» par écrit que, dans cette journée, j'ai reçu plusieurs ordres directement,
» et par S. A. le prince de Neuchâtel, et par des aides-de-camp de
» S. M., et par des ordonnances attachées au quartier impérial, tou-
» jours au nom de S. M.

» Quant à l'attaque de vive force que j'ai fait exécuter, au-delà
» de la rivière, elle m'a été ordonnée par un aide-de-camp de S. A. le
» prince de Neuchâtel ; je crois qu'il s'appelle Girardin : il m'a semblé
» qu'il avait quelque défaut sur les yeux. Il m'a signifié cet ordre comme
» venant de S. M., en présence d'un officier de votre état-major, que
» l'on a voulu conduire auprès de l'empereur, pour le convaincre de la
» vérité du fait, en assurant même que je devais être soutenu par la garde
» impériale. Ceci n'a pas eu lieu, car le corps que l'on a fait marcher sur
» ma gauche a été la cause de la déroute complète qui s'est prononcée dans
» les troupes que je commandais, et c'est à ce corps placé à ma gauche, non
» à la garde impériale que l'on m'avait promise, qu'il faut attribuer les
» événements malheureux qui se sont passés, et la perte d'un nombre con-
» sidérable de prisonniers, qui auraient décidé dès ce moment de tout.

» Signé, *le général de division*, Dupas.

» Au camp de Léopoldau, le 7 juillet 1809. »

duite à six cents hommes, en arrière de la ligne du neuvième corps.

Sa majesté avait souffert avec un calme difficile à exprimer la véhémente sortie de son lieutenant, qui frappé de cette tranquillité, reprit aussitôt la sienne : « Sire, » continua-t-il d'un ton respectueux, « votre majesté est trop
» élevée pour pouvoir ni vouloir ambitionner la
» gloire de personne; mais un acte de déloyauté
» ou de trahison[1] a failli me faire perdre hier
» le fruit de trente années de bons services.
» C'est au courage de ces intrépides Saxons et
» à l'héroïsme de leurs chefs, que je suis rede-
» vable d'avoir pu vous sauver le terrain où
» nous sommes. Toute l'armée ennemie est là;

---

[1] Il est probable qu'il n'y avait eu ni déloyauté, ni trahison dans le retrait de la division Dupas; il ne pouvait même pas y avoir eu dessein de nuire à la gloire du prince de Ponte-Corvo : car, en la compromettant, l'on eût compromis aussi et la gloire de l'armée et celle de l'empereur lui-même. L'ordre donné à la réserve du maréchal Bernadotte fut, selon toutes les apparences, un expédient malheureusement calculé. A la bataille de Ligny, en 1815, l'empereur agit de la même manière à l'égard du premier corps, commandé par le comte d'Erlon : ce corps, placé sous les ordres du maréchal Ney, lui fut retiré par ordre de S. M., pour se reporter vers le centre. Quand Ney, qui commandait la gauche, voulut charger les Anglais aux Quatre-Bras, le comte d'Erlon n'était plus sous sa main... Cependant Napoléon ne vouait au prince de la Moscowa ni haine ni jalousie.

» vous n'aviez hier devant vous que très-peu de
» monde. Le pivot de l'ennemi était à Wagram;
» il n'a jamais manœuvré pour se joindre à
» l'armée de l'archiduc Jean; mais bien pour
» nous placer entre deux feux. Hâtez-vous,
» sire, de faire avancer les différents corps...
» Vous voyez l'ennemi qui marche; il nous a
» déjà débordés durant la nuit : dans peu de
» temps vous serez forcé d'opérer un change-
» ment de front pour faire face à la Bohême,
» qui est à votre gauche, tandis que vingt-cinq
» mille hommes de plus de ce côté auraient
» empêché l'armée autrichienne de s'y jeter [1]. »

[1] Avant l'arrivée de l'empereur, le prince de Ponte Corvo avait parlé d'une manière plus franche encore au comte Mathieu-Dumas, sous-chef de l'état-major général. Après lui avoir témoigné son indignation relativement à la destination donnée à sa réserve, il avait ajouté : « Si cette perfidie n'était pas froidement calculée, on peut dire que le commandant en chef ignorait complètement les mouvements de son ennemi, puisqu'à l'instant même où il enlevait à son lieutenant de gauche toute sa réserve sans l'en prévenir, il portait cette même réserve de la gauche au centre, pour attaquer une position inutile; car la principale opération de la journée, après le passage du Danube et la marche faite en avant, devait être Deutsch-Wagram, qui était devenu pivot de l'ennemi, pivot qui formait sa communication avec la Bohême. Le dernier sous-lieutenant de l'armée aurait reconnu, par l'assiette du terrain, la nécessité d'avoir Wagram ce même soir; au lieu de dégarnir la gauche de sa réserve et d'une partie du faible corps de bataille, il fallait envoyer sur ce point 20,000 hommes au moins, pour prendre Wagram; la bataille n'eût pas

L'empereur, convaincu au fond de la justesse des observations du prince, était si affecté, qu'il ne fit que balbutier ces mots, plusieurs fois répétés : « Dans un moment j'aurai cent » mille hommes... » Puis, s'étant remis, Napoléon ajouta avec chaleur : « En attendant, le » duc de Rivoli vient nous appuyer; il va pé- » nétrer dans le village d'Adlerklau. »

Le prince fit observer à l'empereur que si beaucoup de troupes occupaient ce village, l'ennemi dirigerait dessus son artillerie, et ferait éprouver de grandes pertes à l'armée; ce qui n'aurait pas lieu si l'on prenait position en arrière d'Adlerklau. Napoléon s'obstina à jeter une division du 9ᵉ corps dans ce village. Sa majesté fut témoin de la valeur avec laquelle les troupes saxonnes soutinrent celles du maréchal duc de Rivoli, à la dernière attaque de ce poste. Ces intrépides Allemands étaient depuis l'aube du jour sous le feu de la plus horrible mitraille, à droite d'Adlerklau. Le prince, pour diminuer leur perte, avait constamment exigé que leurs bataillons fussent disposés en ordre mince. Voulant juger par lui-même des manœuvres de

---

continué, et toute la Bohême était conquise. Maintenant le sort de l'armée est mis en problème.

l'ennemi, il se porta en avant du front des Saxons, et sur la ligne de l'artillerie. Jamais son altesse n'en avait vu de mieux servie, et pourtant la moitié des pièces étaient démontées. Le général Massel et le colonel Baltus faisaient le service de simples canonniers; souvent ils arrêtèrent l'ennemi par l'impétuosité du feu qu'ils dirigeaient [1].

Le neuvième corps continua de manœuvrer ainsi toute la journée, avec ses faibles moyens; et lorsque l'ennemi chercha à pénétrer le long du Danube jusqu'à la tête du pont, le prince y courut et la couvrit, de concert avec l'artillerie et les lanciers de la garde impériale.

Enfin, les corps du général Oudinot, du vice-roi d'Italie, du maréchal Davoust; l'armée de Dalmatie et la garde impériale s'avancèrent pour prendre leur ordre de bataille. Le mouvement de l'ennemi, constamment dirigé sur la gauche de l'armée française, et son attaque, dirigée contre le village d'Adlerklau, qui ve-

---

[1] Les historiens qui, depuis la restauration, ont écrit sur la campagne de Wagram, ont jugé les Saxons sous l'influence des souvenirs amers de leur défection à Leipsick... Ce n'est pas là de la conscience historique. En 1809, ces étrangers furent de bons alliés; on leur doit, pour leur conduite à Wagram, de justes éloges; mais ils doivent encourir un juste blâme comme défectionnaires de Leipsick.

naît de réussir, déterminèrent le prince de Ponte-Corvo à donner l'ordre au commandant de l'artillerie de se replier lentement, à la prolonge, en continuant de faire feu, et de s'arrêter à cent toises de la ligne des Saxons. Son altesse courut ensuite à Adlerklau, au moment où les troupes du duc de Rivoli[1] en étaient repoussées. Le chef du neuvième corps les fit soutenir par un régiment de cuirassiers saxons, qui perdit en peu d'instants beaucoup de monde, et dont le colonel fut blessé grièvement.

Le maréchal Bernadotte, selon la coutume qui, tant de fois, lui avait réussi dans les cas désespérés, harangua ses soldats, en présence d'une partie de la maison de l'empereur, et les exhorta à tenir ferme. Les débris de la division Dupas, jetés le matin dans Adlerklau, par l'ordre de Napoléon, perdirent encore une centaine d'hommes. Le général combattait à pied dans la mêlée; son altesse lui ordonna de monter à cheval, afin de se faire voir de ses soldats. Le prince, pour enflammer les troupes, cria plusieurs fois *vive l'empereur!* en agitant son épée nue au-dessus de sa tête : la troupe répondit à

[1] Il avait fait une chute le jour précédent et ne pouvait se tenir à cheval. Il était au milieu de ses soldats dans sa calèche.

ce cri par celui de vive le prince de Ponte-Corvo!... Plusieurs aides-de-camp de Napoléon, qui avaient prêté attentivement l'oreille à l'allocution du maréchal, entendirent également le cri des soldats. Son altesse, se tournant alors vers M. de Vence, officier d'ordonnance de sa majesté lui cria : « Allez dire à l'empereur ce » qui se passe ; priez-le de faire forcer la mar- » che de ses colonnes, et ne lui laissez pas igno- » rer ce que vous avez vu et entendu. »

Cependant on était parvenu à empêcher que l'ennemi ne débouchât d'Adlerklau ; mais le prince, en se portant sur la ligne, la trouva ployée en colonnes, et l'artillerie décimait les bataillons. S'adressant aux généraux saxons, il leur ordonna impérativement de se déployer. Sur l'observation que l'empereur avait fait former les masses, son altesse répondit : « Obéissez ; » j'ai pour habitude, moi, de ne faire tuer que » le moins de monde possible. » L'empereur se trouvait à dix pas de là ; il entendit parfaitement les paroles du prince.

En ce moment, la tête de colonne du vice-roi paraissait derrière la ligne des Saxons ; le prince s'en étant aperçu, fit observer à l'empereur lui-même qu'une agglomération de troupes aussi épaisse allait causer d'énormes pertes à l'armée, sous la grêle de boulets et de mitraille que l'ennemi faisait pleuvoir sur les masses qui arrivaient, et que le feu aurait des résultats moins funestes si l'on développait les colonnes; ce qui, d'ailleurs, ne pouvait contrarier en rien les projets de sa majesté. Le prince parlait encore lorsqu'un officier saxon, qui avait été envoyé à la découverte, vint annoncer que tout le corps du duc de Rivoli se repliait sur l'île de Lobau; que la division Boudet, faisant partie de ce corps, avait perdu beaucoup de son artillerie; enfin que l'ennemi se montrait à une lieue environ sur nos derrières, avec cinq à six mille chevaux et de fortes colonnes d'infanterie.

Si dans cet instant le corps autrichien que l'empereur avait devant lui, et qui n'était pas à plus de six cents toises des lignes françaises, eût marché rapidement contre elles, c'en était fait de l'armée. Le prince demanda à l'empereur quel corps il voulait envoyer pour flanquer sa gauche, et attaquer les troupes qui la débordaient. Napoléon hésitait à répondre; son altesse reprit respectueusement : « Si votre ma-
» jesté me l'ordonne, je marcherai malgré la

» faiblesse de mon corps et la fatigue extrême
» de mes troupes. » L'empereur répondit avec
un sourire bienveillant : « Vous me ferez plai-
» sir [1]. »

[1] Voici encore un de ces pressentiments que le destin se plaît quelquefois à justifier. Lorsque, après la bataille d'Austerlitz, le premier corps de
la grande armée, commandé par le maréchal Bernadotte, fut cantonné
dans le pays d'Anspach, S. A. passait de fréquentes revues, afin d'entretenir la bonne tenue des troupes. Un jour que le prince allait monter
à cheval pour une de ces inspections, la comtesse D***, qui se trouvait là,
lui fit l'étrange observation qu'il avait tort de monter des chevaux *alezans*,
et qu'il pourrait bien lui en arriver malheur. Le prince accueillit en riant
le sinistre présage de la sibylle allemande, et ne laissa pas d'enfourcher le
cheval alezan qu'on lui avait amené.

Or, il montait précisément ce même cheval lorsqu'il fut blessé pendant
la guerre de Prusse, au combat de Spanden. S. A. ne se hâta point de
voir en cela l'accomplissement d'une prophétie; mais il arriva que, le
6 juillet 1809, au moment où l'empereur acceptait l'offre que le prince
venait de lui faire, d'attaquer les troupes qui débordaient la gauche de
l'armée française, l'écuyer de S. A., auquel on avait demandé un cheval
frais, amena le fatal alezan; et cela dans l'instant où l'empereur criait à
son lieutenant *de ne pas trop s'exposer*... Cette recommandation, la blessure reçue à Spanden, et la prophétie d'Anspach, se combinèrent apparemment dans l'esprit du prince, sans y produire toutefois une idée bien
arrêtée. Mais, obéissant à cette vague inspiration, il applique au cheval
alezan un vigoureux coup de cravache sur le flanc; l'animal se jette par
un écart à trois ou quatre pas, entraînant avec lui l'écuyer qui le tenait...
Ce brusque mouvement finissait à peine, lorsque trois obus tombent simultanément sur la place même où, deux secondes plus tôt, le prince allait mettre le pied à l'étrier... Sans la vague inspiration, c'en était fait de
lui, de l'écuyer et de l'alezan.

Ce n'était pas le moment de réfléchir sur la réalité des pressentiments;

Les ordres furent aussitôt donnés, et sept à huit mille hommes, reste de l'armée saxonne, manœuvrèrent entre les intervalles des bataillons français avec un calme, un sang-froid et un aplomb dignes d'une légion romaine. L'empereur lui-même, tout abattu qu'il était en ce moment, fut frappé de ces belles et nobles manœuvres... mais elles ne calmèrent pas entièrement l'inquiétude qui paraissait le dominer : fortement préoccupé, il ne levait la tête que pour faire au prince des signes d'approbation.

Les Saxons furent bientôt appuyés par cent pièces de canon, y compris l'artillerie de la garde, qui se déployèrent, en tournant à droite, pour faire face à l'ennemi, avec une précision rapide : ce mouvement était dirigé par le général comte Lauriston [1]. Les lanciers polonais et la cavalerie de la garde suivirent; les Bavarois, commandés par le général Wrède, ne tardèrent pas à paraître; le combat fut rétabli.

le maréchal monta un autre cheval, et exécuta la manœuvre convenue. Nous savons que le fameux alezan est mort, fort vieux, dans les haras du roi de Suède.

[1] Cette artillerie suivit les Saxons, qui se placèrent, avec les lanciers polonais, à sa gauche, par échelons. Mais le 25e bulletin ne parla ni des Saxons, ni de leur artillerie : ce furent pourtant ces troupes qui firent rétrograder la gauche de l'ennemi.

Alors la cavalerie autrichienne, qui poursuivait le duc de Rivoli vers l'île de Lobau, craignant d'être coupée, se replia en toute hâte le long du Danube; tandis qu'une canonnade très-vive, très-soutenue, avait lieu sur la ligne de Léopoldau... Le corps du duc de Rivoli reprit l'offensive, et marcha à la gauche des Saxons; en même temps, l'empereur, avec quatre-vingt mille hommes, se porta sur Wagram... la bataille fut gagnée... Mais elle pouvait l'être la veille, ainsi qu'on l'a vu par l'exposé du prince de Ponte-Corvo.

Telle fut cette bataille de Wagram, que la prose poétique du vingt-cinquième bulletin a peinte sous des couleurs plus constamment brillantes, mais trop peu véridiques. L'avantage de ce long engagement fut vivement disputé : il ne dut sans doute en paraître que plus glorieux; toutefois, ce qui frappe l'observateur, en suivant le récit fidèle des événements des 5 et 6 juillet, c'est que le plan de l'empereur Napoléon n'était point fixé avant la bataille, et qu'il y eut une indécision prolongée dans les dispositions que sa majesté ordonna.

Il était bien évident, ainsi que le prince de Ponte-Corvo l'avait avancé, que le nœud stra-

tégique de l'ennemi était à Wagram, et qu'une forte colonne envoyée sur ce point, le 5 au soir, terminait la bataille et évitait l'horrible effusion de sang qui eut lieu le lendemain... Le vingt-cinquième bulletin même est confirmatif à cet égard, dans ce passage : « Il fallait s'at-
» tendre à avoir le lendemain une grande ba-
» taille ; mais on l'évitait et l'on coupait la posi-
» tion de l'ennemi, en l'empêchant de concevoir
» aucun système si, dans la nuit, on s'emparait
» du village de Wagram. Alors sa ligne, déjà
» immense, prise à la hâte et par les chances
» du combat, laissait errer les différents corps
» de l'armée sans ordre, sans direction, et l'on
» en aurait eu bon marché sans engagement
» sérieux. »

Or, le prince de Ponte-Corvo ne disait pas autre chose; et c'est précisément parce qu'il avait prévu ce résultat favorable, qu'il se plaignait avec tant d'amertume à l'empereur, non-seulement qu'on n'eût pas envoyé à son aide un corps de troupes suffisant pour conserver Wagram, mais encore qu'on l'eût privé d'une partie des faibles ressources qu'il avait pour occuper ce poste et s'y maintenir.

Il appartient aux historiens qui écrivent sur

les cendres refroidies des grandes combustions sociales, de rétablir la vérité dans ses droits sacrés : tel est le motif qui nous a porté à redresser, dans le récit de l'un des plus grands événements militaires de notre époque, les faits dénaturés par la prévention, l'animosité ou la malveillance, et dont quelques *conteurs* enthousiastes ont fait, sans examen, le texte de leurs éclatantes mais fallacieuses narrations. Vieux soldat de l'empire, nous avons admiré le fondateur de cette période glorieuse, dans ce qu'il offrit au monde d'admirable; nous vénérons sa mémoire, mais avec les restrictions que l'expérience et la réflexion ont apportées au jugement porté sur cet homme illustre.

Nous devons donc relever encore de graves altérations de la vérité, produites par le vingt-cinquième bulletin de l'armée d'Allemagne : ce rapport officiel, en portant à vingt mille le nombre des prisonniers autrichiens faits à Wagram, l'exagère de moitié, et ce n'est pas sans raison qu'il tait le nombre des ennemis tués durant cette bataille de quarante-huit heures. L'indication précise des pertes considérables qu'éprouva l'ennemi eût rendu dérisoire le chiffre de quinze cents morts et trois ou quatre mille blessés français... Plus de trente mille combattants furent mis hors de combat dans nos rangs les 5 et 6 juillet 1809 : le neuvième corps seul perdit six mille hommes : quatre mille de l'armée saxonne, deux mille de la division Dupas.

Dans la journée du 8, plus de dix mille blessés français jonchaient encore l'immense champ de bataille sur lequel s'était livrée cette terrible lutte, où trois à quatre cent mille hommes avaient combattu, où douze ou quinze cents pièces de canon avaient brisé des bataillons et des escadrons... On trouva jusqu'au 10, dans les blés qui couvraient une partie de la plaine, un grand nombre de ces demi-victimes de la guerre, maudissant le reste d'existence que le sort des combats leur laissait ; car, malgré les plus scrupuleuses recherches ordonnées par le comte Daru, intendant-général de l'armée, ces infortunés supportaient depuis trois jours l'atteinte d'une chaleur caniculaire, dévorés par les insectes qui s'attachaient à leurs blessures, restées sans appareil, et mourant au sein d'une longue agonie de souffrance et de soif.

L'écrivain qui trace cette triste page a recueilli sur ce qu'il rapporte des renseignements dont il ne peut révoquer en doute l'authenticité : il croit devoir les consigner ici. L'exactitude des sombres tableaux de la guerre est plus utile à l'humanité que le coloris séduisant de ses lauriers. Peut-être de tels détails eussent-ils déparé l'élégante phraséologie des historiens aveuglément panégyristes de l'empereur Napoléon; mais la postérité attend la vérité, et s'attachera plus à ses formes énergiques et franches qu'aux atours dont on se plaît à l'orner.

L'armée française eut à pleurer un grand nombre de notabilités militaires, parmi lesquelles nous devons citer le brave général Lasalle, frappé d'une balle, à la tête d'un corps de cavalerie légère. L'adjudant commandant Duprat et le colonel du 9ᵉ régiment d'infanterie de ligne perdirent aussi la vie. Parmi les blessés, on comptait le maréchal-duc d'Istrie; les généraux français Seras, Grenier, Vignolle, Sahue, Frère et Defrance; le général bavarois Wrède; les généraux saxons Lecoq et Hartisch; le colonel prince Aldobrandini, le colonel Sainte-Croix, premier aide-de-camp de Masséna; les majors de la garde Daumesnil[1] et Corbineau;

---

[1] Celui qui, sous le nom populaire de *la jambe de bois*, défendit si

les colonels saxons Gerdorff et Petrikowski. Quant aux officiers, sous-officiers et soldats qui dorment éternellement sous les gazons des plaines de Wagram, la France, retentissante de pleurs et couverte de deuil à la suite des dévorantes hostilités de 1809, accusa trop éloquemment le nombre de ces victimes.

En quittant le champ de bataille, le prince de Ponte-Corvo porta son quartier-général à Léopoldau; puis il s'avança à la rencontre de l'archiduc Jean, qui venait de la Hongrie. Le 7 au soir, le neuvième corps établit son quartier-général à Enzersdorf, à la suite d'une rencontre avec l'ennemi, près de Marcheck. Son altesse avait acquis la certitude que l'archiduc songeait à concentrer ses forces aux environs de Hof; mais l'armistice conclu dans ce moment mit fin aux opérations du prince.

La signature de cette convention militaire et des préliminaires de paix qui la suivirent devait être vivement désirée par Napoléon : au milieu même des palmes de Wagram, sa position était critique. Si l'ennemi eût continué son mouvement de retraite sur Iglau,

---

vaillamment le fort de Vincennes en 1814 et 1815. La fortune militaire de ce brave officier datait du siége de Saint-Jean-d'Acre.

l'armée française se fût trouvée en grand danger : il n'y avait presque pas de troupes à Vienne; un faible détachement bavarois gardait Lintz; les troupes d'occupation de l'Italie, de la Carniole, de la Carinthie, du Tyrol, étaient à peu près nulles. Or, la tête de colonne de l'archiduc Jean, se trouvant à Hof, cette armée se serait grossie par les levées extraordinaires de la Hongrie, qu'on évaluait à cinquante mille hommes; et, sans l'armistice, l'empereur Napoléon, huit jours après sa victoire, pouvait être obligé de se retirer sur la rive droite du Danube, par Kloster-Neubourg, issue unique qui lui eût été ouverte. Ce mouvement seul lui eût épargné la fâcheuse extrémité d'être enfermé entre la Moravie, la Bohême, la Hongrie et le Danube; provinces où les armées autrichiennes semblaient devoir se recruter promptement des populations semi-militaires qui couvrent cette partie de l'Allemagne. Mais l'empereur François II crut sa situation désespérée, et se hâta de faire cesser les hostilités.

Ce fut du bivouac d'Enzersdorff, et sous la date du 9 juillet, que le prince de Ponte-Corvo adressa aux Saxons qu'il commandait cette proclamation, qui provoqua le mécontentement de l'empereur. Sans doute sa majesté se rappelait amèrement les reproches, il est vrai fort énergiques, que son lieutenant lui avait adressés dans la matinée du 6. De son côté, Bernadotte était, il faut en convenir, justement blessé de ce que, non-seulement le neuvième corps, qui avait participé d'une manière si active et si meurtrière à la victoire de Wagram, était à peine nommé dans le bulletin du 8; mais encore de ce que les faits qui le concernaient, s'y trouvaient outrageusement dénaturés. Le prince crut qu'il devait à sa réputation, et surtout à celle des braves qui s'étaient si vaillamment conduits sous ses ordres, de rétablir l'exactitude des faits; voici la proclamation d'Enzersdorff:

« Saxons, dans la journée du 5, sept à huit
» mille d'entre vous ont percé le centre de
» l'armée ennemie, et se sont portés à Deutsch-
» Wagram, malgré les efforts de quarante mille
» hommes, soutenus par cinquante bouches à
» feu; vous avez combattu jusqu'à minuit et
» bivouaqué au milieu des lignes autrichiennes.
» Le 6, dès la pointe du jour, vous avez recom-
» mencé le combat avec la même persévérance,
» au mépris des ravages de l'artillerie; vos co-
» onnes vivantes sont restées immobiles comme

» l'airain. Le grand Napoléon[1] a vu votre dé-
» vouement; il vous compte parmi les braves.
» Saxons, la fortune d'un soldat consiste à rem-
» plir ses devoirs; vous avez dignement fait
» le vôtre. »

On voit que rien, ni dans l'esprit ni dans la lettre de cette proclamation, ne pouvait paraître offensant à l'empereur; mais, ainsi qu'un historien ingénieux l'a dit, ce souverain n'aimait pas que ses généraux joignissent une opinion à un sabre... Ce que sa majesté incriminait ici, c'était la publication d'un écrit qui n'émanait pas de sa volonté, et qui devait le contrarier d'autant plus, qu'il rectifiait les infidélités du bulletin.

Nous avons dit ailleurs que le maréchal Bernadotte, frappé du pressentiment que cette campagne ne produirait pour lui que des fruits amers, avait sollicité, de Dresde, avec les plus vives instances, d'être remplacé dans son commandement. Plusieurs fois, depuis, il était revenu sur cette demande; et le jour même de la bataille, il déclara au comte Dumas, que dès

[1] Napoléon, dans le mécontentement que cette proclamation lui causa, eut la faiblesse d'attacher l'idée d'une dérision à ce que le prince avait dit *le grand Napoléon*, au lieu de *Napoléon-le-Grand*.

qu'on aurait cessé de se battre, il conjurerait l'empereur de lui accorder sa retraite. Toutes ces sollicitations demeurèrent sans succès tant que Napoléon eut besoin des services du prince; mais elles furent promptement admises après la publication d'une proclamation en désaccord avec le bulletin rédigé par ordre de sa majesté... Le prince obtint la permission de se rendre à Paris ; le bruit courut au quartier-général que ce lieutenant de l'empereur était tombé dans sa disgrâce : Napoléon laissa circuler ce bruit, et le maréchal ne crut pas devoir le démentir.

CHAPITRE VIII.

Le prince de Ponte-Corvo est désigné pour repousser les Anglais débarqués en Hollande. — Il se rend à Anvers. — Rapport à l'empereur sur la situation militaire du pays, sur les entreprises de l'ennemi et sur les moyens que le prince veut employer. — Les Anglais se rembarquent. — Malgré ses succès, Bernadotte est remplacé dans son commandement. — Tentative de police pour sonder le prince. — Son retour à Paris. — Le ministre de la guerre lui signifie un ordre d'exil. — Bernadotte refuse d'y obéir. — Il retourne à Vienne. — Audience orageuse de l'empereur. — Mission délicate. — Revenu à Paris, le prince est nommé au gouvernement général de Rome.

Le prince de Ponte-Corvo était arrivé à Paris depuis quelques jours, lorsqu'on y reçut la nouvelle affligeante qu'une expédition anglaise, commandée par lord Chatam, venait de débarquer dans l'île de Walchren, et que ce général s'était déjà rendu maître de Middelbourg, de Terverre et du fort de Batz, à l'embouchure de l'Escaut. Le duc d'Otrante (Fouché) était chargé du portefeuille de la police et de celui de l'intérieur : on pourrait même dire qu'alors cet homme d'état dirigeait, en l'absence de l'empereur, toutes les affaires du gouvernement. Il proposa au conseil des ministres, que présidait l'archi-chancelier, d'investir le prince de Ponte-Corvo du commandement des forces réunies sur l'Escaut, afin de contenir et de repousser, s'il était possible, les troupes anglaises débarquées en Hollande. Ce choix ayant été généralement approuvé, Fouché le fit connaître au prince.

Son altesse refusa d'abord, objectant, avec beaucoup de raison, que n'étant point en faveur auprès de Napoléon, sa majesté ne manquerait pas d'infirmer le choix du conseil, et lui enverrait un successeur, quel que fût le résultat de ses efforts. Cependant, sur les instances du duc d'Otrante et du général comte d'Hunebourg, ministre de la guerre, le prince accepta un commandement qui, du moins, serait utile à la patrie, si, comme il en concevait l'espoir, il parvenait à la préserver d'une invasion.

Soit imprévoyance, soit confiance dans la fidélité de sa fortune, Napoléon avait laissé tout le Nord de la France et la Belgique sans défense : à ses yeux les frontières de l'empire se trouvaient irrévocablement fixées aux limites de la confédération du Rhin; les forteresses de l'ancienne monarchie n'étaient plus que des villes centrales, et leurs remparts que des monceaux de pierres inutiles, entre les joints desquelles pouvaient pousser, sans inconvénient, la ronce et l'ortie. Aussi ces places fortifiées, chefs-d'œuvre de Vauban, qui faisaient jadis respecter nos provinces limitrophes, offraient-elles ce vaste silence, ce triste abandon qui affligent l'âme et le regard dans les villes de guerre, désarmées de leur artillerie et veuves de défenseurs... Lorsqu'on les traversait, loin d'avoir l'idée de la puissance redoutable de Napoléon, on se croyait au centre d'une grandeur éteinte, d'une souveraineté tombée en décadence.

La capitale renfermait alors une très-faible garnison, et le prince, en stratége prudent, devait prévenir, sinon craindre, une invasion. Pour suppléer à l'insuffisance des troupes de ligne présentes à Paris, son altesse proposa au conseil d'ordonner une levée de trente mille gardes nationaux dans les douze arrondissements de la ville; cette mesure fut promptement exécutée.

Après quelques brèves dispositions, le maréchal Bernadotte se rendit à Anvers : il y arriva le 16 août. Il ne trouva dans cette place qu'une masse confuse de troupes, appartenant à toutes les armes de terre et de mer : amalgame indigeste de hussards, de matelots, de dragons, d'artilleurs des vaisseaux et de fantassins, venus de tous les corps, français, hollandais, polonais, hanovriens. Point d'organisation ébauchée, point de discipline, peu de moyens de l'établir : en un mot, tout le caractère du désordre, au milieu des plus pressantes nécessités, et du danger le plus prochain.

Tandis que le prince s'efforçait de jeter les premières bases de l'ordre dans ce chaos, l'empereur, qui avait appris en même temps le débarquement des Anglais et le départ du prince de Ponte-Corvo pour Anvers, lui expédia le général Reille, avec une lettre, en date du 24 août, contenant des instructions fort détaillées, d'après lesquelles, disait sa majesté, l'on devait espérer qu'il serait possible d'empêcher l'ennemi de franchir le canal de Berg-op-Zoom.

Napoléon ajoutait qu'il comptait sur le zèle et les talents du prince pour faire repentir les Anglais de leur audace. Dans une seconde dépêche du 27, l'empereur disait : « Si Flessingue est » pris, je ne puis l'attribuer qu'au manque de » tête du commandant ; et sous ce rapport, je » considère Anvers comme imprenable : » Compliment délicat, qui prouvait que Napoléon, dans ses nécessités, savait flatter ceux mêmes qu'il n'aimait point.

L'empereur annonçait au prince qu'il lui envoyait un général d'artillerie, deux généraux de division, quatre généraux de brigade et un chef d'état-major ; (mais non pas le général Gérard, que son altesse avait demandé[1].) Puis sa majesté, reprenant le ton apologétique à la fin de cette dépêche, la terminait en disant : « Je me » confie en votre bravoure, habileté et expé- » rience ; si les ennemis tentent quelque chose » contre Anvers, ils seront repoussés. »

Pour donner une idée de ce que fit le prince de Ponte-Corvo, afin de répondre à la confiance

---

[1] Les destinées, qui ne permirent pas à ce brave général de contribuer à la défense d'Anvers, en 1809, lui réservaient la gloire de faire le siége de cette place importante, comme maréchal de France, en 1832, et de s'en rendre maître au nom du roi des Français et du roi des Belges.

de l'empereur, nous croyons devoir consigner ici le rapport qu'il lui adressa vers la fin du mois d'août : document qui, du reste, contient le récit à peu près entier de la campagne.

« Sire, j'allais partir de Paris pour les eaux
» de Pyrna, quand le ministre de la guerre
» m'a transmis les ordres de votre majesté. Je
» me suis rendu à Anvers, le 16. Au départ du
» roi de Hollande, j'ai pris le commandement
» en chef des forces réunies sur l'Escaut. Sa
» majesté n'avait passé que trois jours à l'ar-
» mée ; dans ce court espace de temps, elle
» avait déjà ordonné les mesures les plus ur-
» gentes ; mais tout était dans un tel chaos,
» qu'il reste encore beaucoup à faire. J'ai par-
» couru la ligne ; j'ai rectifié l'emplacement des
» troupes ; j'ai concerté avec l'amiral Miessiessi
» la construction d'un triple rang d'estacades,
» en travers du fleuve. J'ai hâté, par tous les
» moyens imaginables, la construction des bat-
» teries et les préparatifs de défense. Les diffi-
» cultés sont grandes et les mesures bien tar-
» dives, sire ; mais j'ai la ferme volonté de faire
» tout ce qui est humainement possible.

» Mon premier soin a été de faire passer cette
» même volonté dans l'âme de tous les Français

» que je commande : je n'ai pas eu grande peine
» à y réussir; il m'a suffi de faire cesser quel-
» ques conflits d'autorité entre les diverses
» armes. La seule émulation qui devait subsis-
» ter, celle de servir à qui mieux mieux votre
» majesté, a remplacé toute autre rivalité. J'at-
» tends beaucoup de l'impulsion que je remarque
» aujourd'hui. Les Anglais pourront nous faire
» du mal; mais j'espère que, sur les frontières de
» l'empire, ils ne parviendront point à flétrir les
» lauriers dont votre majesté a décoré ses armes.

» Depuis quelques jours on n'a plus aucun
» détail sur le sort de Flessingue; dès le 15,
» c'est-à-dire avant mon arrivée, le feu avait
» cessé de part et d'autre : un pavillon blanc
» flottait sur l'escadre ennemie. On craignait
» que la place n'eût succombé déjà; mais cette
» crainte ne s'est pas confirmée. Quoique les
» choses soient toujours dans le même état, la
» garnison a fait, avant-hier encore, plusieurs
» signaux de correspondance avec le continent :
» elle continuait à demander des secours. Mal-
» heureusement toute communication est de-
» venue impraticable, et les derniers officiers
» qui ont essayé de pénétrer à Flessingue, ont
» été pris ou forcés de revenir.

» Votre majesté doit être déjà instruite que,
» par suite de la reddition du fort de Batz, une
» partie de la flotte ennemie a remonté l'Escaut
» jusqu'à deux portées de canon du fort Lillo :
» elle y est toujours stationnée, et l'on doit pré-
» sumer qu'elle tentera de remonter plus avant.
» Toutes nos mesures tendent à la bien rece-
» voir ; j'ai combiné le plan de défense avec
» l'amiral Miessiessi : j'ai fort à me louer de cet
» officier-général, ainsi que du préfet mari-
» time Malouet.

» Je dois aussi prévenir votre majesté de la
» composition des troupes que je commande :
» on peut espérer quelque chose des cohortes
» formées précédemment par le général Ram-
» pon ; mais ce qu'on appelle les gardes natio-
» nales ne vaut presque rien. L'espèce d'hommes
» qui les compose, la plupart remplaçants, est
» à peu près le rebut des départements. Ils sont
» très-mal armés, sans gibernes, sans uniforme.
» D'ailleurs plus de la moitié a déserté avant
» d'arriver à sa destination, et votre majesté ne
» doit pas compter sur le nombre que portent
» les états de situation. Si d'ici à huit jours, je
» puis en avoir un tiers prêt à combattre, je
» m'estimerai fort heureux.

» L'armée n'avait point d'artillerie de cam-
» pagne; mais j'espère avoir sous peu de jours
» une vingtaine de pièces disponibles. Si l'en-
» nemi débarque sur le continent, quelle que
» puisse être l'infériorité de nos moyens, j'ose
» assurer à votre majesté, qu'elle sera contente
» de nous.

» Jusqu'à présent nous sommes forcés de
» nous en tenir à la défensive; il est pourtant
» si cruel de voir l'ennemi devant soi sans pou-
» voir l'atteindre, que je médite, avec l'amiral
» Miessiessi, les moyens de le faire repentir de
» la sécurité avec laquelle il paraît établi sur
» l'Escaut. Voici, sire, ce que j'ai imaginé : Si
» le ministre de la marine nous envoie, de la
» côte de Boulogne, une centaine de chaloupes
» canonnières, j'ai le projet d'en faire débou-
» cher inopinément la majeure partie, sur les
» derrières de l'escadre ennemie, mouillée de-
» vant Flessingue; tandis que l'autre partie
» viendrait faire une attaque semblable par le
» Hell-Gat. Ces attaques, bien exécutées, ne
» manqueraient pas de déconcerter l'ennemi,
» et le feraient peut-être renoncer à ses projets
» ultérieurs. Elles pourraient, d'ailleurs, être
» combinées avec une troisième attaque, qui

» serait faite par les canonniers Hollandais de
» Berg-op-Zoom, et enfin avec une quatrième
» de Lillo.

» Il serait aussi bien à désirer que l'on pût
» lancer, du port d'Anvers, des brûlots [1] ou
» autres machines incendiaires; l'escadre enne-
» mie, se trouvant en masse dans un si étroit
» espace, l'effet de ces brûlots serait imman-
» quable. J'ai demandé au préfet maritime d'en
» faire établir sur-le-champ; car, quelle que
» soit la dépense que cet objet peut occasion-
» ner, votre majesté l'approuvera sans doute,
» en raison de son utilité. Il est encore une foule
» de détails, sire, dont je ne veux point occu-
» per votre majesté. Les lenteurs sont extrê-
» mes; c'est la suite de l'état de paix qui régnait
» ici depuis longtemps, et de la composition
» des troupes; mais nous ne dormons point, et
» nous avons tous le désir de prouver à votre
» majesté notre absolu dévouement.

[1] Ces brûlots, dont les Anglais eux-mêmes nous avaient enseigné l'usage dans leur expédition contre la flotte stationnée sur la rade de l'île d'Aix, au mois d'avril précédent, consistaient en vaisseaux de diverses grandeurs, chargés de combustibles, lesquels devaient incendier le navire qui les portait, après un espace de temps calculé... On lançait ces bâtiments, sans équipages, contre les flottes; et leur incendie pouvait se communiquer aux vaisseaux qu'ils accostaient.

P. S. » L'ennemi est venu hier bombarder les
» batteries de Terre-Neuve : une de ses bombes
» a mis le feu au magasin à poudre ; nous avons
» eu cent hommes tués ou blessés. En ce mo-
» ment l'ennemi remonte l'Escaut. »

Le projet des chaloupes canonnières n'eut pas de suite ; mais le prince parvint à enrégimenter promptement douze mille hommes, qu'il sut multiplier, en quelque sorte, par de savantes évolutions. Des mesures d'administration sagement combinées achevèrent de compléter le système défensif d'Anvers et de toute la côte belge. Avec de si faibles moyens, le prince contint d'abord l'armée anglaise, puis lui fit abandonner les positions qu'elle occupait ; enfin la fièvre des Polders, épidémie fort meurtrière de ces contrées, ayant assailli les troupes de la Grande-Bretagne, elles furent contraintes de remonter sur leurs vaisseaux, sans avoir pu faire aucune tentative sérieuse contre la terre ferme, grâce au système de défense que le maréchal Bernadotte avait improvisé avec autant d'activité que de bonheur.

Lorsque les côtes furent délivrées de la crainte d'une invasion, le prince ordonna qu'il fût célébré des offices solennels, en actions de grâces de cet heureux événement : il est digne de remarque que, dans cette circonstance, il obtint du clergé belge des prières publiques pour Napoléon, que ce clergé avait toujours refusées à sa majesté, par suite de l'excommunication fulminée contre elle en cour de Rome.

Malgré tant de sollicitude patriotique, malgré tant de dévouement à la gloire du souverain, il arriva ce que le prince avait prévu avant de se rendre à Anvers : l'empereur, extrêmement irrité contre ce dignitaire pour quelques passages d'une proclamation adressée aux troupes de l'Escaut, le fit remplacer brusquement par le maréchal duc d'Istrie.

Avant que ce remplacement eût eu lieu, et dans le temps même que le prince s'occupait avec ardeur de prévenir les entreprises de l'ennemi, il se formait à ses côtés un genre d'intrigue dont le but échappera à peu d'intelligences. Mais cet expédient de l'astuce paraîtra si misérable, que l'on se refusera certainement à tacher de son souvenir une vie comme celle de Napoléon : on y verra simplement un moyen de cette police ombrageuse, qui se faisait volontiers abjecte afin de paraître dévouée.

Il y avait à Anvers un lieutenant-colonel de

la garde nationale parisienne, que le duc d'Otrante avait paru mettre à la disposition du prince en qualité d'officier d'état-major, mais envoyé près de lui dans le but de sonder ses pensées politiques, et de reconnaître le degré d'attachement qu'il portait au régime impérial. Or, un soir, après que le maréchal eut congédié la société qu'il recevait ordinairement, cet officier s'ouvrit à son altesse sur l'objet de sa mission : « Le duc d'Otrante, » lui dit-il, « m'a chargé » de conférer avec vous sur ce qu'il y a à faire » dans le moment critique où nous nous trou- » vons.— Moment critique, » interrompit Bernadotte, « je ne vois pas en quoi ; nous sommes » victorieux en Allemagne ; la paix sera signée » prochainement, et je ne pense pas que les » Anglais tirent un grand avantage de leur ex- » pédition sur l'Escaut. —Prince, » reprit l'officier, « les dernières nouvelles reçues de Vienne » annoncent que l'empereur est fort malade, » et que ses facultés mentales sont fort affai- » blies [1]. En un mot, le duc d'Otrante pense

[1] Quelques jours après, le prince causait sur Napoléon avec M. Malouet, préfet maritime d'Anvers. Tout à coup celui-ci s'écria : « Si quelqu'un osait dire hautement : l'empereur est fou ! Napoléon serait perdu. » M. Malouet était un homme sage, prudent ; et le maréchal le connaissait très-peu.

» qu'il est temps de songer au salut de l'empire,
» et ce ministre m'a chargé de dire à votre al-
» tesse qu'on jette généralement les yeux sur
» elle pour contribuer à une organisation qui
» puisse offrir une sécurité permanente à tous
» les Français. »

Le prince répondit, avec ce sourire qui accueille les ouvertures dont on a pénétré le but malveillant : « Si j'avais eu, moi, Bernadotte,
» à choisir un empereur, certes! je n'aurais
» pas donné la préférence à Napoléon; je n'au-
» rais pas même cherché dans sa famille; mais
» puisque la France s'est prononcée pour lui,
» je serai fidèle aux engagements de la nation. »

Si le prince de Ponte-Corvo pensa que cette investigation avait été ordonnée par l'empereur, nous croyons qu'il le jugea trop sévèrement; toutefois une telle erreur pouvait être excusée de sa part, surtout en ce moment-là [1].

Quoi qu'il en soit, la réponse de son altesse fut celle qu'on devait attendre d'un homme loyal et sincèrement dévoué au pays.

Lorsque le prince eut remis son commande-

---

[1] Pendant tout le temps que dura le commandement du maréchal Bernadotte sur l'Escaut, Napoléon lui envoya des officiers de son choix : M. de Las Cases fut du nombre.

ment au maréchal Bessières, il revint à Paris, bien décidé à rentrer dans la vie privée. Mais cette existence calme, exempte de soucis politiques, à laquelle il aspirait depuis longtemps, semblait toujours se soustraire à ses vœux. A peine avait-il déposé l'épée, qu'il vit entrer chez lui le ministre de la guerre, comte d'Hunebourg, qui venait, avec quelque embarras, lui donner communication d'une lettre de l'empereur. Cet écrit était fort hostile : sa majesté se plaignait particulièrement de la proclamation déjà mentionnée : « Le prince, » disait Napoléon, « a donné à l'ennemi le secret de sa posi-
» tion, en annonçant aux soldats que, dès
» qu'il les avait vus quinze mille, il les avait pla-
» cés au poste d'honneur. Ce passage, » ajoutait sa majesté, « était évidemment dirigé contre
» moi et contre le ministre de la guerre, afin
» de prouver à la France que le gouvernement
» n'avait pris aucune mesure pour préserver
» cette partie de l'empire d'une invasion de
» l'ennemi. »

L'empereur s'était trop abandonné au souvenir amer qu'il gardait de la matinée du 6 juillet, en supposant que Bernadotte eût agi sous l'inspiration d'une pensée si malveillante : toute la vie de ce général s'élevait, aussi forte d'actions recommandables que d'élans généreux de caractère, contre cette grave imputation; et si les hommes réfléchis s'y attachaient un moment, c'était pour s'affliger que Napoléon eût pu la concevoir.

Après avoir énoncé les griefs qu'il croyait avoir contre le maréchal Bernadotte, l'empereur prescrivait au comte d'Hunebourg de signifier à son altesse de quitter Paris, de voyager et de visiter, durant ses voyages, sa principauté de Ponte-Corvo. Le prince entendit impatiemment jusqu'au bout cette injonction renouvelée du régime des anciennes cours. « Écrivez à l'empereur, » s'écria-t-il d'un accent qui révélait sa profonde émotion, « que je m'at-
» tendais à plus de reconnaissance de sa part;
» écrivez-lui, monsieur le comte, que je rentre
» dans la classe des citoyens; que je lui aban-
» donne mes titres, et que je donne ma démis-
» sion de toutes mes places. »

Le ministre demeura comme frappé d'un coup de foudre, à cette déclaration tout à fait inattendue. « Prince, » répondit-il après un moment de silence, « comment voulez-vous que
» j'écrive cela à l'empereur? — C'est votre de-

» voir de le faire, » répliqua son altesse, « et je
» suis prêt à constater l'exactitude de votre rap-
» port, en y apposant ma signature. » Le ministre reprit : « Vous vous mettez donc en état
» de rébellion contre les lois. — A Dieu ne
» plaise que j'aie cette pensée; je ne fais que
» m'élever contre ceux qui les méconnaissent.
» Je sais distinguer mes devoirs militaires de
» mes prérogatives civiles : les premiers me
» contraignent d'attaquer, si l'ordre m'en est
» donné, une armée de cent mille hommes avec
» trois mille, sans la moindre hésitation; mais,
» citoyen, je puis fixer mon domicile, sans per-
» mettre qu'on me l'assigne. »

Tout à coup M. d'Hunebourg sembla trouver une inspiration qui changea l'expression de ses traits, et dont il parut disposé à s'applaudir comme d'une idée heureuse. « Prince, » dit-il vivement, « vous ne pouvez refuser de vous
» rendre auprès de l'empereur, si je vous donne,
» en son nom, l'ordre de rejoindre l'armée.
» —Non, certainement, » répondit son altesse,
» si cet ordre est purement militaire. — Par-
» bleu, » reprit le ministre avec chaleur, « je
» suis bien heureux. » Puis il ajouta : « Si vous
» n'avez pas encore vu le duc d'Otrante, veuil-

» lez le voir; il vous donnera de bons rensei-
» gnements et peut-être un bon conseil. »

Le prince se rendit, le même jour, chez le duc d'Otrante; il lui rapporta le contenu du message impérial, et tout ce qui venait de se passer... « Ses perpétuelles méfiances le rendent
» injuste, » dit le ministre après avoir écouté son altesse; puis il s'attacha, dans sa conversation, à calmer le maréchal autant qu'il put, en lui recommandant, pour l'avenir, une extrême prudence.

Les jours suivants, le comte d'Hunebourg fit plusieurs visites au maréchal, et lui remit, sous la date du 29 septembre, un ordre conçu en ces termes :

« Prince, l'intention de l'empereur est que
» votre altesse se rende, sans délai, à l'armée
» d'Allemagne, pour y être employé. Je prie
» votre altesse de vouloir bien m'accuser ré-
» ception de la présente, et de me faire connaî-
» tre le moment de son départ de Paris. Agréez,
» prince, l'assurance de ma considération dis-
» tinguée et celle de mon sincère attachement.

» Le ministre de la guerre,

» Comte d'Hunebourg ».

Le maréchal partit immédiatement pour Vienne ; il y arriva cinq à six jours avant la signature du traité de paix. Précédemment, il avait habité le palais impérial ; l'empereur permit qu'il occupât son ancien appartement. Le lendemain, Bernadotte se rendit à Schœnbrun, où Napoléon avait établi son quartier-général. Sa majesté le reçut avec beaucoup de froideur, et lui reprocha vivement sa proclamation d'Anvers : « Vous avez voulu prouver à la France, » lui dit-il, « que j'avais négligé de mettre cette » partie de son territoire en état de défense. — » Sire, » répondit respectueusement le prince, « j'ai pu me tromper en évaluant les troupes » que j'ai trouvées dans le pays à quinze mille » hommes environ. » L'empereur répondit brusquement et d'un ton ironique : « Ah ! vous » convenez donc de votre erreur. — Oui, Sire, » et elle est réelle ; car je n'en ai pas trouvé la » moitié. Cependant votre majesté annonçait à » toute la France que j'avais pris le commande- » ment d'une armée de cent mille hommes[1]. »

Ici l'empereur, prenant soudain le ton et les

---

[1] Si l'Empereur eût soutenu cette assertion devant le prince, elle eût été ridicule : vis-à-vis de la France, et surtout en présence de l'ennemi, elle était politique.

manières d'un souverain puissant, qui ne veut pas être contrarié, dit au prince : « Vous avez » failli me donner la guerre avec la Russie et le » Danemarck. — J'ignore, Sire, quelle en au- » rait pu être la cause. — L'armistice que vous » avez accordé aux Suédois, et qui a paralysé » les opérations des Russes en Finlande, et des » Danois en Scanie. »

A ces mots, le prince, n'étant plus maître de lui, répliqua vivement : « Il y a peu de géné- » rosité, Sire, à vouloir accabler un chef qui » n'a agi que dans l'intérêt de votre gloire. Vo- » tre majesté sait très-bien qu'il n'y a que deux » peuples en Europe qui conservent quelque » dévouement pour elle : ces deux peuples sont » les Suédois [1] et les Polonais. — Quels senti- » ments ont donc pour moi les Français ? » de- manda Napoléon avec amertume. « — Sire, celui » de l'admiration que commandent vos éton- » nants succès. »

Quoique ce compliment fût singulièrement restrictif, Napoléon s'apaisa ; et, posant affec- tueusement la main sur la tête du prince, il dit : « Quelle tête! » Le maréchal répondit :

---

[1] Voyez tome

« Vous pourriez ajouter, Sire, quel cœur !
» quelle âme ! » Ensuite l'empereur devint tout
à fait affable. Néanmoins le prince continua
d'un ton mêlé de respect et de sensibilité :
« Sire, malgré tous mes soins, je vois trop que
» je n'ai pas été assez heureux pour gagner la
» confiance de votre majesté ; je désespère main-
» tenant d'y réussir. Je prévois la possibilité
» d'essuyer des revers, et si j'en éprouvais, à
» quoi pourrai-je m'attendre ! Que votre ma-
» jesté me permette donc de me retirer du
» service. »

L'empereur chercha avec bienveillance à
combattre ce projet ; puis il ajouta : « Je vous
» enverrai à Rome. » Le prince ayant allégué
quelques motifs pour en être dispensé, Napoléon dit avec vivacité : « C'est ma politique ; ne
» la contrariez pas. »

Après la signature du traité de paix, l'empereur Napoléon, contrairement aux dispositions
arrêtées, ordonna de raser les fortifications de
Vienne. En conséquence, sa majesté décida
qu'un de ses lieutenants resterait dans cette capitale pour seconder le major-général, qui devait
attendre en Autriche la ratification du traité. Ce
fut sur le prince de Ponte-Corvo que se fixa le

choix de l'empereur; et le lendemain du jour où Napoléon s'était mis en route pour regagner ses états, son altesse reçut cette lettre du prince de Neuchâtel : « L'empereur en partant m'a
» chargé de vous prévenir que son intention
» était que vous restassiez à Vienne, jusqu'au
» moment où j'aurai la certitude des ratifica-
» tions. Sa majesté m'a ordonné de vous pré-
» venir du moment où vous devrez partir pour
» Paris.

» *Le major général,*

» *Signé,* ALEXANDRE. »

Ainsi l'empereur léguait au maréchal une forte partie des embarras qui pouvaient résulter, ou du refus des ratifications, ou de l'exaspération à laquelle se livrerait, peut-être, la population de Vienne, en voyant tomber ses remparts. Mais les événements lui furent favorables : cette mission se termina sans qu'il en ressortît aucun danger, et le prince de Ponte-Corvo consentit à n'y voir qu'un nouveau témoignage de la confiance de Napoléon.

De retour à Paris, le prince reçut du roi de Saxe la grand' croix de l'ordre de Saint-Henri;

mais cette nouvelle faveur ne le rattacha point à la carrière politique. Au commencement de l'année 1810, il exprima de nouveau à l'empereur le désir de rentrer dans la vie privée, et s'expliqua sans détour avec sa majesté sur cette résolution. Napoléon lui répondit : « Vous
» avez, à la vérité, acquis assez de gloire pour
» aspirer au repos. Je ne sais à quoi cela tient,
» mais je vois bien que nous ne nous entendons
» pas. Cependant ma politique exige que vous
» alliez tenir ma cour à Rome : vous aurez une
» grande existence; j'ai assigné deux millions
» pour la dépense du gouverneur-général... Je
» ne vous demande que dix-huit mois; nous aurons des relations plus directes ensemble, et
» peut-être changerez-vous d'idée. »

Le prince pria l'empereur de lui dire si sa politique exigeait effectivement qu'il se rendît à Rome. Sur un oui, prononcé avec bienveillance, son altesse répondit, en s'inclinant : « Sire, j'obéis. »

Après avoir mûrement examiné et apprécié les diverses circonstances que nous venons de rapporter, on ne peut se dispenser de reconnaître que, si, par un sentiment qu'il est difficile de définir, Napoléon s'irritait aisément contre le prince de Ponte-Corvo, il ne cessa jamais, néanmoins, de lui rendre, sinon une justice authentique, du moins cette justice d'homme à homme, qui prouve bien mieux l'estime que les éloges d'apparat; et lors même que l'aigreur habituelle de ce souverain envers son lieutenant tendait à faire juger qu'il ne l'aimait point, toutes les missions qu'il lui donnait attestaient que personne ne lui inspirait plus de sécurité dans les occasions difficiles.

Napoléon ne se montrait donc injuste envers Bernadotte qu'en paroles; dans le partage des hautes faveurs, ce maréchal d'empire ne fut jamais excepté : le jour où la récompense des services éclatants était décernée, l'empereur oubliait ses préventions; et s'il ne put faire du prince de Ponte-Corvo ce qu'on appelle une créature, il laissa penser constamment qu'en lui résidait un des soutiens les plus vaillants, les plus expérimentés de la gloire française.

Disons toute notre pensée : tant que les rapports entre Napoléon et Bernadotte durèrent, le général fut plus sévère envers l'empereur que celui-ci envers le général; et pourtant ce dernier conserva toujours assez d'empire sur l'esprit du souverain pour éviter de tomber dans une disgrâce complète.

Huit à dix jours se passèrent, après l'entrevue où l'empereur avait fait accepter au prince le gouvernement des provinces romaines, sans que son altesse revît sa majesté. Mais, dans cet intervalle, Napoléon entretint souvent sa belle-sœur, la reine Julie, de ses bonnes intentions pour le futur gouverneur-général : il lui répéta plusieurs fois qu'il avait arrêté des dispositions qui devaient porter les dotations du prince à 1,500,000 fr. de rente.

Un matin, Bernadotte s'étant rendu au lever de l'empereur à Saint-Cloud, sa majesté s'avança très-affectueusement vers lui : « eh bien ! prince, » dit Napoléon en abordant son lieutenant, « partirez-vous prochainement ? » Le maréchal, ayant sollicité un moment d'entretien particulier de l'empereur, lui dit qu'il désirait, avant de se rendre en Italie, conduire sa femme à Plombières, où elle devait rejoindre sa sœur...
« Allez donc, répondit le souverain, et revenez
» promptement ; il est bien nécessaire que vous
» soyez très-incessamment à Rome : je vous prie
» de n'être pas absent de Paris plus de quinze

» à seize jours. » Son altesse le promit et prit congé.

Mais bientôt des événements aussi peu prévus par l'empereur que par le prince de Ponte-Corvo, vinrent changer les destinées de ce dernier, et lui ouvrir une carrière entièrement nouvelle.

CHAPITRE IX.

Précis des événements arrivés en Suède depuis le commencement du règne de Gustave IV. — Causes de sa déposition. — Gustave IV jugé par Louis XVIII. — Ce prince descend du trône. — Constitution de 1809. — Le duc de Sudermanie règne sous le nom de Charles XIII. — Charles-Auguste d'Augustenbourg, prince royal de Suède. — Sa mort. — Catastrophe du comte de Fersen. — La nation jette les yeux sur le prince de Ponte-Corvo pour succéder au trône de Suède. — Il est consulté et accepte, sauf l'assentiment de l'empereur. — Napoléon l'accorde. — Le prince est élu sur la proposition de Charles XIII et à l'unanimité des suffrages. — Difficultés politiques au départ. — Elles sont levées. — Bernadotte, prince royal de Suède, quitte la France.

Nous avons mentionné précédemment la révolution qu'une impérieuse nécessité fit éclater à Stockholm, en mars 1809 : révolution régénératrice ; explosion dès longtemps prévue, qui arrêta la Suède éplorée sur le bord de l'abîme où sa nationalité allait s'engloutir. Les causes déterminantes de ce grand événement seront utilement rappelées dans cette histoire, qui doit en développer les effets immédiats. Gustave-Adolphe IV, fruit au moins tardif [1] d'un ma-

[1] Charles XIV n'a jamais voulu qu'on agitât en sa présence, ou que l'on développât dans des imprimés ayant un caractère officiel, la question de l'illégitimité de Gustave IV. Il s'est même opposé à ce qu'on imprimât en Suède tout document dont le but eût été de prouver ce fait. « Croit-on, » disait-il, « que je consentirais à souiller de ces infamies le trône où j'ai » été appelé? Gustave est né dans la pourpre, il doit être fils légitime à vos » yeux. Que deviendraient les trônes et les peuples, s'il était permis de » fouiller ainsi dans le lit des reines? Je n'ai pas besoin de ces turpitudes » pour régner; je n'ai rien de commun avec la déposition de la famille de » Gustave IV; ce n'est pas moi qui l'ai fait tomber du trône; deux de vos » élections sont entre elle et moi; votre choix libre, unanime, et l'adop- » tion de mon père, voilà mes droits... »

Mais nous qui écrivons en France, nous dont le devoir est de consigner toute vérité d'un intérêt majeur, il nous semble opportun d'écarter en 1837, le voile généreusement étendu par Charles XIV sur la naissance de Gustave IV. Nous dirons donc que non seulement les états de Suède sont dès longtemps nantis de pièces qui rendent extrêmement équivoque la légitimité de ce prince; mais que lui-même, au moment de son abdication, et sans doute par un effet de l'aberration de ses facultés mentales, fit parvenir à la diète un complément de preuves à ce sujet.

Il ressortirait de tous ces témoignages, que le comte de Munck, écuyer et favori de Gustave III, aurait été introduit, en 1777, dans le lit de la reine, par le roi lui-même, pour mettre fin à la stérilité de cette princesse; stérilité que le monarque croyait pouvoir apparemment attribuer à son incapacité virile. Il est constant, au moins, que, l'année suivante, la reine, mère de Gustave III, s'éleva avec une sorte d'authenticité contre cet ex-

riage qu'une stérilité de douze années avait suivi, était âgé de treize ans et cinq mois, lorsque Gustave III, mourant, confia la régence à son frère, le duc de Sudermanie.

Le 1ᵉʳ novembre 1796, le jeune Gustave, ayant complété sa dix-huitième année, devait recevoir, des mains de son oncle, le sceptre que ce dernier avait tenu durant la minorité. Mais le gouvernement du duc de Sudermanie venait d'être si favorable à la Suède, que l'on voyait généralement arriver avec inquiétude l'époque à laquelle sa régence devait cesser. Le conseil agita même la question de savoir s'il était prudent de remettre le timon de l'état aux mains du roi, à cet âge où les lois du royaume ne reconnaissaient pas, chez le simple citoyen, la maturité suffisante pour gouverner sa famille. Une décision négative allait prévaloir, et se fondait sur une déclaration des médecins, établissant qu'ils avaient reconnu dans les facultés morales du prince un état *anormal*. Mais le

pédient étrange. (Voyez les pièces officielles imprimées en Allemagne par le célèbre professeur Schloser, dans un recueil périodique intitulé : *Briefwechsel*, cahier 29, p. 550.) Le comte de Munck, exilé en 1792 pour crime de fausse monnaie, n'a pas épargné depuis les déclarations orales et écrites sur sa mission de 1777. Ce gentilhomme suédois a vécu longtemps à Massa-Carrara, en Italie ; peut-être existe-t-il encore (1837).

régent, ne voulant voir dans cette allégation que le résultat d'une intrigue de cour, se montra fermement résolu à maintenir l'exécution littérale des dernières volontés de Gustave III.

Le 1er novembre donc, Gustave-Adolphe IV fut investi solennellement de la souveraine puissance, en présence des grands et du peuple, convoqués pour cette auguste cérémonie, dans la grande salle des états.

Les premières années du règne de Gustave IV firent concevoir à la nation les plus belles espérances : la conduite de ce prince était sage, régulière; et l'on voyait journellement se développer en lui de nobles qualités. Mais, tout à coup, s'inspirant de l'exemple ridiculement chevaleresque de son père, le roi crut devoir donner suite aux démarches commencées, sous le règne précédent, pour coopérer au rétablissement des Bourbons sur le trône de France [1]. A cette malheureuse idée, au moins étrangère aux intérêts de son pays, se joignit, dans l'esprit déjà troublé du monarque suédois, celle de continuer aussi Gustave III, en imitant avec

[1] Pendant sa régence, le duc de Sudermanie s'était hâté de signer la paix avec la république française, et avait épargné ainsi des dépenses ruineuses et l'effusion du sang suédois.

puérilité Charles XII. Décidé ainsi à jouer au héros, il prit l'épée et le manteau du rival de Pierre-le-Grand ; adopta même sa coiffure, pour ajouter à la ressemblance que ses courtisans prétendaient lui trouver avec le vainqueur de Narva... On verra bientôt, qu'à part les résolutions frénétiques, cette ressemblance s'arrêta aux traits extérieurs, et que l'héroïsme de Charles XII fit complétement défaut dans l'âme de Gustave IV.

Dominé par la pensée de restaurer la dynastie de Henri IV, Gustave fit plusieurs voyages en Russie, puis en Allemagne [1] ; il passa dix-huit mois consécutifs dans cette dernière partie de l'Europe, offrant son épée à toute coalition qui se formait contre la France, sans s'inquiéter du délaissement de ses propres états ; sans se pénétrer des maux qui résultent pour une nation de l'absence prolongée du souverain. Des documents historiques, encore inédits, portent à croire que l'on pourrait trouver dans le mouvement que Gustave se donnait alors sur les bords du Rhin, la cause déterminante de la catastrophe de l'infortuné duc d'Enghien.

[1] Ce fut en 1805 que Gustave se rendit à la cour du grand-duc de Bade, son beau-frère.

Le roi reparut enfin à Stockholm : il put se convaincre que le long séjour qu'il venait de faire hors du royaume avait exercé l'influence la plus désastreuse; et pourtant il revenait l'esprit imprégné d'un genre d'exaltation qui devait encore ajouter aux malheurs de la Suède. Il s'était affilié en Allemagne à l'une de ces sectes d'illuminés qui bercent de leurs fantastiques idéalités les imaginations germaniques; l'Apocalypse était devenue son bréviaire politique... « Pour son malheur et celui de sa patrie, dit l'historien des dernières années du règne de Gustave IV, il apporta de l'Allemagne une explication de ce livre, qu'il fit traduire en suédois; et quoique, d'ailleurs, il n'aimât pas la lecture, on le vit faire ses délices de cet ouvrage et de ses commentaires. Il crut y voir que les lettres dont se formait le nom de l'empereur des Français donnaient le nombre 666, que l'évangéliste ou ses commentateurs prétendent être l'emblème *du monstre* ; et il en vint à se persuader qu'il était, lui Gustave-Adolphe, celui que la Providence avait élu pour terrasser ce monstre [1]. Telle fut l'idée fixe qui le porta à

---

[1] Par un jeu bizarre de la destinée, Gustave-Adolphe devait être en effet, quoique passivement, l'une des causes les plus déterminantes de la

refuser obstinément toute négociation avec Napoléon. Il manifestait à tout propos cette résolution; ajoutant qu'aucune considération, aucun souverain, aucun peuple ne parviendrait à la lui faire abandonner. Le duc de Brunswick l'ayant informé qu'il allait s'adresser à l'empereur des Français pour recouvrer son duché, Gustave écrivit aussitôt à ce prince allemand, afin de le détourner d'une telle démarche; l'assurant que, pour lui, Gustave, il ne se résoudrait jamais à négocier avec Napoléon; car, disait-il, « Je souscrirais alors à mon malheur » temporel et éternel [1]. »

Louis XVIII, pénétré de pitié pour ces égarements déplorables, écrivait plus tard au duc d'Avaray : « J'aurai toujours horreur du crime

---

chute de Napoléon... Les déréglements intolérables qui remplirent les dernières années du règne de ce prince du nord rendirent sa déchéance indispensable. Charles XIII régna ; mais la succession au trône étant vacante, le prince de Ponte-Corvo en fut investi par l'élection libre de la nation et l'adoption du roi. En 1815, le prince royal de Suède, poussé, malgré tous ses efforts pour se maintenir dans l'alliance de Napoléon, à la tête des armées coalisées, gagna contre l'empereur des Français la sanglante bataille de Leipsick... et Napoléon tomba.

[1] Voyez, pour la citation entière, l'*Histoire des dernières années du règne de Gustave IV Adolphe*, par Grauberg; voyez aussi la lettre écrite au duc de Brunswick, le 22 juillet 1807, n° 58 des pièces justificatives jointes à cette même histoire.

» qui l'a précipité du trône (Gustave IV); mais,
» je l'avoue, j'ai cessé d'en être surpris. Gardez-
» vous de croire que je veuille l'accuser de dé-
» mence; intact, sublime dans tous ses principes
» d'honneur et de vertu, il n'est malheureuse-
» ment pas si bien partagé du côté des idées.
» Plût à Dieu que les francs-maçons se fussent
» bornés aux concerts de la loge Olympique, et
» surtout que l'illuminisme n'eût jamais existé...
» Jamais, je le prédis, Gustave ne remontera
» sur son trône; et, je l'ajoute avec douleur,
» jamais le moindre rayon de douceur ne luira
» pour lui. Malheur, disait encore Louis XVIII,
» malheur aux francs-maçons et aux illuminés,
» leurs dignes enfants! ils sont, en grande partie,
» cause de ses malheurs; et même après la perte
» de son trône, ils lui ont fait, ils lui font en-
» core bien du mal [1]. »

Ce prince, que l'illustre correspondant d'Hartwel déclarait intact et sublime dans ses prin-

---

[1] *Correspondance d'Hartwel*, pages 67 et 74. Ces passages, où la déposition de Gustave IV est appelée un crime, dévoilent toute la pensée du royal écrivain. Cette pensée n'est-elle pas celle-ci? *Le droit du souverain est tout, le salut public rien.* Certes, celui qui ose écrire que la révolution suédoise de 1809 fut un crime, ne peut être qu'un mauvais logicien, ou un prince pénétré de l'excellence du gouvernement absolu, et fort indifférent au bonheur des peuples.

cipes d'honneur et de vertu, admettait, comme base de morale, *que celui qui veut une chose jugée bonne par sa conviction, ne doit pas s'inquiéter des moyens par lesquels il peut l'obtenir.* Telle fut l'idée funeste à laquelle Gustave IV obéit pendant les dernières années de son règne : idée qui, faussant en lui tout sentiment de justice, le conduisit à voir, avec la plus froide indifférence, les malheurs de son peuple, et la perte des guerriers qu'il sacrifiait. De cette déplorable hérésie politique à la violation du droit de propriété, il n'y avait plus qu'un pas; ce souverain le franchit, en proclamant qu'une nation *ne doit envisager qu'avec une entière soumission et un profond respect tout ce qui émane du trône.*

Voilà quels étaient les principes sublimes d'honneur et de vertu, remarqués dans Gustave IV, par le monarque législateur auquel les Français durent la Charte de 1814 : un pareil jugement, s'il eût été connu à cette époque, était peu propre à garantir les vues populaires de Louis XVIII. Ce prince, auquel on ne pouvait refuser quelque sagacité, s'en inspirait peu dans l'opinion qu'il émettait sur Gustave : simple particulier, peut-être ce suédois eût-il été remarqué parmi les honnêtes gens; mais l'auteur de la Charte aurait dû comprendre que, pour constituer l'honneur et la vertu des souverains, il faut d'autres qualités que celles dont on peut se prévaloir dans la foule.

Obstinément attaché au déplorable système que nous venons d'exposer, et de plus en plus égaré par ses penchants superstitieux, l'insensé Gustave crut imiter Charles XII en déclarant à l'empire français la guerre la plus inconsidérée et la moins sollicitée par l'intérêt du peuple suédois. Dès que l'un des souverains ligués contre Napoléon signait un traité avec lui, il s'indignait de cette défection, accusait ce prince de félonie, lui renvoyait les cordons qu'il en avait reçus, et lui déclarait à son tour la guerre. Gustave, par cette succession de folles hostilités, imita parfaitement celui qu'il s'était proposé pour modèle; car il parvint, ainsi que lui, à ruiner complètement la Suède et à décimer sa population. Mais, nous le répétons, le monarque du dix-neuvième siècle ne rappela celui du dix-huitième, ni par le mépris du danger, ni par le génie des batailles [1].

[1] Quelques jours avant la signature du traité de Tilsitt, Gustave IV descendit dans la lice contre Napoléon. Le maréchal Brune, avec quel-

On sait quel fut le sort de Charles XII; celui de Gustave IV Adolphe témoigné de l'esprit bien différent des deux époques et des deux rois; mais sous l'un comme sous l'autre règne,

ques troupes, fut envoyé contre ce prince inconsidérément taquin. Le 14 juin 1807, un combat s'engagea entre les Français et les Suédois. On se battait à peine depuis quelques heures, lorsque le roi, qui, l'avant-veille, avait bravement dénoncé la rupture de l'armistice, ordonna à un officier de son état-major d'aller demander une nouvelle suspension d'armes au maréchal... Il lui fallut répéter plusieurs fois cet ordre; enfin le parlementaire partit... Brune accabla le malheureux officier des plus amères plaisanteries. « Comment, » dit-il, « ce roi qui, pendant deux ans, s'est » donné des peines infinies pour avoir la guerre, en est dégoûté dès le » premier feu ! Vous dénoncez l'armistice quand l'Europe entière est pa- » cifiée; et à peine engagé, vous le redemandez ! Votre roi en a assez » avant que, seulement, j'aie pu le joindre... Non pas, s'il vous plaît : le » vin est tiré, il faut le boire. » Le général français continua son mouvement; et la fumée du canon commençait à devenir visible au bivouac royal, lorsque sa majesté, tournant bride avec précipitation, gagna Stralsund au galop, se mit au lit, prit un émétique, et soutint, le lendemain, que le vent d'un boulet lui avait fait à la jambe une contusion. Pour appuyer son assertion à cet égard, Gustave fit constater, par la déclaration de son valet de chambre, qu'il y avait à sa botte une tache sur laquelle le cirage ne prenait plus. Stralsund fut bientôt assiégé; mais les Français n'avaient pas une pièce en batterie, que le roi ordonna d'évacuer cette place. Les soldats brisèrent leurs fusils de rage en défilant devant Gustave. Il s'imagina, pour les consoler, de donner, immédiatement, un ordre du jour par lequel il déclarait Stralsund déchu du rang des forteresses, sans doute pour punir cette ville de ne s'être pas défendue elle-même. Tels furent les exploits de Gustave IV, l'imitateur de Charles XII, l'ennemi *quand même* de l'empereur Napoléon.

Notice inédite sur la révolution de Suède de 1809, par un Suédois.

les Suédois se montrèrent doués d'une grande constance et d'une admirable résignation. Ils supportèrent, avec une égale stoïcité, tous les sacrifices, toutes les adversités. Ajoutons qu'il se produisit au dix-neuvième siècle ce qui ne pouvait exister au dix-huitième : une réunion de fermes volontés surgit des désastres de la nation, pour faire descendre du trône le prince qui les avait causés. C'est principalement à ce concours qu'on doit attribuer la sagesse et la modération qui distinguent la révolution de 1809, de tant d'autres crises politiques du même genre. Dans ce noble mouvement de légitime réaction on ne découvre aucun indice, aucune trace, ni de ces conspirations de palais où l'intrigue des cours joue le principal rôle, ni de ces effervescences populaires alimentées par des ambitions audacieuses. Il s'agissait, pour la nation suédoise, *d'être ou de ne pas être*, et cette vieille nationalité hyperboréenne ne pouvait subsister avec un roi qui, après avoir follement épuisé toutes les ressources du pays, se refusait obstinément à toute proposition de paix. Deux armées russes approchaient à grandes journées ; et Gustave paraissait décidé à leur abandonner sa capitale, comme il avait

livré précédemment Stralsund à quelques régiments français.

La déposition d'un tel souverain devenait donc inévitable ; ce n'était qu'en la décidant et en la consommant que les Suédois pouvaient espérer de conserver une patrie... Gustave-Adolphe cessa de régner [1].

---

[1] Dans la séance des états du royaume, en date du 10 mai 1809, on lut l'abdication de Gustave IV, ainsi conçue : « Après avoir été proclamé
» roi, il y a aujourd'hui dix-sept ans, et avoir hérité, le cœur encore sai-
» gnant, du trône ensanglanté d'un père chéri et respecté, notre intention
» a cependant été de concourir au bien et à la gloire de cet antique royaume,
» comme étant inséparable du bonheur d'un peuple libre et indépendant.
» Ne pouvant plus, conformément à notre pure intention, continuer dans
» ces royales fonctions, ni rétablir d'une manière convenable la tranquil-
» lité et le bon ordre dans l'intérieur de ce royaume, nous regardons
» comme un devoir sacré de nous démettre *de nos fonctions royales*; ce
» que nous faisons volontairement et librement, pour consacrer à la gloire
» de Dieu les jours qui nous restent ; appelant sur nos sujets les bénédic-
» tions et la grâce de Dieu, et leur souhaitant un avenir plus heureux
» pour eux et leurs descendants.

» Oui, craignez Dieu et honorez le roi.

» Fait, écrit et signé de notre propre main, et revêtu de notre grand
» sceau royal, au château de Grispsholm, le 29 mars de l'an de grâce
» 1809, après la naissance de notre Seigneur et Sauveur Jésus-Christ.

» GUSTAVE-ADOLPHE. »

Après une brève délibération sur la déchéance du roi régnant, les états-généraux conclurent ainsi : « Nous rétractons, par le présent acte, toute
» fidélité et obéissance à notre roi et maître, jusqu'au moment actuel,
» Gustave IV. Adolphe, roi de Suède, etc.; et nous le déclarons à perpé-

La révolution suédoise offrit encore une circonstance digne d'un puissant intérêt : non contente d'avoir déposé un maître qui l'opprimait, et de l'avoir remplacé par un prince dont

» tuité, lui et ses descendants directs, nés et à naître, déchu de la cou-
» ronne et du gouvernement de Suède. »

On a vu, par l'acte d'abdication de Gustave, que lui-même regardait le pouvoir souverain comme *des fonctions royales;* et ces mots sont pleins du sentiment de l'origine populaire de toute puissance gouvernementale. Louis XVIII ne pensait pas ainsi. On lit dans ses lettres d'Hartwel, à propos de l'élection du duc de Sudermanie au trône de Suède : « Trop de gens croient que le peuple est souverain, et qu'il peut, à son
» gré, faire des révolutions, pourvu qu'elles ne soient pas sanglantes.
» Croiriez-vous que, non-seulement le roi de Suède (Gustave-Adolphe) dé-
» fend les sentiments et la conduite de son oncle ; mais qu'il le regarde
» comme roi légitime!.. »

Cela prouve, ce nous semble, que Gustave IV pensait, au fond, en honnête homme... et que les idées de constitution et de popularité ne devaient être, plus tard, dans les discours de Louis XVIII, que de belles fleurs de rhétorique.

Après son abdication, l'ex-roi de Suède songea un moment à se réunir à la congrégation des frères moraves; mais ces paisibles sectaires redoutèrent la présence d'un prince parmi eux : ils déclinèrent ses offres. A la suite d'un séjour de huit mois au château de Grispsholm, Gustave, sa femme, son fils et les princesses royales se retirèrent en Allemagne... Dès les premiers jours de son exil, l'ex-roi se sépara de la reine; on parla même, dans le temps, de sévices graves ; et depuis, un divorce formel a été prononcé.

Gustave mena longtemps une vie nomade et aventureuse; il parcourut d'abord l'Allemagne sous différents noms, puis il se rendit en Russie. Il eut avec l'empereur Alexandre une entrevue dont aucun détail n'a transpiré ; mais de laquelle il résulta que le czar ne prit pas un

la bienfaisance et la sagesse avaient été jadis éprouvées, la nation, réunie en états-généraux, améliora son pacte social; elle se donna de sages garanties contre la nécessité des révolutions

intérêt bien vif aux malheurs du monarque dépossédé. Au mois d'octobre 1810, Gustave passa en Angleterre, où, pendant une partie de l'année 1811, il partagea la retraite de Louis XVIII. L'année suivante, on vit ce prince en Danemarck; il se montra même à Hambourg, au milieu de ces Français qu'il haïssait tant. Il habitait la Suisse à la fin de 1813 : l'auteur de cette histoire le vit à Zurich, au mois de novembre, fumant avec gravité sa pipe dans une sorte de club. En 1814, Gustave, qui avait pris le nom de comte de Gottorp, eut une velléité de croisade. Il adressa, à cette occasion, à tous les peuples de la chrétienté, une invitation fort touchante; mais il ne se présenta point de croisés, et les statuts d'un ordre de *frères noirs*, dont l'ex-souverain prétendait se faire le fondateur, restèrent sans application.

Toutes les idées, tous les projets qui peuvent naître de l'exaltation, s'étaient succédé dans la tête du comte de Gottorp; toutefois il ne s'était pas encore avisé de principes républicains : il s'en avisa en 1817, et sollicita le droit de bourgeoisie à Bâle. Devenu citoyen de la Suisse, il déposa le titre aristocratique de comte, et se fit appeler simplement le colonel Gustafson.

Depuis quelques années, l'ex-roi préférait le séjour de Francfort à celui de l'Helvétie : il vivait dans cette ville, fort retiré, n'ayant avec lui qu'une dame et un seul domestique. Il jouissait d'une aisance honorable, produit de sa fortune patrimoniale et d'un apanage que les états de Suède lui avaient assuré. Mais, en 1836, un goût renaissant de Gustave pour la Suisse y avait reconduit ce prince, lorsque les symptômes d'une grave maladie, dont il portait depuis longtemps le germe, devinrent alarmants, et firent désespérer de sa vie. Il mourut, dans le courant de 1837, à l'âge de cinquante-neuf ans.

nouvelles, en reconstruisant le trône sur des bases équitables. La constitution suédoise de 1809 est un bienfait au partage duquel toutes les classes sont appelées; et, depuis sa fondation seulement, les droits civils sont clairement définis dans cette monarchie.

Cette révolution, entièrement terminée, venait de s'accomplir sans rude secousse, sans effusion de sang; Charles XIII régnait. Mais ce prince, dont la régence avait été pour la Suède un âge d'or trop rapide, était maintenant chargé d'années; lui choisir un successeur devint un soin essentiel et pressant. Le prince Auguste de Holstein-Augustenbourg fut élu par la diète du royaume, le 14 juin 1809, et reconnu prince royal de Suède, sous le nom de Charles-Auguste. Son altesse se rendit à la cour de Charles XIII au commencement de l'année 1810. Ses belles qualités, sa conduite régulière et sage, ne tardèrent pas à lui mériter l'affection générale. Mais une catastrophe, aussi funeste qu'imprévue, devait priver la Suède des espérances que lui faisait concevoir l'héritier de la couronne.

Charles-Auguste partit de Stockholm le 10 mai 1810, pour aller visiter les provinces méridionales du royaume. Il arriva à Eksjoe, où quelques accès de fièvre le retinrent plusieurs jours. Enfin, S. A. R. put continuer sa route, et se rendit à Ramloesa, en Scanie, pour y recevoir son frère, le prince régnant d'Augustenbourg, qui lui avait donné rendez-vous dans cette ville. Les deux princes, après avoir passé quatre jours ensemble, se séparèrent, le 28 au matin, en se prodiguant les témoignages de la plus tendre affection... Six heures plus tard, le prince royal de Suède avait cessé de vivre.

Après le départ de son frère, qui retournait dans ses états, Charles-Auguste monta à cheval, pour aller passer en revue une division de cavalerie rassemblée près d'Helsinborg. Le prince arrivait devant le front du régiment de Scanie, lorsque, tout à coup, on le vit chanceler sur son cheval, et presque au même instant, il tomba rudement à terre, frappé d'une attaque d'apoplexie foudroyante. Vainement essaya-t-on de le rappeler à la vie par les moyens employés dans ces terribles attaques... Charles-Auguste était mort!... Son corps fut apporté à Stockholm avec la pompe usitée dans ces tristes circonstances.

Une nouvelle catastrophe devait signaler, le

20 juin, l'entrée du convoi dans la capitale. Le peuple, en apprenant la mort du prince royal, avait manifesté les plus vifs regrets, et des soupçons malveillants s'étaient bientôt mêlés à l'expression de sa douleur. « Une disposition po- » pulaire, qui ne permet pas d'admettre qu'un » grand personnage puisse mourir naturelle- » ment, » a dit un écrivain suédois, « se ma- »nifesta dans cette occasion : on cria au poison. »

Le comte de Fersen, grand-maréchal du palais, était dans la voiture qui précédait l'escorte, lorsque le convoi entra dans Stockholm. Or, une foule mutinée désignait ce seigneur parmi les auteurs du crime prétendu : dès qu'elle l'eut reconnu, elle assaillit à coups de pierres la voiture dans laquelle il se trouvait. Le comte, étant parvenu à s'échapper, se réfugia dans une maison voisine de l'hôtel-de-ville ; mais il en fut bientôt arraché. Les séditieux le traînèrent sur la voie publique, et le massacrèrent presque sous les yeux du général Silversparre, qui eut la douleur de ne pouvoir sauver cette victime d'une aveugle fureur [1].

[1] Le comte de Fersen avait joué, avant la révolution de France, un certain rôle à la cour de Louis XVI. La chronique secrète et sans doute calomnieuse lui avait prêté une grande part aux bonnes grâces de

Tout porte à croire que le grand-maréchal périt innocent, et que la mort du prince Charles-Auguste fut la suite d'un accident assez grave, du reste, pour l'avoir causée.

La Suède eut à s'occuper de nouveau du choix d'un prince royal. « Il nous fallait, » dit l'écrivain suédois déjà cité, « un homme d'état ferme
» et résolu, capable d'assurer l'ordre intérieur
» fortement ébranlé, et d'en imposer à l'esprit
» révolutionnaire.

» Il nous fallait un pilote qui eût vu des tem-
» pêtes : nous tournâmes les yeux vers la France.

» Il nous fallait un capitaine capable de nous
» défendre, de nous venger ; un général que
» son génie dispensât de compter ses soldats ;
» car nous étions faibles en nombre, mais forts
» en courage : nous cherchâmes parmi les gé-
» néraux français.

» Il fallait, enfin, que ce chef joignît aux ver-
» tus guerrières, la sagesse de l'administrateur
» et une vie sans tache ; notre choix fut bientôt

---

la reine Marie-Antoinette ; il est au moins avéré que ce seigneur suédois était un des familiers du petit Trianon. Dans la nuit du 20 juin 1794, Fersen favorisa l'évasion de la famille royale, en lui servant de cocher pour sortir de Paris... Pour son malheur, il se retira ensuite dans sa patrie.

» fait : Hanovre et Hambourg parlaient haut[1]. »

On peut juger maintenant combien l'élection du prince de Ponte-Corvo fut indépendante des causes impérieuses qui avaient amené la révolution de 1809 : une précédente élection et près de dix-huit mois séparèrent l'appel de ce prince à la succession de Charles XIII, de l'événement qui avait nécessité la déposition du roi Gustave; et le passage que nous venons de rapporter prouve que ce fut dans la nation que se prononça d'abord le choix du général français.

La cour, s'abandonnant à la pente des vieilles idées électives, admettait la candidature du frère de feu Charles-Auguste; tandis qu'une faible minorité de dix à douze nobles songeait à la réunion des trois couronnes du Nord, et conséquemment au roi de Danemarck, qui, de son côté, écrivait à Charles XIII, pour obtenir la préférence. « Votre majesté ainsi que ses » sujets peuvent compter, » disait Frédéric VI, « sur la fidélité avec laquelle je maintiendrai » les lois fondamentales du royaume, si les états » de Suède m'en confient le soin. Je ne crois

---

[1] Notice inédite sur la Révolution de Suède, par un Suédois.

» pas avoir besoin d'assurer votre majesté de la
» reconnaissance que son appui auprès des états,
» en cette circonstance importante, me fera
» éprouver. » Charles XIII, sans paraître douter que Frédéric VI, monarque absolu en Danemarck, pût être roi franchement constitutionnel en Suède, ne put s'expliquer, à l'avantage de la proposition du prince danois, l'amalgame bizarre d'institutions qui devait résulter de cette double souveraineté; et la haute estime que méritait Frédéric ne suffisait pas pour rassurer Charles XIII à cet égard. Sa réponse au royal candidat fut l'expression d'une louable sollicitude... « Je ne manquerai point, » lui manda-t-il, « de communiquer au comité secret
» des états-généraux, l'importante proposition
» de votre majesté; il m'est impossible d'en préjuger le résultat. Le choix d'un successeur
» au trône appartient uniquement aux représentants de mon peuple; je suis d'avance
» assuré qu'ils se montreront, en cette occasion
» décisive pour le sort futur de la Suède, dignes
» de leurs pères, de la gloire, de la reconnaissance nationale, de la longue indépendance
» de la patrie, et pénétrés du juste sentiment
» de ses besoins et de son véritable intérêt. »

Dans ce conflit de candidatures, la raison publique fit prévaloir son vœu. Le roi régnant était un homme doué d'un caractère supérieur; il comprit facilement que la nation suédoise, appauvrie, affaiblie, humiliée, avait besoin d'être retrempée par une administration puissante, et défendue par une épée forte; il renonça aux chances débiles de la candidature vers laquelle le poussait son conseil, et réunit son suffrage à celui du peuple.

Le 18 août 1810, Charles XIII fit parvenir aux états-généraux, réunis à Oérebro, la proposition d'appeler le maréchal prince de Ponte-Corvo à la succession du trône de Suède. On lit dans cet acte : « Fermement résolu d'accé-
» lérer l'élection d'un successeur au trône, sa
» majesté prêta une oreille favorable à la voix
» de la nation, qui se déclarait hautement pour
» le prince de Ponte-Corvo. De brillants exploits
» militaires et des qualités distinguées comme
» homme d'état avaient illustré son nom, qui
» occupera une place éminente dans l'histoire.
» Sa douceur et sa loyauté l'avaient fait chérir
» et respecter même par des nations ennemies;
» et les rapports que des guerriers suédois
» avaient eus avec lui, par suite des malheurs

» de la guerre, leur avaient fait connaître l'at-
» tachement de ce prince pour un peuple qu'il
» ne combattait qu'à regret. Toutes ces circon-
» stances ne pouvaient manquer de fixer l'at-
» tention de sa majesté : elles devaient influer
» sur son opinion quant à la succession au
» trône.

» Sa majesté a consulté, dans cette question
» importante, l'opinion du comité secret et du
» conseil d'état : la grande majorité dans le
» premier, et l'unanimité des suffrages dans le
» second, ont fortifié le sentiment de sa ma-
» jesté. Elle a cru qu'en confiant les destinées
» futures de la Suède au prince de Ponte-Corvo,
» la gloire militaire qu'il a déjà acquise assure-
» rait d'une part l'indépendance du royaume,
» et, de l'autre, lui ferait considérer de nou-
» velles guerres comme inutiles pour l'intérêt
» de sa renommée; que sa mûre expérience et
» son caractère énergique maintiendraient l'or-
» dre dans l'intérieur, et assureraient les bien-
» faits de la paix; que l'amour de la justice et
» de l'humanité, qu'il a manifesté dans les pays
» ennemis, comme dans sa patrie, s'exercerait
» en faveur du bien-être et des lois de sa patrie
» adoptive; enfin, que son fils ferait dispa-

» raître l'incertitude de l'avenir, objet auquel
» l'exemple du passé donne une importance
» majeure.

» A ces causes, sa majesté propose aux états
» du royaume son altesse sérénissime Jean-
» Baptiste-Jules *Bernadotte*, *prince de Ponte-*
» *Corvo*, comme prince royal et successeur de
» sa majesté au trône de Suède.

Longtemps avant que cette proposition parvînt à la diète d'Oérebro, les suffrages unanimes de ses membres, conformes au vœu de la nation qu'ils représentaient, s'étaient prononcés en faveur du prince de Ponte-Corvo, et deux officiers suédois avaient été députés à Paris pour le pressentir sur son élection, qui dès lors paraissait assurée.

Ces envoyés se présentèrent à son altesse le lendemain du jour où l'empereur lui avait fait promettre d'être prêt à partir pour Rome dans un délai de quinze à seize jours; ils firent connaître au prince les dispositions des membres de la diète assemblée à Oérebro pour l'élection d'un prince royal, et lui demandèrent quelles seraient les siennes, dans le cas où il serait élu. Son altesse répondit : « Je me sentirai honoré
» du vote libre d'un seul des membres de la

» diète; mais si je devenais l'objet de l'élection,
» ce que je ne crois pas possible, je ne pourrais
» disposer de moi-même sans le consentement
» de l'empereur Napoléon. »

Le prince retourna le jour même à Saint-Cloud pour instruire sa majesté des ouvertures qui lui étaient faites. Napoléon répondit : « Qu'étant l'élu du peuple, il ne pouvait s'op-
» poser à l'élection des autres peuples, et que
» le choix libre des Suédois aurait son assenti-
» ment. Je ne puis vous servir, » ajouta l'empereur, « laissez aller les choses. »

Les envoyés suédois retournèrent dans leur patrie, et le prince de Ponte-Corvo partit pour les eaux de Plombières, préoccupé de l'idée que les dernières paroles de Napoléon renfermaient un sens caché.

A son retour, l'empereur lui demanda, en présence d'un assez grand nombre de personnes, s'il avait des nouvelles récentes de la Suède. « Oui, Sire, » répondit le maréchal avec sa franchise ordinaire : « on me marque que le chargé
» d'affaires de votre majesté à Stockholm s'op-
» pose à mon élection, et proclame que votre
» majesté préfère le roi de Danemarck. — Ce
» n'est pas possible, » repartit l'empereur avec

le ton de la surprise; puis il changea subitement de conversation [1]. Ceci servira du moins à prouver que, loin d'avoir contribué, par sa prépondérance politique, à l'élection du prince de Ponte-Corvo, Napoléon avait bien plutôt travaillé à la faire échouer.

L'empereur de Russie, quoique fortement intéressé, peut-être, à ce que la nationalité suédoise succombât, n'influença en aucune manière l'élection, et se prononça même pour qu'elle ne fût pas entravée. M. de Romanzow, premier ministre d'Alexandre, disait, à propos du choix d'un prince royal : « La Suède est » un malade près de mourir, et abandonné par » tous les hommes de l'art, mais auquel un » remède violent pourrait occasionner une crise » salutaire... Or, cet état, délaissé par l'An- » gleterre, ne peut rien en ce moment, et le

---

[1] On regardait comme constant, en 1810, que M. Desaugiers, chargé d'affaires de l'Empereur à Stockholm, avait donné une note favorable au roi de Danemarck; mais que ne voulant pas compromettre sa protection dans une affaire aussi délicate, et où un échec eût pu faire croire à la décadence de sa politique, Napoléon avait désavoué la conduite de son agent diplomatique. M. Desaugiers fut en effet rappelé; et peu de temps après, le duc de Cadore, ministre des relations extérieures, avoua à M. Lajerbjelke, ministre de Suède à Paris, qu'on avait sacrifié un innocent.

» prince n'aura aucun prétexte pour appeler
» la nation sous les armes. »

Ce discours réduit, il faut en convenir, à fort peu de chose les vues généreuses que l'on prêtait alors au cabinet de Pétersbourg, parce qu'il s'était abstenu d'influencer les suffrages de la diète d'Oérebro.

L'élection eut lieu le 21 août 1810; elle se fit par acclamation dans les quatre ordres de l'état; et l'enthousiasme de cette unanimité de vœux, encore sans exemple, fut tel que les quatre présidents ne purent obtenir qu'avec effort l'observation des formes réglementaires consacrées par les lois de la monarchie. Nous croyons devoir citer l'acte d'élection : c'est un document profondément empreint de l'affection qui s'était prononcée en faveur du prince français; il offre, d'ailleurs, une nuance vivement sentie du caractère suédois. Voici ce document : —
« Nous soussignés, les états-généraux du royau-
» me de Suède, comtes, barons, évêques, re-
» présentants de la noblesse, du clergé, de la
» bourgeoisie et des paysans, assemblés actuel-
» lement en diète extraordinaire, dans la ville
» d'Oérebro, savoir faisons que le prince Char-
» les-Auguste de Schlweig-Holstein, Sonder-

» bourg, Augustenbourg, élu prince royal de
» Suède, des Goths et des Vandales, étant décédé
» sans héritiers mâles, et que jugeant qu'il est
» de notre devoir de prévenir et de détourner
» le péril, pour l'indépendance et la tranquil-
» lité du royaume, ainsi que pour les droits et
» priviléges de ses habitants, statués par les
» lois fondamentales; péril qui pourrait résul-
» ter d'une vacance du trône et de l'élection qui
» s'ensuivrait; exerçant en même temps le droit
» qui nous est réservé dans l'article 94 de la
» constitution du 6 juin 1809, d'élire en pareil
» cas une nouvelle dynastie.

» A ces causes, et considérant que le haut et
» puissant prince et seigneur Jean-Baptiste-
» Jules Bernadotte, prince de Ponte-Corvo, est
» doué des vertus et qualités qui nous donnent
» le juste espoir de jouir, sous le règne de ce
» prince, d'une bonne administration et de la
» prospérité, fruit d'un gouvernement légal,
» énergique et bienfaisant; nous, les états-géné-
» raux de Suède, sur la proposition de notre au-
» guste roi, actuellement régnant, et sous condi-
» tion que le susdit prince de Ponte-Corvo ait,
» avant son arrivée sur le territoire suédois,
» embrassé la religion évangélique luthérienne,

» et signé les reversales dressées par nous ;
» avons élu volontairement, par suffrages lé-
» gaux et unanimes, pour nous et nos descen-
» dants, le haut et puissant seigneur Jean-Bap-
» tiste-Jules Bernadotte, prince de Ponte-Corvo,
» à la dignité de prince royal de Suède, pour,
» après le décès de notre auguste souverain ac-
» tuel, (dont le Tout-Puissant veuille protéger
» les jours) régner sur la Suède et les pays
» qui en dépendent ; être couronné roi de Suède
» et recevoir le serment de fidélité ; enfin,
» gouverner le royaume suivant le but littéral
» de la constitution du 6 juin 1809, ainsi que
» suivant les autres lois en vigueur, tant fonda-
» mentales que générales et spéciales ; le tout
» conformément aux reversales que son altesse
» royale donnera présentement et dans la suite,
» à son avénement au trône.

» Nous conférons également aux descendants
» mâles légitimes de son altesse royale le droit
» d'occuper le trône de Suède, dans l'ordre et de
» la manière qui sont statués littéralement dans
» la loi de succession que nous avons établie.

» Nous, les états-généraux de Suède, ayant
» arrêté ce qui précède, avons, en conséquence,
» confirmé le présent acte d'élection par la si-

» gnature de nos noms et l'apposition de nos
» sceaux.

» Fait à Oérebro, le 21ᵉ jour du mois d'août,
» de l'an 1810, après la naissance de Notre-Sei-
» gneur. »

(Suivent les signatures.)

Cet acte, ainsi que celui par lequel Charles XIII adoptait le prince français pour fils, furent apportés à Paris, vers la fin d'août, par le comte de Moerner, avec une lettre pour l'empereur Napoléon et une pour le prince royal de Suède. Après avoir rempli sa mission dans les formes usitées en pareille circonstance, l'envoyé suédois repartit pour Stockholm, emportant les lettres d'acceptation du prince et la réponse approbative de l'empereur à Charles XIII.

Son altesse royale écrivait au roi de Suède :
« Sire, je ne chercherai point à peindre à votre
» majesté les sentiments dont j'ai été pénétré en
» apprenant qu'une nation illustre dans les fastes
» du monde avait daigné fixer ses regards sur un
» soldat, qui doit uniquement son mérite à son
» amour pour sa patrie. Il me serait également
» difficile d'exprimer toute ma reconnaissance

» et mon admiration pour cette étonnante ma-
» gnanimité avec laquelle votre majesté a bien
» voulu présenter elle-même pour son successeur
» un homme auquel rien ne l'attachait. Plus
» votre majesté a cru faire en cela pour le peu-
» ple suédois, plus cette idée, infiniment trop
» flatteuse pour moi, m'impose d'obligations.
» Je ne me dissimule point leur étendue ni
» leur difficulté; mais si j'en crois mon cœur,
» je les remplirai; car jamais il n'exista pour
» l'âme d'un mortel un plus puissant mobile :
» jamais il ne se présenta une plus belle occa-
» sion de consacrer sa vie au bonheur d'un
» peuple entier.

» Aussitôt que la lettre de votre majesté m'a
» été remise, je me suis empressé de la com-
» muniquer à sa majesté l'empereur et roi; elle
» a daigné mettre le comble à ses bontés pour
» moi en m'autorisant à devenir le fils adoptif
» de votre majesté.

» D'après ce qu'elle daigne me dire, je vais
» accélérer mon départ; il me tarde de mettre
» aux pieds de votre majesté l'hommage dû à
» ses vertus; il me tarde aussi de la rendre dé-
» positaire de mes serments.

» Jusqu'à ce jour, j'ai mis toute ma gloire,

» tout mon bonheur, à servir mon pays ; mais
» la France, j'ose m'en flatter, daignera encore
» applaudir à mes efforts pour ma nouvelle pa-
» trie ; elle ne pourra voir sans intérêt un de
» ses enfants appelé par les destinées du monde
» à défendre un peuple généreux, qu'elle compte
» depuis longtemps parmi ses plus dignes alliés. »

Cette lettre portait la date du 7 septembre, et son altesse royale ne quitta Paris qu'un mois après.

Les préparatifs de départ du prince étaient terminés depuis longtemps ; mais il attendait ses lettres d'émancipation, et ne concevait pas la lenteur que l'on apportait à les expédier. Ces retards, pensait son altesse royale, ne pouvaient venir de l'empereur, qui avait donné son assentiment à l'élection d'Oérebro, jusqu'au point de rappeler M. Desaugiers, parce qu'il s'*était avisé* d'y mettre obstacle. Las enfin d'attendre, le prince se plaignit à sa majesté elle-même du peu d'empressement que l'on mettait à remplir une formalité toute simple. Quelle fut la surprise du fils adoptif de Charles XIII, lorsque Napoléon lui déclara que, d'après une décision spéciale de son conseil secret, les lettres d'émancipation ne seraient délivrées au prince qu'après qu'il aurait signé l'engagement de ne jamais porter les armes contre la France!

Revenu un peu de son étonnement, le prince répondit, d'un ton animé : « J'étais loin, sire,
» de m'attendre à cette prétention; ce n'est
» sûrement pas votre majesté qui a voulu
» m'imposer une telle condition : ce ne peut
» être qu'une idée de l'archichancelier ou du
» grand-juge. Ils m'honorent infiniment par cette
» conception, car ils m'élèvent à votre niveau,
» comme capitaine : cela me vaut une cou-
» ronne. Toutefois, je supplie votre majesté de
» considérer que je suis déjà sujet du roi de
» Suède; que je lui ai prêté serment de fidélité,
» par suite de votre propre autorisation, et que
» l'acte même de mon élection me défend de
» contracter aucun engagement de vassalité
» étrangère. Si votre majesté persiste à m'impo-
» ser la condition dont elle vient de me parler,
» mon devoir et l'honneur me prescrivent d'en-
» voyer un de mes officiers au roi de Suède,
» pour l'informer des motifs qui me forcent à
» renoncer aux droits que le vœu des états, son
» adoption et votre approbation même m'a-
» vaient fait accepter. »

Napoléon, qui avait écouté attentivement et

non sans quelque émotion, garda un moment le silence quand le prince eut cessé de parler. Puis, fixant son regard sur lui, il prononça ces mots, s'échappant avec effort de sa poitrine : « Eh bien! partez : que nos destinées s'accom- » plissent!.. » Le prince avait fort bien entendu; mais ce jet de la pensée fataliste de l'empereur lui paraissait si étrange, qu'il voulut s'assurer de sa réalité en le faisant répéter : « Pardon, » sire, » dit-il, « mais je n'ai pas compris les » dernières paroles de votre majesté.—Partez, » répéta l'empereur en élevant la voix... « que » nos destinées s'accomplissent! » Et, changeant tout à coup le sujet de l'entretien, Napoléon parla du système continental, et déclara que la Suède était dans l'obligation de s'y soumettre... « Sire, » répondit le prince royal, « j'ignore » complétement ce qui se passe dans la patrie » que j'adopte, en fait d'administration et de » commerce; je supplie votre majesté de m'ac- » corder quelque temps pour juger l'opinion » des Suédois, et connaître, par moi-même, les » vrais intérêts de la Suède. — Combien de » temps vous faut-il? » demanda brusquement l'empereur. — « Jusqu'au mois de mai, sire.

» — Je vous accorde ce délai; mais alors pro-
» noncez-vous, ami ou ennemi. »

Le prince royal de Suède partit profondément pénétré du désir de rester, autant qu'il serait en son pouvoir, ami du souverain que sa patrie natale s'était donné; la suite de cette histoire prouvera, nous l'espérons, que ce fut long-temps le but de ses efforts; et, lorsque les devoirs du prince aux mains duquel reposaient les destins de la Suède devinrent tels qu'il dut se déclarer contre Napoléon, il n'agit point encore en ennemi de la France. Nous rapporterons, à l'appui de cette assertion, des documents dont il sera difficile de récuser l'authenticité. La prévention et l'erreur pourront, sans doute, en dénier le témoignage; mais le leur perd son crédit lorsque les passions se refroidissent, et la postérité n'admet guère que des jugements équitables.

Livre Troisième.

CHAPITRE PREMIER.

Réflexions du prince royal de Suède en quittant la France. — Diverses circonstances de son voyage. — Elseneur. — Helsinborg. — Diverses harangues. — Arrivée à Stockholm. — Réception aux portes de la ville. — Reconnaissance solennelle du prince royal de Suède; son discours. — Les harangues du nouveau Suédois déplaisent à l'empereur Napoléon. — Dépêche curieuse du ministre suédois à Paris, sur une audience de l'empereur. — Napoléon s'y est révélé tout entier. — Exigences politiques de l'empereur. — Note conforme remise par le baron Alquier. — Note du baron d'Engestrom en réponse à la précédente. — État de guerre de la Suède avec l'Angleterre.

Telle était la splendeur de la France, en 1810, qu'un de ses généraux fut appelé à soutenir le trône du grand Gustave et de Charles XII, sans qu'elle vît, dans cet événement, ni qu'elle perdait un de ses plus grands capitaines, ni qu'elle avait à se glorifier du choix qui lui ouvrait une si noble destinée. De son côté, ce général sortait inaperçu de notre capitale, dont il ne devait pas regretter les délices; car il n'y avait fait, durant les trente années de sa belliqueuse carrière, que des haltes très-rares, pendant lesquelles cette capitale ne s'était offerte à lui que sous l'aspect d'un foyer d'intrigues, non moins contraires à ses goûts qu'à son caractère. Loin d'éprouver des regrets, il avait donc à se féliciter d'être libre enfin d'un joug que Napoléon avait doré, sans le lui rendre moins pesant : joug qu'il supportait depuis onze ans, sans que ni la pureté de ses intentions, ni la constance de ses efforts l'eussent un seul instant adouci. Il pouvait se réjouir d'échapper au rude servage durant lequel ses actions les plus généreuses, ses exploits les plus éclatants, n'avaient produit pour lui, à part les grandeurs qui étaient devenues le lot commun des lieutenants de Napoléon, que de cuisants chagrins, et parfois même ce que les courtisans appelaient des disgrâces; tandis que, néanmoins, ses succès contribuaient à augmenter la puissance de celui qui semblait vouloir l'en punir.

En parcourant le nord de l'empire et les rives du Rhin, où il s'était jadis illustré; en revoyant le Hanovre et Hambourg, ce général français, maintenant prince royal de Suède, retrouvait à chaque pas les plus beaux souvenirs. Ils lui faisaient vivement sentir le bonheur de n'avoir plus à obéir qu'à ses propres inspirations; de n'avoir plus de combats à livrer que pour des intérêts publics et de légitime défense. Il lui était permis enfin d'acquérir, en se montrant plus sage que brillant, cette gloire pure, qu'il regardait comme la seule désirable, la seule qui lui promît une durable renommée.

En se rendant le témoignage qu'il avait largement payé sa dette à la patrie, il pouvait se dire aussi qu'ayant contribué à l'élever au plus haut degré de gloire et de prospérité, il la quittait sans qu'elle eût à se plaindre de lui, et que, légalement émancipé par elle, il était parfaitement libre de suivre sa destinée, en consacrant le reste de son existence à sa patrie adoptive.

Mais à ces riantes pensées se mêlait un trouble dont le prince ne pouvait se défendre : interprétant avec sagacité cet *arrière-instinct*, cette prévision fatidique dont Napoléon s'était montré saisi en le voyant partir, il ne lui fut pas possible de se livrer à une entière sécurité, tant qu'il voyagea sur le territoire soumis à la domination de ce souverain. Tel dut être le motif qui l'empêcha de jouir des réceptions et fêtes qu'on lui offrit sur divers points de son passage, où sa conduite loyale et bienveillante avait laissé des souvenirs reconnaissants. Il pressa tellement sa marche que, même après avoir accepté, dès son arrivée à Hambourg, une invitation du sénat pour le lendemain, il ne se coucha pas sans s'être fait dégager, et sans avoir donné l'ordre du départ pour le moment de son réveil. Il savait que le télégraphe devançait les plus lestes attelages; que Napoléon, dont il redoutait les variations d'idées et de déterminations, pouvait l'atteindre jusqu'aux confins du Danemarck, et qu'il devait avoir franchi le Sund pour être délivré d'une crainte trop fondée [1].

---

[1] Une circonstance particulière contribua surtout à hâter le départ du prince. Un des principaux négociants de la ville lui demanda s'il croyait que l'Empereur désirât la paix avec l'Angleterre. Sur la réponse affirmative de son altesse royale, le négociant reprit : « Pourrai-je être au-
» torisé à faire connaître à Londres la réponse que vous venez de me
» faire ? — Je ne puis ni vous autoriser, ni vous défendre de donner
» de la publicité à ce que je viens de vous dire : ce n'est autre chose
» que l'expression d'un vœu que je forme, et ce vœu s'appuie sur l'intérêt

Si l'on reporte, en effet, son attention sur les actes et les circonstances qui avaient précédé et immédiatement suivi l'élection du prince héréditaire de Suède, on voit qu'il devait y trouver plus d'un sujet d'inquiétude. L'empereur, on ne saurait en douter, le vit avec déplaisir appelé à la succession du trône de Charles XIII : il l'a dit lui-même en plus d'une occasion et de plus d'une manière. Cette conscience inflexible, qui ne s'était prêtée à aucun acte, ni formel, ni tacite, contraire aux devoirs d'un prince suédois, devait naturellement tourmenter la politique exclusive de Napoléon. D'ailleurs les faits viennent à l'appui des conjectures pour démontrer, jusqu'à l'évidence, que ce ne fut qu'avec répugnance, et comme malgré lui, que l'empereur donna son

» de la France et de la Suède. La paix est surtout nécessaire à la patrie » qui m'a adopté : c'est pour elle que je l'appelle avec ferveur. La » France elle-même en a besoin : une trêve avec les Anglais, ne fût-elle » que de quelques années, diminuerait de beaucoup les embarras de sa » politique et de son étonnante puissance. » Arrivé à Copenhague, et prenant congé de M. Didelot, ministre de France, le prince lui dit qu'il avait des motifs pour croire que l'Angleterre était disposée à faire la paix, et que si Napoléon la désirait, il lui serait facile de l'obtenir. Son altesse royale passa le Sund, le lendemain, avec le regret d'avoir fait cette confidence, qui, toute philanthropique qu'elle était, pouvait lui être nuisible.

assentiment à l'élection d'OErebro et à l'émancipation du maréchal Bernadotte [1].

Le prince royal s'était empressé d'adresser, de Cassel, au roi, son père, les reversales signées de sa main, dont les états du royaume lui avaient prescrit de faire la remise avant d'arriver sur le territoire suédois. Par la même dépêche, son altesse royale remerciait sa majesté de l'envoi de ses ordres, notamment de la grande-

---

[1] Sans ajouter entièrement foi à certaines instructions secrètes données au consul Desaugiers, chargé d'affaires français en Suède, en l'absence d'un ministre, on voit se grouper autour de l'élection du prince de Ponte-Corvo diverses circonstances qui révèlent la contrariété de Napoléon. Avant que le choix de la diète fût connu, le maréchal Davoust, croyant plaire à l'Empereur, en lui parlant avec ironie des suffrages qui semblaient se réunir sur son collègue, disait avec un sourire un peu forcé : « Le prince de Ponte-Corvo ne doute de rien. — Il n'est pas encore élu, » répondit Napoléon assez haut pour être entendu de ceux qui l'entouraient. Bernadotte, qui s'était montré jusqu'alors fort indécis, déclara depuis, ouvertement, que si Charles XIII et les états de Suède fixaient leur choix sur lui, il accepterait.

Dans l'espace de temps qui s'écoula encore avant l'élection, Napoléon, toujours préoccupé du regret qu'il éprouverait si son lieutenant devenait l'héritier du trône de Suède, et cherchant à le détourner d'accepter cet héritage, lui disait un jour : « Vous serez sans doute appelé en Suède... c'est » dommage : j'avais le projet de vous donner l'Arragon et la Catalogne : » l'Espagne est trop grande pour les forces de mon frère... » Le prince n'attacha à cette ouverture que l'idée d'une épreuve, et tout porte à croire qu'il ne se trompait pas.

Bernadotte, par les membres de la famille impériale auxquels il était

croix de l'Épée. « Votre majesté, » ajoutait le prince, « m'associe ainsi à la gloire de ma nou-
» velle patrie, moi qui n'ai encore rien fait
» pour elle. L'avenir seul pourra m'offrir les
» occasions de mériter une telle faveur; mais
» *mon cœur ne la désire pas, et tous mes vœux*
» *sont pour la paix.* Si pourtant l'état avait un
» jour besoin de mon épée, les Suédois la ver-
» raient au champ d'honneur telle qu'elle doit
» être portée par l'héritier de votre majesté. »

Le prince arriva le 19 octobre à Elseneur. La

---

allié, et par des amis qu'il avait auprès de l'Empereur, recevait tous les jours des avis sur les véritables dispositions de sa majesté à son égard, et certes elles étaient loin d'être conformes au projet d'intronisation en Espagne, dont l'Empereur avait parlé au candidat d'Oérebro.

Napoléon se fût, selon toutes les probabilités, opposé au départ du prince, s'il eût obéi à ses sentiments personnels; mais il craignit, en refusant d'accéder à l'investiture essentiellement populaire de son lieutenant, d'attenter au principe d'où sa propre puissance découlait, ainsi qu'il l'avait dit lui-même. Le jour du départ de son altesse royale, l'Empereur, voyant entrer dans son appartement le grand-maréchal Duroc, lui dit : « Eh bien ! le prince royal de Suède est parti ? —Aujourd'hui même, sire. » — Ne regrette-t-il pas la France? — Oui, sans doute, sire. — Et moi, » j'aurais été charmé s'il n'eût pas accepté; mais que voulez-vous?. » Puis, après avoir réfléchi un instant, Napoléon reprit : « Au reste, il ne m'aime » pas. » Duroc cherchait à dissuader l'Empereur d'une telle pensée, lorsque sa majesté, l'interrompant, continua : « Nous ne nous sommes pas » entendus : à présent il est trop tard. Il a ses intérêts, sa politique... » moi, j'ai la mienne... » Napoléon accompagna ces mots d'un geste qui signifiait : Il en arrivera ce qui pourra.

principale noblesse du royaume avait été envoyée dans cette ville au-devant de lui : il y fut reçu par le maréchal de la cour comte Platen, par le général comte d'Essen, par le comte Charles de Lœwenhielm, grand-chambellan. L'archevêque d'Upsal et l'évêque de Lund s'étaient aussi rendus à Elseneur pour recevoir la profession de foi luthérienne de son altesse royale, conformément à l'acte d'élection. Nous croyons devoir rapporter le discours que le prince prononça dans cette circonstance; il servira à redresser beaucoup d'erreurs qui se sont accréditées à ce sujet.

« Monsieur l'archevêque, » dit le fils adoptif de Charles XIII, « j'ai été dès mon enfance in-
» struit dans la religion réformée. Les événe-
» ments qui se sont passés pendant les vingt
» dernières années ayant amené les armées
» françaises en Allemagne, j'ai eu occasion de
» connaître les ministres protestants de ce pays,
» et de me convaincre, en conversant avec eux,
» que la confession d'Augsbourg, telle qu'elle
» a été remise par les princes et les états d'Alle-
» magne à l'empereur Charles-Quint, contient
» véritablement la parole de Dieu et la doctrine
» de Jésus-Christ. Toutes les recherches que j'ai

» faites depuis, m'ont affermi dans l'opinion
» que cette profession est la véritable. C'est
» donc par persuasion, autant que par le désir
» d'établir entre le peuple suédois et moi des
» rapports plus intimes, que je déclare aujour-
» d'hui publiquement professer la confession
» luthérienne, à laquelle j'étais depuis long-
» temps attaché de cœur. »

Ces professions de foi religieuse, nécessitées par les exigences politiques, sont du nombre des déclarations dont il ne convient pas de contester la sincérité; et, sans plus d'examen, on doit tenir compte à celui qui les prononce de l'abandon avec lequel il s'exprime.

Le 20 octobre, le prince passa le Sund, et débarqua le même jour à Helsinborg. Il fut reçu sur la plage par le comte Gustave de Lœwenhielm, commandant un beau détachement de cavalerie suédoise. Son altesse royale dit :
« Messieurs, le roi et la nation suédoise m'ont
» donné une grande preuve d'estime et de con-
» fiance; j'ai tout sacrifié pour y répondre : j'ai
» quitté la France, pour laquelle j'avais vécu
» jusqu'à ce jour; je me suis séparé de l'empe-
» reur Napoléon, auquel la plus vive reconnais-
» sance et une infinité d'autres liens m'atta-

» chaient. Ce n'est pas l'espoir d'une couronne
» qui peut dédommager mon cœur de sacrifices
» si sensibles ; non messieurs, je n'en trouverai
» de véritable dédommagement que dans le bon-
» heur de ma nouvelle patrie. Je viens donc
» au milieu de vous avec l'abandon le plus ab-
» solu, avec le désir le plus ardent de tout
» faire pour contribuer à votre prospérité. J'ap-
» porte au roi, que vous chérissez à si juste ti-
» tre, un dévouement sans bornes. Unissons-
» nous à l'envi, messieurs, pour remplir ses
» vues paternelles, et ne souffrons jamais que
» la patrie perde rien de cet illustre rang qu'elle
» doit à la valeur et à la vertu de ses ancê-
» tres. »

Ce discours fut accueilli par un vif enthousiasme, et confirma les militaires qui venaient de l'entendre dans la haute opinion qu'ils avaient conçue du prince, sur la renommée de ses exploits. Le lendemain, 21, un seigneur de la cour remit à son altesse royale, de la part du roi, le brevet de généralisime des armées de terre et de mer, avec une lettre de sa majesté remplie des expressions d'une expansive tendresse. Par sa réponse, en date du même jour, son altesse royale ne témoigna pas avec moins d'expansion à sa majesté son respect et sa reconnaissance.

Le prince royal continua sa marche vers Stockholm à petites journées. Il trouva partout les routes couvertes de populations accourues sur son passage, et avides de voir l'héritier du trône, l'espoir de la Suède, le prince dans lequel la patrie se plaisait à voir le restaurateur de sa gloire. Son altesse royale faisait souvent plusieurs milles à pied, entourée de citoyens qui écoutaient avec attention les paroles d'espérance et de bonté qu'elle leur faisait entendre. Aux limites des provinces, le prince était reçu par les gouverneurs; il les faisait monter dans sa voiture pour s'entretenir avec eux des besoins du peuple, de la situation du pays, des ressources qu'il offrait, et des moyens d'amélioration que l'on pourrait mettre en œuvre. Tant de sollicitude, tant de sagacité à pénétrer dans les soins administratifs, révélèrent sur-le-champ aux Suédois la haute capacité du successeur de Charles XIII.

Ce fut à Drothingholm[1], le 31 octobre, qu'une nombreuse députation des états présenta au

---

[1] Château royal à deux lieues de Stockholm.

prince royal l'acte d'élection, et reçut sur celui de garantie, dressé par la diète, la signature de son altesse royale. On remarqua dans les discours que l'héritier du trône prononça à cette occasion les passages suivants : « Après avoir servi dès ma » jeunesse le pays qui m'a vu naître, je désirais » terminer mes jours dans le repos, lorsque la » Suède m'offrit la succession héréditaire au » trône de ses rois... Dans le consentement d'un » roi justement révéré, dans le choix libre et » unanime d'une nation célèbre, j'ai cru voir » une décision de la Providence; j'ai dû m'y » soumettre : mon âme s'est élevée au niveau » de ma nouvelle destinée. En mettant le pied » sur le territoire de la Suède, j'étais déjà entière- » ment Suédois; je l'étais dès le moment où » j'eus tout sacrifié pour répondre à votre con- » fiance, dès le moment où j'eus, pour ainsi » dire, commencé une nouvelle vie, que je » vous dois consacrer. »

Le prince fit son entrée à Stockholm le 2 novembre; il fut reçu aux portes de cette capitale par le grand-gouverneur, par les magistrats et par les anciens de la ville. Une salve de deux cent cinquante-six coups de canon annonça l'instant de son arrivée.

Le 5 novembre, Charles XIII étant sur son trône, et les états-généraux du royaume assemblés, près de sa majesté, dans la grande salle destinée à leur réunion, il fut procédé à la réception solennelle du prince royal, en présence des principales autorités du royaume et du corps diplomatique. Son altesse royale dit au roi :
« Sire, en paraissant aujourd'hui devant le
» trône de votre majesté, entourée des états-
» généraux du royaume, mon premier devoir,
» comme le premier besoin de mon cœur, est
» de déposer à vos pieds l'hommage public des
» sentiments sacrés et inviolables qui m'atta-
» chent à elle pour la vie. Je rends cet hommage
» à mon roi, sire ; mais je le rends encore à un
» prince qui, longtemps avant de monter sur le
» trône, avait acquis, par ses vertus, la con-
» fiance et l'amour de la nation. Dans les cir-
» constances difficiles, l'état a toujours eu
» recours à votre majesté : deux fois le trône
» s'est trouvé vacant, et deux fois votre majesté
» a rempli les pénibles devoirs de la royauté,
» sans autre intérêt que celui du bien public...
» Mais tout à coup a éclaté une de ces révolutions
» que le Ciel semble permettre quelquefois pour
» la leçon des princes, et la nation a conjuré

» votre majesté de s'asseoir sur ce même trône
» qu'elle avait si longtemps défendu... Aurais-
» je jamais pu prévoir que je serais un jour as-
» socié à de si glorieuses destinées, et que votre
» majesté, après avoir daigné fixer sur moi les
» suffrages de son peuple, mettrait le comble à
» ses bontés en m'adoptant pour son fils. Un titre
» si cher remplit mon âme de la plus noble am-
» bition; que n'ai-je pas à faire pour mériter,
» pour soutenir cet illustre nom, que votre ma-
» jesté me donne aujourd'hui ?

» Messieurs les députés de la noblesse, dit
» ensuite son altesse royale, appelé à être le
» premier défenseur du trône et de l'état, j'es-
» père que vous me seconderez dans ce noble
» emploi; vous le savez, messieurs, la noblesse
» primitive a été le prix des grands services
» rendus à la patrie... Et quelles obligations
» n'ont pas envers l'état ceux qui jouissent en
» naissant des récompenses méritées par leurs
» ancêtres... Ce n'est qu'en donnant l'exemple
» d'un parfait désintéressement, d'une entière
» soumission au roi et aux lois; ce n'est enfin
» qu'en vivant sans reproche que l'on conserve
» la noblesse de ses aïeux. »

Sans doute il y avait dans l'auguste assemblée où le nouveau Suédois faisait entendre ces paroles, empreintes encore d'une nuance presque républicaine, des seigneurs dignes d'apprécier les sentiments généreux dont elles émanaient; mais elles durent paraître âpres à bon nombre de ces nobles, qui, dans tous les pays, ne comprennent guère leur mission sociale qu'en ce qui se rapporte aux jouissances de la vie et à la satisfaction de l'amour-propre.

« Messieurs, dit son altesse royale, aux dé» putés du clergé, la morale sublime de l'Évan» gile, que vous êtes chargés de prêcher, doit » servir de guide à tous les hommes; elle ren» ferme la leçon des rois et des peuples. Je » m'entourerai avec plaisir de vos lumières, et » mon cœur vous tiendra compte du bien que » vous ferez en répandant, comme de bons pas» teurs, les préceptes et les leçons de Jésus» Christ. »

Puis, s'adressant aux membres de la bourgeoisie, le prince reprit : « Messieurs, la pro» spérité de l'état est surtout assurée par les » arts et le commerce; ils augmentent le bien» être des familles chez une nation libre; sous » un gouvernement juste, le génie et le talent » conduisent à tout; et ceux qui se distinguent

» dans votre ordre ont de grands droits à l'es-
» time du souverain.

» Et vous, braves paysans suédois, continua
» son altesse royale, en se tournant vers ce
» quatrième ordre de l'état, j'ai entendu vanter
» partout les qualités qui vous distinguent; je
» vois avec attendrissement la considération
» particulière que la patrie vous accorde... Eh!
» ne sont-ils pas bien dignes de ses regards,
» ceux dont les bras, tour à tour, la nourrissent
» et la défendent. »

Enfin, concluant par une péroraison qui s'adressait à toute l'assemblée, le prince dit :
« Élevé dans les camps, je vous apporte une
» âme franche et loyale, un dévouement absolu
» au roi mon auguste père, un ardent désir
» de tout faire pour le bonheur de ma nouvelle
» patrie: avec de telles intentions, j'ai l'espé-
» rance de faire le bien.

» La saine politique, la seule que les lois de
» Dieu autorisent, doit avoir pour base la jus-
» tice et la vérité : tels sont les principes du
» roi ; ils seront aussi les miens. J'ai vu la guerre
» de près, j'en connais tous les fléaux; il n'est
» point de conquête qui puisse consoler la pa-
» trie du sang de ses enfants, versé sur une

» terre étrangère. J'ai vu le grand empereur des
» Français, tant de fois couronné des lauriers
» de la victoire, entouré de ses armées invinci-
» bles, soupirer après l'olivier de la paix. Oui,
» messieurs, la paix est le seul but glorieux
» d'un gouvernement sage et éclairé. Ce n'est
» point l'étendue d'un état qui constitue sa
» force et son indépendance; ce sont ses lois,
» son commerce, son industrie, et par-des-
» sus tout, son esprit national. La Suède,
» il est vrai, a éprouvé de grandes pertes; mais
» l'honneur du nom suédois n'en a pas souffert
» la moindre atteinte. Conformons-nous aux
» décrets de la Providence, et songeons, mes-
» sieurs, qu'elle nous a laissé un sol qui suffit
» à nos besoins et du fer pour nous défendre. »

Les harangues dont la réception du prince royal de Suède avait été le sujet, mais plus particulièrement les réponses de son altesse royale, et surtout les discours prononcés dans la séance royale, provoquèrent le vif mécontentement de Napoléon. Les sentiments patriotiques développés par les orateurs des quatre ordres ne lui convenaient pas plus que ceux exprimés par le prince : lui et les Suédois furent, pendant quelque temps, l'objet de la critique amère et

des sarcasmes de ce monarque dépité.... « A quoi
» bon ce flux et ce reflux de paroles ? » disait
l'empereur ; « les Suédois sont, parbleu! bien
» assez jacobins, assez anarchistes. Le prince
» royal de Suède ne s'entend pas à conduire
» ces gens-là. »

Et cette nation envers laquelle Napoléon prétendait qu'on devait se montrer sobre de popularité, tournait, en ce moment même, les yeux vers lui, comme vers un protecteur ou un vengeur. Cette vérité ressortira d'un épisode que nous rapporterons en son lieu.

On a vu que, parmi les dernières paroles échangées entre Napoléon et le prince royal de Suède, l'empereur avait dit, relativement au maintien rigoureux du système continental :
» Je vous accorde jusqu'au mois de mai ; mais
» alors prononcez-vous, ami ou ennemi. »

Cette déclaration faisait bien comprendre que l'empereur ne comptait pas s'en tenir à l'interdiction des rapports commerciaux entre la Suède et l'Angleterre ; on pouvait en conclure qu'au mois de mai le cabinet de Stockholm devrait se déclarer en hostilités ouvertes avec la Grande-Bretagne, ou subir toutes les conséquences du ressentiment de Napoléon. Toutefois Charles XIII, en se reposant sur la parole de l'empereur, pouvait, dans ce délai de six mois, rechercher avec réflexion les chances les moins funestes d'un avenir désastreux, et conjurer, autant qu'il serait en lui, ces extrémités terribles qui rendent inévitable la ruine des nations.

Quels furent donc la surprise et le chagrin du roi et de son fils adoptif, lorsque, dans les premiers jours de novembre, une dépêche du baron de Lagerbjelke, ministre de Suède à Paris, apporta la nouvelle que Napoléon, contrairement à sa parole impériale, engagée au prince royal la veille de son départ, réduisait à cinq jours le délai de six mois précédemment accordé à la Suède pour prendre une détermination!

La dépêche du baron de Lagerbjelke est une pièce importante : elle répand un grand jour sur la politique de Napoléon, et sur les causes qui amenèrent alors une rupture entre la Suède et l'empire français. Il nous semble utile de la reproduire textuellement, sauf quelques passages d'un intérêt moins vif. Ce message se rapportait à une audience à laquelle le ministre de Suède avait été appelé par l'empereur, le 25 octobre, et dont ce ministre présentait ainsi la narration.

« Je fus introduit un peu après neuf heures
» du matin, » écrivait le diplomate suédois;
« je trouvai le duc de Cadore[1] avec l'empereur;
» ce qui me fit d'abord juger que j'étais appelé
» pour entendre une déclaration officielle, mais
» que la discussion ne me serait point permise;
» je n'en résolus pas moins de répondre à chaque
» occasion où je pourrais placer un mot.

» Il m'est impossible de rendre compte à votre
» majesté de tout ce que l'empereur a dit pen-
» dant cinq quarts d'heure au moins, parce
» que son agitation était si forte, son discours
» si coupé, ses répétitions si fréquentes, qu'il
» était trop difficile de tout classer dans la mé-
» moire... Je présentai à l'empereur la lettre
» de votre majesté... Selon son habitude, Na-
» poléon m'en fit résumer le contenu. — Ah
» ça, monsieur le baron, » dit-il ensuite, « ces-
» sera-t-on de croire en Suède que je ne suis
» qu'une dupe? pense-t-on que je puisse m'ac-
» commoder de cet état mixte ou métis[2]? —
» Oh! point de sentiment : c'est par les effets

---

[1] M. de Champagny, alors ministre des relations extérieures.

[2] Chaque reprise du discours de l'Empereur fera connaître suffisamment l'esprit des courtes réponses que l'ambassadeur suédois put glisser dans cet entretien.

» qu'on fait ses preuves en politique. Voyons
» ces effets : vous signâtes la paix avec moi au
» commencement de l'année ; vous vous enga-
» geâtes à rompre toute communication avec
» l'Angleterre ; vous gardâtes pourtant un mi-
» nistre à Londres ; un agent anglais resta chez
» vous jusque fort avant dans l'été. Vous n'in-
» terrompîtes la communication ostensible par
» Gothembourg que plus tard encore ; et qu'en
» résulta-t-il ? que la correspondance est restée
» la même, ni plus ni moins active. — Bah ! il
» n'est pas question d'une communication par-
» ci par-là ; elle est régulière ; elle est très-
» considérable. Vous avez des bâtiments dans
» tous les ports d'Angleterre. — Vraiment, du
» sel ? prend-on du sel dans la Tamise ? Des bâ-
» timents anglais assiégent Gothembourg. —
» La belle preuve qu'ils n'y entrent pas ! On
» échange des marchandises en pleine mer, ou
» près des côtes... Vos petites îles serviront de
» magasins pendant l'hiver ; vos bâtiments
» transporteront ouvertement des denrées co-
» loniales en Allemagne ; j'en ai fait saisir une
» dizaine à Rostock. Est-il possible que l'on
» puisse affecter ainsi de se méprendre sur le
» premier principe du système continental ! —

» A la bonne heure, vous n'approuvez point
» cela dans votre note; ce n'est pas d'elle
» que je me plains, c'est du fait. Je n'ai pas
» dormi une seule heure de la nuit, à cause
» de vos affaires; on pourrait me laisser repo-
» ser en paix : j'en ai besoin. — Encore! Est-
» elle convenable cette restitution des prison-
» niers anglais qui avaient imprudemment at-
» tenté à la dignité du roi et violé son territoire?
» — Rendus sans aucune satisfaction! autre
» violation du droit territorial; la capture d'un
» corsaire français dans l'intérieur du port de
» Stralsund : mais on ne m'a rien rendu à moi[1];
» ce n'est que pour ses amis qu'on a de ces pe-
» tites attentions-là...

» Eh bien! restez avec les Anglais! S'il faut
» en juger par le mal que vous m'avez fait cette
» année-ci, jamais vous ne fûtes plus amis des
» Anglais que dans ce moment. — Ah! ah! c'est
» vous qui le dites : c'est vous qui m'assurez
» que la Suède aime mieux rester avec moi!
» Mais des preuves, vous dis-je, des preuves!
» — A la bonne heure! votre état, à la suite

[1] Le commerce de Stralsund paya, par ordre du roi, la valeur de ce corsaire, qui ne fut pris que par suite de sa propre imprudence. — *Note du ministre suédois.*

» d'une guerre malheureuse, réclamait des mé-
» nagements... Eh bien! j'en ai eu à mes dé-
» pens, comme une dupe... Vous m'avez *enjôlé*
» vous-même ; vous avez eu l'adresse de gagner
» la mauvaise saison; vous avez eu le temps de
» débrouiller vos intérêts avec l'Angleterre...
» Est-il juste, s'il en existe encore contre la foi
» des engagements, que j'en supporte la peine?
» Vous avez eu le loisir de vous mettre en état
» de défense; vous avez encore l'hiver devant
» vous ; que risquez-vous donc? — Oui, le com-
» merce d'exportation, c'est le cheval de ba-
» taille... Où est-il donc ce pavillon neutre? Il
» n'y a plus de neutres! L'Angleterre n'en re-
» connaît point! Je ne veux pas plus en recon-
» naître. — Souffrir! croyez-vous que je ne
» souffre pas, moi; que la France, que Bor-
» deaux, que la Hollande, que l'Allemagne ne
» souffrent pas? *Mais voilà précisément pour-*
» *quoi il faut en finir*[1]... La paix maritime à
» tout prix...

---

[1] Ces derniers mots expliquent le système continental; et l'on ne peut se dispenser d'ajouter qu'ils le justifient, sinon comme moyen moral, du moins comme expédient politique, dont les événements commençaient à prouver l'adroite combinaison ; car le commerce anglais souffrait beaucoup en ce moment.

» Oui, la Suède, » continua l'empereur en s'animant beaucoup, « est la seule cause de la » crise que j'éprouve. La Suède m'a fait plus » de mal que les cinq coalitions ensemble. Mais » aujourd'hui, rendue à ses communications » avec le reste de l'Europe, elle en profite pour » faire le commerce avec l'Angleterre. — Ah! » monsieur, du temps, toujours du temps! j'en » ai trop perdu : il vous en fallait, dites-vous, » pour entrer, sans trop de sacrifices, dans le » nouveau système; il m'en fallait aussi, ajou- » tez-vous, pour faire du bien à la Suède. Eh » bien! n'ai-je rien fait? Écoutez, lorsque vous » fîtes choix du prince de Ponte-Corvo, ne ris- » quais-je rien en lui permettant d'accepter? » N'ai-je pas été sur le point de me brouiller » avec la Russie[1]? n'y a-t-on pas cru, n'y croit- » on pas encore, peut-être, que vous, de votre » côté, les Saxons et les Polonais du leur, sou- » tenus par moi, s'armeraient pour reconquérir » leurs provinces perdues? Les têtes ne sont- » elles pas, dans ce moment même, fort électri- » sées en Pologne? Qu'ai-je fait alors? J'ai laissé

---

[1] Cette assertion était exacte : elle a été justifiée, un peu plus tard, par un voyage d'investigation en Suède, fait par M. de Czernicheff, aide de camp de l'empereur de Russie... Nous en parlerons.

» dire; j'ai laissé circuler des bruits qui pou-
» vaient détacher la Russie de mon système : ce
» n'est que maintenant que, de plus en plus
» détrompé sur la politique suédoise, j'ai dû
» prendre un parti que je ne vous cacherai
» point.

» Je viens de renvoyer monsieur de Czerni-
» cheff en Russie; je l'ai instruit de la déclara-
» tion que je vous fais aujourd'hui; j'engage
» fortement l'empereur Alexandre à faire la
» même démarche de son côté[1]. Choisissez : des
» coups de canon aux Anglais qui s'approchent
» de vos côtes, et la confiscation de leurs mar-
» chandises en Suède, ou la guerre avec la
» France. Je ne puis vous faire grand mal; j'oc-
» cupe la Poméranie, et vous ne vous en souciez
» pas trop... Mais je puis vous faire attaquer par
» les Russes, par les Danois; je puis confisquer
» tous vos bâtiments sur le continent; et je le
» ferai si dans quinze jours vous n'êtes pas en
» état de guerre avec l'Angleterre. — Oui, vous
» avez raison; il faut compter l'allée et le retour
» du courrier; et quelque chose de plus... Eh
» bien, je vous ordonne, monsieur de Cadore,

---

[1] On verra bientôt en quel sens l'empereur Alexandre fit une démarche envers la Suède.

» d'expédier un courrier sur-le-champ; je vous
» engage, monsieur le baron, d'en faire autant...
» Si cinq jours après la démarche officielle de
» M. Alquier le roi n'est point décidé pour
» l'état de guerre avec l'Angleterre, M. Alquier
» partira sur-le-champ, et la Suède aura la
» guerre avec la France et tous ses alliés. —
» Oui, c'est juste, je n'ai point demandé posi-
» tivement l'état de guerre avant ce moment;
» mais j'y suis maintenant forcé par tous les
» motifs imaginables. D'abord la Suède a prouvé
» qu'elle ne peut rester dans un état mixte avec
» l'Angleterre, sans faire le plus grand tort au
» continent; ensuite les choses ont pris un
» développement général qui exige une par-
» faite égalité de mesures, ou bien un état
» ouvert d'hostilités.

» Voyez ce que toutes les autres puissances
» ont cru devoir faire : la Russie, plus forte
» que les autres, n'a obtenu la paix avec moi
» qu'à condition de déclarer sur-le-champ la
» guerre à l'Angleterre. L'Autriche, puissance
» de premier ordre si la France n'existait pas,
» a franchement pris son parti. J'ai été assez
» longtemps la dupe de la Prusse, comme la
» vôtre; elle vient enfin de reconnaître, par la

» catastrophe de la Hollande, qu'il fallait se
» déterminer : elle a franchement adopté l'état
» de guerre. Eh! me dis-je souvent, qui sait si
» je serai toujours bien avec la Russie? qui peut
» connaître le chapitre des événements? ne sera-
» t-il pas un jour du plus grand intérêt pour
» moi d'avoir, dans le Nord, une puissance
» amie, forte de ses propres moyens, ainsi que
» de mon alliance?

» Mais croit-on maintenant en Suède que je
» pourrais, en faveur du nouveau prince royal,
» relâcher quelque chose de mes principes in-
» variables? au contraire; la crise politique
» dans laquelle je me suis mis en faveur d'elle
» me fournit un titre de plus. Cependant la
» Suède a une grande obligation à la personne
» du prince royal; car sans ce choix, nullement
» influencé par moi, j'aurais, il y a deux mois,
» fait la démarche à laquelle je me vois aujour-
» d'hui forcé... L'office qui devait vous être
» adressé se trouve préparé dans les bureaux
» de M. de Cadore, (révérence affirmative du
» ministre); mais je voulais attendre l'arrivée
» du prince royal, qui est instruit de ma façon
» de penser... Je ne l'ai pas pu... de nouvelles

» plaintes de la Suède m'arrivaient de toutes
» parts.

» Ah! je vois ce que vous avez à me dire;
» j'ai lu tout ce que vous avez écrit... Eh bien!
» soit, il peut y avoir eu de l'exagération dans
» les plaintes, mais assez de vérité, du reste :
» j'aurais désiré que vous eussiez eu une meil-
» leure cause à défendre. — Eh! non, la posi-
» tion du prince royal ne deviendra pas si dif-
» ficile : tout vient d'ici; il n'a point l'embarras
» de l'initiative... Mais encore a-t-on cru en
» Suède pouvoir, sans ressentiment de mon côté,
» servir la cause de l'Angleterre, parce que
» j'aime et que j'estime le prince royal de Suède?
» J'aime et j'estime aussi le roi de Hollande; il
» est mon frère... J'ai fait taire la voix du sang
» pour écouter celle de l'intérêt général.

» Enfin, résumons-nous : que la Suède fasse
» les choses comme elle l'entend; je sais que je
» suis hors d'état de la forcer; qu'elle se mette
» franchement du côté de l'Angleterre, contre
» moi et mes alliés, si c'est là son intérêt; ou
» qu'elle se réunisse avec moi contre l'Angle-
» terre. Mais le temps du doute est passé; les
» cinq jours expirés, M. Alquier part et je

» vous donne vos passe-ports... Vous n'avez fait
» que dire ce que vous deviez dire; mais je ne
» puis alors que vous renvoyer : guerre ouverte
» ou amitié constante; voilà mon dernier mot,
» ma déclaration *ultimate*. Adieu, puissé-je vous
» revoir sous de meilleurs auspices ! »

M. de Lagerbjelke ajoutait, en terminant, que les salons de service, qui se trouvaient remplis à son passage pour entrer chez l'empereur, étaient entièrement déserts lorsqu'il ressortit. Le diplomate suédois expliquait cette sorte de désertion par la supposition, spirituellement gazée, que les officiers de sa majesté avaient craint, sans doute, de se trouver en rapport de politesse avec un ministre étranger à demi renvoyé : ce qui, pour le crédit des courtisans, équivaut au contact d'un pestiféré.

Le long discours de Napoléon que nous venons de rapporter ne résume pas seulement sa politique; on y retrouve à chaque instant des jets de son caractère, mélange indéfinissable de subtilité et de justice, de ruse et de bonne foi, d'inspirations cauteleuses et de quelque chose approchant de la candeur. Car c'était bien une déclaration candide, celle qui se rapportait à l'accession *franche* de la Russie, de l'Autriche et de la Prusse au système continental. Il faut convenir, du reste, qu'indépendamment des promesses de temporisation faites au prince royal de Suède au moment de son départ, l'audience donnée au baron de Lagerbjelke était ultra-diplomatique, et par la nature des communications intempestives que l'empereur fit à ce ministre, et par les formes presque militaires dont elles furent environnées.

Des instructions, conformes à l'ultimatum notifié par l'empereur au ministre Lagerbjelke, furent expédiées à Stockholm au baron Alquier, qui les remit le 7 novembre; et le 13, il fit parvenir au ministre d'état baron d'Engestrom une note, où tous les griefs reprochés à la Suède par l'empereur se trouvaient reproduits, avec des formes non moins rudes, non moins impérieuses que celles employées à Paris par sa majesté... Le ministre de France oublia même à tel point, dans cette circonstance, qu'il était à Stockholm, qu'ayant voulu faire parvenir d'abord sa note au roi par l'entremise du prince royal, celui-ci lui répondit : « Monsieur Alquier, vous vous croyez
» toujours proconsul : c'est une erreur, vous ne
» résidez plus auprès d'un gouvernement éta-
» bli à la pointe de l'épée de votre maître... Ja-

» mais je ne mettrai sous les yeux de mon
» père une pièce aussi insolente que votre
» note. »

Mais cette même note fut portée au conseil par le ministre d'état d'Engestrom; le prince royal y siégeait pour la première fois; il sentit sans doute que, pour une mesure de l'importance de celle qu'on allait mettre en délibération, il ne devait pas, à une époque si rapprochée de son arrivée, prendre part à la détermination du conseil. Le prince se borna à supplier le roi d'arrêter ses résolutions sans aucune considération motivée sur sa personne; ajoutant qu'il exécuterait avec fidélité, avec zèle ce qui lui serait enjoint par sa majesté pour la gloire et le maintien de l'indépendance du royaume. Il parla avec respect de Napoléon; mais on put remarquer que son altesse royale était profondément émue, et que la brusque injonction de l'empereur lui causait une vive contrariété. L'état de guerre avec la Grande-Bretagne fut résolu : plus tard, le baron d'Engestrom le motiva ainsi, dans un rapport fait au roi sur les relations diplomatiques du royaume.

« Votre majesté, dans un moment aussi urgent,
» fixa ses regards sur la position extérieure et

» intérieure du royaume; elle n'y trouva point
» de moyens pour prendre une décision libre.
» Les puissances du continent ne suivaient alors
» que l'impulsion de la France, et la saison
» éloignait tout espoir d'être assisté par l'An-
» gleterre, en cas que le royaume fût attaqué
» dans le cours de l'hiver. Le terme qui avait
» été fixé pour donner la réponse ne laissa pas
» le temps nécessaire pour s'assurer des dispo-
» sitions des états limitrophes [1], et les ressour-
» ces du royaume, tant en argent qu'en moyens
» de défense, étaient tellement bornées qu'on
» ne pouvait raisonnablement se flatter de ga-
» rantir l'intégrité et la liberté de la Suède.
» Votre majesté, voulant conserver pour une
» époque plus opportune la ressource efficace
» renfermée dans la déclaration du prince royal,
» regarda comme un devoir impérieux de céder
» pour le moment à l'orage; se flattant que
» l'empereur Napoléon ne voudrait pas tout
» d'un coup exposer les dernières ressources de
» la Suède, en exigeant rigoureusement d'elle
» des hostilités ouvertes envers la Grande-Bre-
» tagne. »

[1] Napoléon était trop adroit pour n'avoir pas prévu ce cas dans la fixation du délai.

Cependant, dans la note que M. d'Engestrom fit parvenir au baron Alquier, le 18 novembre, et qui renfermait l'avis que sa majesté suédoise s'était décidée à déclarer la guerre à l'Angleterre, ce ministre s'attachait à repousser les imputations alléguées par la cour de France. « D'immenses convois, écrivait-il, ne
» sont assurément pas sortis des ports de la Suède
» pour l'Angleterre : ce que vous appelez la rade
» de Gothembourg est apparamment *Vinga-*
» *Sund*, éloigné de Gothembourg de huit lieues,
» de six du continent de la Suède, et par conséquent très-fort hors de portée du canon. Les
» convois s'y assemblent, parce qu'ils ne peuvent
» pas être troublés. Les quinze cents bâtiments
» et au-delà qui [1] doivent s'être trouvés à Vinga,
» où sont-ils allés? Assurément pas dans les
» ports de la Suède. S'ils ne sont pas confisqués
» chez nos voisins, il faut croire à la vérité des
» rapports qui annoncent des fraudes immenses
» commises même chez ceux qui les mettent sur
» notre compte, dans l'intention de nous
» nuire [2].

[1] Disait le ministre Alquier.
[2] Il se faisait en effet un commerce frauduleux avec l'Angleterre dans plusieurs ports de l'Allemagne ; et leurs habitants, afin d'éviter d'être

» On n'a qu'à jeter les yeux sur la carte de
» Suède pour se persuader de l'impossibilité
» de garder sur tous les points des côtes aussi
» vastes, remplies de ports et garnies d'une
» immense quantité d'îles, toutes propres au
» débarquement. Si l'on parvient à mettre l'une
» d'elles en état de défense, les Anglais s'em-
» parent d'une autre, et tout ce qu'on peut
» faire est en pure perte. L'année passée, toute
» la puissance de l'empire russe ne fut pas en
» état d'éloigner les Anglais de Nargoe, île si-
» tuée à l'entrée du port de Reval, devant la-
» quelle une partie de la flotte anglaise était
» stationnée. Il n'y a pas eu de condescendance
» de la part du gouvernement suédois ; il a dû
» souffrir ce qu'il n'a pas été en état d'empê-
» cher, n'ayant pas les moyens pécuniaires
» nécessaires, ni les forces navales suffisantes
» pour éloigner les Anglais. Ils étaient maîtres
» de la mer... *Si de là ils attendaient* et saisis-
» saient le moment d'introduire leurs denrées

soupçonnés, se faisaient les dénonciateurs de la Suède. Il y a plus ; l'empereur lui-même tolérait ces spéculations clandestines, si rigoureusement poursuivies par sa politique. Tout le monde sait que des bâtiments français, pourvus de *licences*, communiquaient, en pleine mer ou dans les rades, avec des vaisseaux anglais.

» sur le continent; la Suède ne pouvait pas
» l'empêcher; *et si cette importation était par-*
» *tout favorisée,* ce n'est pas à la Suède, mais
» aux puissances continentales qu'il faut s'en
» prendre. »

A des vérités réelles se mêlaient, dans cette note, des vérités diplomatiques, c'est-à-dire des allégations assez adroitement produites pour paraître sincères. Mais le passage qui suit prouve, en définitive, que les accusations du cabinet des Tuileries outraient au moins beaucoup les infractions de la Suède au traité de Paris. « Vous
» me parlez, monsieur, » disait le ministre,
« d'immenses richesses accumulées en Suède,
» par le commerce; et vous ne pouvez pas
» ignorer que l'argent de Suède perd quatre-
» vingts pour cent sur celui d'Hambourg, et
» encore plus contre celui de France. Or, le
» cours du change étant l'unique échelle d'a-
» près laquelle on puisse juger du gain que fait
» le commerce d'un pays, je vous laisse déter-
» miner vous-même les avantages que la Suède
» a retirés du sien.

CHAPITRE II.

Lettre du prince royal de Suède à l'empereur Napoléon. — Politique forcée de la Suède. — Ses causes impérieuses. — Exigences de la France. — Seconde lettre du prince royal à l'empereur sur la situation de la Suède. — Réponse diplomatique du cabinet des Tuileries. — Affreuse extrémité de la Suède. — Guerre fictive. — Conversation du prince royal avec les comtes Gustave et Charles de Loewenhielm. — — M. de Czernicheff à Stockholm. — Lettre confidentielle de l'empereur Alexandre au prince royal de Suède. — Réponse de son altesse royale. — Nouvelle lettre du prince royal à l'empereur Napoléon. — Arrivée de la princesse royale et du prince Oscar.

Après la déclaration de guerre à l'Angleterre, le prince royal voulut faire connaître directement à l'empereur le parti extrême pris par Charles XIII pour se conformer à la politique

de ce souverain : la lettre de son altesse royale était empreinte de la profonde douleur qu'il éprouvait. « En me décidant à accepter la suc-
» cession au trône de Suède, » écrivait Charles-Jean, « j'avais toujours espéré, sire, concilier
» les intérêts du pays que j'ai servi fidèlement
» et défendu pendant trente années, avec ceux
» de la patrie qui venait de m'adopter. A peine
» arrivé, j'ai vu cet espoir compromis, et le roi
» a pu remarquer combien mon cœur était
» douloureusement partagé entre son attache-
» ment à votre majesté et le sentiment de ses
» nouveaux devoirs. Dans une situation si pé-
» nible, je n'ai pu que m'abandonner à la dé-
» cision du roi, et m'abstenir de prendre part
» aux décisions du conseil d'état.

» Ce conseil ne s'est pas dissimulé, sire, que :
» 1° l'état de guerre ouverte, provoqué par
» vous, causera infailliblement la capture de
» tous les bâtiments qui sont allés porter du
» fer en Amérique ; 2° qu'à la suite d'une guerre
» malheureuse, nos magasins sont vides, nos ar-
» senaux, sans activité, dépourvus de tout, et
» que les fonds manquent pour parer à tous les
» besoins ; 3° qu'il faut des sommes considéra-
» bles pour mettre à couvert la flotte de Carls-

» crona, et réparer les fortifications de cette
» place, sans qu'il y ait aucun fonds pour cet
» objet; 4° que la réunion de l'armée exige une
» dépense d'au moins sept à huit millions, et
» que la constitution ne permet pas au roi d'é-
» tablir aucune taxe sans le consentement des
» états-généraux; 5° enfin, que le sel est un
» objet d'absolue nécessité, et que c'est l'Angle-
» terre seule qui l'a fourni jusqu'ici [1].

» Mais toutes ces considérations, sire, ont
» disparu devant le désir de satisfaire votre
» majesté. Le roi et son conseil ont fermé l'o-
» reille au cri de la misère publique; l'état de
» guerre avec l'Angleterre a été résolu, uni-
» quement par déférence pour votre majesté,
» et pour convaincre nos calomniateurs que la
» Suède, rendue à un gouvernement sage et
» modéré, n'aspire qu'après la paix maritime.
» Heureuse, sire, cette Suède, si mal connue
» jusqu'à présent, si elle peut obtenir, en re-
» tour de son dévouement, quelques témoi-
» gnages de bienveillance de la part de votre
» majesté. »

[1] En temps de paix, la Suède tire le sel des côtes de la France, particulièrement de l'île de Ré, où elle l'échange contre du bois propre aux con-
tructions maritimes, et des planches.

Le prince royal sentait aussi la nécessité de plier, pour le moment, à l'orage; mais, depuis cet instant, il comprit l'impossibilité de maintenir la Suède dans l'alliance de Napoléon si le système actuel continuait, et n'entrevit que trop clairement le terme des espérances qu'il avait conçues en quittant la France. Cette triste perspective devint pour lui la cause d'un grand chagrin : ce ne fut pas sans de bien pénibles combats qu'il se pénétra profondément de tout ce qu'il y avait de sacré dans ses nouveaux devoirs, afin de faire taire en lui, et cette sympathie française que d'impérieuses obligations pouvaient blesser prochainement, et cette autre sympathie, née d'une communauté d'exploits, de dangers, de gloire, qui le liait encore à l'empereur lui-même, tant sont puissantes et oublieuses de torts les confraternités du champ d'honneur.

Mais Napoléon avait commis une faute immense en violant la parole donnée au prince royal de Suède au moment de son départ. Cette faute devait exciter d'autant plus de ressentiment dans l'esprit de S. A. R., qu'en s'affranchissant, sur de trop vains prétextes, de la promesse engagée envers l'héritier du trône suédois, Napoléon ne semblait pas s'être arrêté un instant à l'idée de l'importance d'un tel engagement. De semblables étincelles tombées sur un cœur généreux ne manquent jamais d'y produire une explosion de passions : toutes les démarches violentes du gouvernement français ne pouvaient, dès lors, que se heurter, dans l'âme du prince, contre un mécontentement assez juste pour dominer les affections de l'ancienne patrie, surtout quand les malheurs de la nouvelle en commandaient l'entière abnégation.

Ce fut dans cette situation d'esprit que le prince vit s'accumuler sur le pays qu'il était appelé à gouverner un jour, les rigueurs excessives, les énormités politiques dont le cabinet des Tuileries accabla la Suède, dès qu'elle se fut déclarée en hostilités avec l'Angleterre. Le ministre de France commença à developper un plan, poursuivi sans interruption dans la suite, pour faire contracter à la Suède les mêmes obligations qui avaient attiré tant de malheurs sur les états confédérés. On exigea d'abord un corps considérable de matelots destinés à monter une flotte française à Brest; puis consécutivement, des troupes suédoises à la solde de la

France; vint ensuite l'introduction en Suède du tarif de cinquante pour cent sur les denrées coloniales; enfin, l'établissement des douaniers français à Gothembourg.

Toutes ces demandes furent repoussées, soit par la plus impérieuse des lois, l'impossibilité d'y satisfaire, soit que la législation du royaume ou la dignité d'une nation brave et généreuse n'en permît pas l'admission. Dans le même temps, le baron Alquier proposa une alliance entre la Suède, le Danemarck et le grand-duché de Varsovie, sous la protection et la garantie de la France. Cette proposition tendait à créer une confédération du nord, semblable, pour les obligations et pour le but, à celle qui avait réuni les forces de l'Allemagne, sous la domination française.

Ce dernier et important objet ne fut point consigné dans une note; le baron Alquier l'aborda verbalement : moyen de communication qui dut nécessairement exciter des soupçons dans le cabinet de Stockholm. En effet, il fut aisé de découvrir que la *confédération du nord* n'avait été imaginée que pour prouver à Saint-Pétersbourg, par l'exhibition des notes exigées en réponse à une demande verbale, que la

Suède était en tout dépendante de la France. Le cabinet suédois se renferma, envers le ministre de Napoléon, dans des généralités de dévouement, et dans la manifestation du désir d'établir des rapports plus intimes avec l'empire français. Alors M. Alquier déclara que cette réponse était insignifiante; que, du reste, elle portait le caractère d'une résolution déjà prise par le roi, de rester indépendant de la politique continentale; et lorsque, pour répondre plus amplement, on lui demanda ce que l'empereur exigeait de la Suède, et ce que ce pays pouvait se promettre en dédommagement des nouvaux sacrifices qui pourraient être le résultat des prétentions de la France, ce ministre répondit avec beaucoup de hauteur : « Que l'empereur exigeait d'abord des faits conformes à son système, après quoi *il serait possible qu'il fût question de ce que sa majesté impériale voudrait bien faire en faveur de la Suède.* »

Ce vaste plan de suzeraineté n'était pas entièrement développé au commencement du mois de décembre; mais la politique impériale, dont les exigences empruntaient leurs formes les plus âpres de ses agents, s'était assez prononcée déjà pour porter le désespoir dans le cœur du prince

royal. Ce fut sous cette influence douloureuse qu'il écrivit, le 8 décembre, à Napoléon : « C'est à moi d'en appeler à la magnanimité de
» votre majesté : dans une circonstance qui peut
» influer sur la santé du roi et sur le bonheur
» de la Suède, je me flatte que votre majesté
» accueillera avec bonté mes observations. En
» m'adressant à vous directement, sire, j'use
» d'un ancien avantage que j'aimerai toujours
» à conserver, et qui fait renaître dans mon
» âme des souvenirs aussi agréables que glo-
» rieux.

» La Suède, dans le triste état où le dernier
» règne l'a réduite, ne devait plus aspirer qu'à
» une longue paix : c'était l'unique moyen de
» réparer, par l'agriculture et le commerce, les
» pertes qu'elle a faites ; de rétablir ainsi par
» degrés ses finances, et de recréer entièrement
» son système militaire et son administration.
» Loin de cela, c'est elle qui vient de déclarer
» la guerre ; elle a hasardé cette démarche sans
» avoir un seul bataillon prêt à marcher ; sans
» que ses magasins et ses arsenaux renfermas-
» sent le moindre approvisionnement, et, qui
» pis est encore, sans le premier écu pour four-
» nir aux dépenses d'une si grande entreprise.

» En un mot, dans l'état où se trouve le gou-
» vernement de ce pays, une telle démarche le
» ferait sans doute accuser de folie, si l'appui
» de votre majesté ne devait tout légitimer.

» La Suède, il est vrai, possède en elle-même
» les principes d'une grande force : ses habitants
» sont naturellement guerriers; sa constitution
» permet de mettre quatre-vingt mille hommes
» sur pied, et sa population mâle est telle que
» cette levée peut se faire très-aisément. Mais
» vous le savez, sire, la guerre ne se nourrit
» que par la guerre, et un grand état militaire,
» purement défensif, est une charge que la
» Suède ne peut supporter, sans un secours
» étranger [1].

» Les lois constitutionnelles défendent au roi
» d'établir de nouvelles taxes sans le consente-
» ment des états-généraux, et la guerre vient

---

[1] Comment l'empereur Napoléon, dont la perspicacité était ordinairement si pénétrante, n'aperçut-il pas tout ce que cet avis renfermait d'intentions? Le prince royal de Suède ne lui faisait-il pas présager que les 80,000 hommes que l'on pouvait lever en Suède, à une époque où le salut de la patrie allait dicter au roi des obligations impératives, seraient jetés sur le plateau de la balance politique, du côté où l'on aurait déposé le subside nécessaire pour faire mouvoir cette force? Bernadotte offrait l'initiative à l'empereur : ce souverain ne le comprit pas, ou plutôt ne voulut pas le comprendre.

» de détruire une des principales branches du
» revenu public : le produit des douanes, qui
» rapportait plus de six millions de francs par
» an. Il faut ajouter à cela que les contributions
» sont arriérées de plus de deux années, et que
» les confiscations s'exercent partout sur les
» sujets suédois, et non sur les étrangers, qui
» ont eu la précaution de s'assurer du paiement
» des marchandises importées.

» Enfin, sire, notre situation est des plus
» alarmantes, si la France ne vient à notre se-
» cours ; depuis la première alliance conclue
» entre François Ier et Gustave Vasa, la France,
» non-seulement a été l'amie constante de la
» Suède, mais encore elle l'a secourue et ap-
» puyée dans toutes ses guerres. La nature
» semble avoir destiné ces deux nations à vivre
» en harmonie ; leurs caractères s'accordent
» parfaitement [1] ; si elle a refusé aux Suédois les
» richesses, elle les a doués de valeur et de
» toutes les qualités propres à l'exécution des
» plus vastes desseins. Il n'y a ici qu'un vœu,

---

[1] On voit, par ce langage, que le prince royal, faisant taire son ressentiment particulier envers l'Empereur, invoquait, avec tout l'abandon de la franchise et de la sincérité, les liens de sympathie qui existaient entre les deux nations.

» celui d'être sincèrement d'accord avec la
» France, et de participer à sa gloire, toutes les
» fois que l'occasion s'en présentera... Mais l'ar-
» gent nous manque : c'est donc à votre majesté
» que nous devons nous adresser pour en ob-
» tenir. »

Si l'empereur eût répondu sur-le-champ à cette lettre, et qu'il eût fait concevoir à la Suède l'espoir d'obtenir les secours dont elle avait un si pressant besoin, il est probable que cette puissance eût fait tout au monde pour rester dans une alliance que la nation désirait ardemment, l'on peut dire même aveuglément. Mais le cabinet des Tuileries n'offrit alors à celui de Stockholm que des satisfactions tellement singulières, qu'on pouvait les regarder comme dérisoires : on va pouvoir en juger... « L'empereur,
» mon maître, » écrivait le baron Alquier, en date du 26 décembre, « attachant beaucoup de
» prix à procurer à votre commerce tous les
» avantages dont il pourra le faire jouir, a
» donné des ordres, non-seulement dans les
» ports de son empire, mais encore dans tous
» ceux qui sont au-delà de la Baltique, pour
» recevoir tous les produits de leur sol, que les
» Suédois voudraient y transporter, et leur

» permettre d'en retirer les approvisionnements
» qui leur sont nécessaires. Sa majesté impé-
» riale veut même expressément que, dans le cas
» où la Suède aurait besoin de blé, elle puisse
» en exporter librement des ports français, en
» ne payant que le dixième des droits qui sont
» perçus sur les cargaisons destinées pour toutes
» les autres contrées de l'Europe. Sa majesté
» ne met à cette faveur d'autre mesure que
» l'engagement qui sera imposé aux armateurs
» de ne pas faire passer ces blés en Angleterre. »

Peu de mots feront comprendre le prix que la Suède devait attacher aux offres que le baron Alquier qualifiait de faveur. Quant à la facilité accordée aux Suédois de tirer des ports de la France et de ses alliés tout ce qui pourrait intéresser le commerce de cette nation du nord, elle devait lui être aussi inutile que celle d'introduire dans ces mêmes ports les produits du sol suédois. Le blocus général exercé par l'Angleterre non-seulement s'opposait à toute importation ou exportation par voie de mer, mais rendait impossible toute navigation que voulaient entraver les Anglais. Pour ce qui se rapportait aux approvisionnements de blé que la Suède pourrait tirer de l'empire français, il était à la connaissance de tout le monde que ce pays, loin d'avoir besoin de recourir à des importations de céréales, pouvait, en 1810, exporter un excédant de sa consommation.

Hormis cet office du ministre français, la cour des Tuileries garda le silence sur l'objet du message si pressant du prince royal de Suède à l'empereur Napoléon. Ce fut seulement le 8 mars 1811, c'est-à-dire après un délai de trois mois, que son altesse royale reçut une réponse à cette lettre du 8 décembre précédent; et l'on verra sous quelle influence cette réponse fut faite.

Or, durant ces trois mois, les plus déplorables extrémités avaient contraint la Suède de conjurer sa perte imminente, en s'abandonnant à des expédients politiques propres à diminuer ses malheurs. Par suite d'un ménagement qui n'était pas moins dans les intérêts de la Grande-Bretagne que dans ceux de la Suède, les hostilités entre ces deux puissances se réduisirent à une guerre de forme. Le cabinet de Saint-James avait compris la position affreuse de Charles XIII: par une confiance dont la base était solide, puisqu'elle reposait sur des intérêts réciproques, le pavillon anglais continua de naviguer dans

les mers de la Suède : et des valeurs de plusieurs millions sterling furent mises à la disposition de cette puissance, sur les garanties verbales de la cour. Un écrivain suédois a dit : « Notre com-
» merce trouva de son côté des avantages im-
» menses à ce singulier état de choses, et nous
» pûmes rétablir un peu nos ressources. »

Tout ce que nous venons de rapporter s'était passé depuis l'arrivée du prince royal ; il en avait éclairé son expérience à l'époque d'une conversation que nous devons citer.

Dans les premiers mois de sa résidence à Stockholm, le prince royal avait auprès de lui deux seigneurs d'une famille illustre, les comtes Gustave et Charles de Lœwenhielm, personnellement recommandables par les services éclatants qu'ils avaient déjà rendus à l'état, et qui le sont devenus bien davantage par les missions importantes qu'ils ont remplies depuis. Ces deux seigneurs, dont le nom se retrouvera maintenant plus d'une fois sous notre plume, avaient été placés par le roi près de son fils adoptif ; et l'on doit présumer que sa majesté s'était proposé de les rattacher au service de l'état, que, d'après des considérations de haute convenance, ils se disposaient à quitter. Or, à propos de l'ouverture qu'ils firent à ce sujet au prince, dans le mois de décembre, il leur répondit : « J'ai su » quelles ont été vos opinions et vos démarches » lors de mon élection; vous vous proposez » maintenant de quitter le service de Suède, et » c'est probablement parce que vous craignez » de servir dans une préfecture française. Les » apparences autorisent vos appréhensions; » mais elles vous trompent. Il est de mon devoir » de défendre les intérêts de la Suède aussi loya- » lement que j'ai défendu ceux de la France. Ne » vous pressez donc pas de quitter votre patrie; » si dans un an nous reconnaissons ensemble » qu'il m'est impossible de la relever, je con- » sentirai volontiers à votre départ, et peut-être » m'en irai-je avec vous. »

Le prince avait deviné la pensée de MM. de Lœwenhielm; mais un nouveau jour brillait à leurs yeux. Enchantés de la noble franchise de son altesse royale, ils renoncèrent à leur projet de retraite, et renouèrent avec transport les liens politiques dont ils songeaient à se dégager.

« Maintenant, reprit le prince, parlez-moi » franchement à votre tour : comment les Sué- » dois prendront-ils le changement de politique

« que je regarde comme prochain? Pensez-vous
» que mon système d'indépendance soit popu-
» laire? » MM. de Loewenhielm crurent devoir
répondre par une entière sincérité à la confiance dont l'héritier du trône les honorait. « Quel-
» ques hommes dans les hauts rangs, dit l'un des
» deux comtes, partagent seuls nos sentiments
» sur le système que votre altesse royale mé-
» dite; le reste de la nation, n'écoutant que le
» désir de se venger de la Russie, ne compre-
» nant pas qu'Alexandre, en envahissant la Fin-
» lande, n'a fait qu'obéir à la politique conve-
» nue à Tilsitt avec Napoléon, ne voit de ven-
» geur que celui-ci, et lui est dévoué. — Je le
» savais, répondit le prince; mais je vous sais
» gré de votre franchise. Ma tâche est difficile;
» elle l'est doublement dans ma position chez
» vous... Et pourtant je me regarde comme en-
» gagé d'honneur, par le plus impérieux des
» devoirs, à maintenir l'indépendance du trône
» où je suis appelé. Secondez-moi; agissez avec
» mesure sur l'opinion publique; pour empê-
» cher les Suédois de regarder toujours du côté
» de l'Orient, attirez leur attention vers la Nor-
» vége... et espérons. »

Cet entretien, dont l'authenticité peut être

attestée par des témoignages respectables, établit une vérité fort digne de remarque : c'est que Charles-Jean, qui connaissait parfaitement la popularité de Napoléon en Suède [1], ne pouvait arriver dans ce pays avec un système tout formé contre la politique de ce souverain, ainsi qu'on s'est plu à le débiter inconsidérément. Non-seulement il savait que les vieilles inimitiés nationales entre la Suède et la Russie subsistaient toujours dans le peuple ; mais que la guerre de 1808 les avait envenimées encore, et que l'alliance de l'empereur des Français serait dans les affections des Suédois, tant que l'évidence la plus démonstrative ne viendrait pas leur en faire comprendre l'impossibilité... On peut donc affirmer, qu'appréciant avec la sagacité qui le distinguait la situation des esprits en Suède, le prince royal était parti de Paris fermement décidé à maintenir, autant qu'il le pourrait, sa patrie adoptive en bonne intelligence avec l'empereur des Français ; mais non pas, toutefois, sans pressentir que d'irrésistibles nécessités l'obligeraient à chercher le salut de la Suède dans une autre combinaison politique.

[1] Voyez, dans ce même volume, ce que le prince de Ponte-Corvo disait à cet égard à Napoléon, durant la guerre de 1809 en Autriche.

L'extrémité prévue par le prince était arrivée dès le mois de décembre 1810 : il en pouvait juger par l'inutilité des démarches directes qu'il avait faites auprès de l'empereur Napoléon, et par la continuation des mesures rigoureuses prises envers la Suède. Il est juste d'ajouter que la guerre fictive entre cette puissance et l'Angleterre, quoique bien simulée, ne pouvait échapper à l'attention des agents de l'empire, non plus que les intelligences couvertes par ce semblant d'hostilités. L'empereur sentit peut-être alors qu'en réduisant au désespoir le cabinet de Stockholm, il avait rendu cet état de choses inévitable ; mais il ne savait pas revenir sur ses déterminations, même lorsqu'il en reconnaissait le vice.

Ce fut dans le même temps que M. de Czernicheff, aide-de-camp de l'empereur Alexandre, parut à Stockholm. Envoyé précédemment de Paris par Napoléon auprès de l'empereur, son maître, pour des communications secrètes, il retournait maintenant en France. Le mauvais état des routes fut le prétexte à l'aide duquel il essaya de motiver cette direction inaccoutumée ; mais le véritable motif de ce détour, le voici : Alexandre éprouvait une vive inquiétude, en voyant sur le premier degré du trône de Suède un prince né Français, et l'une des premières illustrations militaires des temps modernes. L'autocrate prévoyait dès lors qu'il serait bientôt forcé de rompre avec l'empereur des Français ; peut-être même la mission donnée par ce dernier à M. de Czernicheff avait-elle contribué à convaincre le monarque russe de cette nécessité ; et l'on conçoit qu'il devait désirer de connaître les véritables dispositions du prince royal de Suède.

M. de Czernicheff aura peu à se féliciter du jugement de l'histoire : elle ne lui refusera, ni les talents, ni le courage d'un militaire d'une certaine distinction ; mais elle lui reprochera, avec trop de raison, le rôle équivoque qu'il joua sur la scène politique dans les années qui précédèrent la dernière rupture entre Alexandre et Napoléon. Ce général russe, dont l'empereur des Français s'était épris comme d'une sorte de favori, avait trop de part à la confiance de ce souverain ; l'abandon inimaginable auquel Napoléon se livrait envers ceux qu'il affectionnait s'était montré trop favorable à cet étranger, pour qu'il continuât, à Paris, la mission d'ailleurs peu licite qu'il y exerçait au milieu des épanchements d'une société sans défiance, au sein des enivrements du plaisir, qui ne sait point faire les réserves de la prudence. Il est un point où la politique secrète cesse d'être tolérable, et ce point M. de Czernicheff le dépassa...

Cet aide-de-camp d'Alexandre eut plusieurs entretiens avec le prince royal de Suède : il est présumable que son altesse royale, dans ces pourparlers, s'inspira de sa prudence ordinaire ; mais que, se pénétrant des impérieuses intimations du moment, l'héritier du trône de Suède laissa pressentir la possibilité d'une alliance avec la Russie, dans toutes les situations politiques où les circonstances pourraient conduire cette puissance. Le texte des conversations qui eurent lieu entre le prince royal et M. de Czernicheff ne nous est point parvenu; mais nous trouvons ce passage dans le manuscrit d'un écrivain suédois, que nous avons déjà cité plusieurs fois : « Au bout d'une heure tout était » entendu, et huit jours après, l'empereur » Alexandre savait à quoi s'en tenir. »

Quelle que soit la signification précise de cette phrase, le prince reçut, peu de temps après les entretiens mentionnés, une lettre de l'empereur de Russie; elle portait la date du 19 décembre; nous la rapportons [1].

Pour votre altesse royale seule. « Après m'être
» acquitté de mes devoirs envers le prince royal,
» qu'il me soit permis de m'adresser à l'homme
» distingué par ses talents, son caractère, ses
» principes. Je désire sincèrement votre amitié,
» votre confiance; je les ambitionne parce que
» mon estime vous était vouée depuis longtemps,
» et quand vous n'étiez que simple général.

» Je suis fait pour comprendre et répondre à
» l'expression dont vous vous êtes servi envers
» Czernicheff, et c'est d'*âme* que je veux être votre
» ami. Élevé moi-même par un républicain [2], j'ai
» de bonne heure appris à priser plus l'*homme*
» que les *titres*; ainsi je me trouverai plus flatté
» des liens qui s'établiront entre nous, comme
» de homme à homme, que comme souverains.
» L'envoi de Czernicheff n'a été que dans ce
» but, et dans l'intention de vous rassurer sur
» les inquiétudes qu'on s'était plu à vous donner sur moi. Tout ce qu'il m'a marqué sur

[1] Elle était jointe à une lettre officielle de félicitations.
[2] M. La Harpe. Il était Suisse, et, nous le croyons, frère du général de ce nom tué, dans les guerres de la révolution, sous les drapeaux français.

» vos sentiments m'a fait un plaisir extrême,
» parce que j'y ai reconnu ce caractère que j'ai
» toujours affectionné en vous. Comptez con-
» stamment sur moi, et ne vous laissez jamais
» effaroucher par les craintes qu'on essaiera
» de vous donner sur la Russie; son intérêt se
» trouve dans la conservation de la Suède.

» Veuillez me répondre de la même manière;
» une lettre particulière sans étiquette me sera
» infiniment chère de votre part. »

Le prince royal répondit :

» La note que votre majesté a jointe à la
» lettre qu'elle m'a fait l'honneur de m'écrire,
» m'a pénétré de la plus vive reconnaissance;
» je suis heureux d'avoir pu inspirer à votre
» majesté les sentiments qu'elle veut bien me
» témoigner. Déjà, à Tilsitt, votre majesté dai-
» gna s'expliquer sur mon compte d'une ma-
» nière flatteuse et obligeante; depuis, votre
» majesté m'a donné un témoignage bien écla-
» tant de son estime : elle n'a point traversé mon
» élection en Suède. Cette conduite généreuse,
» dans une conjoncture où la politique de l'Eu-
» rope aurait justifié tout ce qui aurait été
» pratiqué de contraire, m'a attaché sans ré-
» serve à votre majesté; *j'ai souffert, en effet,*

» des menaces qu'on m'a faites en son nom, et,
» je l'avoue, je ne me confiais plus que dans le
» courage de la nation et la justice de sa cause.
» Mais M. de Czernicheff est arrivé sur ces entre-
» faites ; les assurances qu'il m'a données, de la
» part de votre majesté, m'ont fait le plus grand
» plaisir. *Je ne lui ai point caché que je voulais
» vivre indépendant;* je me suis expliqué sur
» tout ce qui touche si essentiellement votre
» majesté et son immense empire. Si M. de
» Czernicheff a rendu fidèlement nos conversa-
» tions, votre majesté a pu se convaincre de
» mon affection pour elle, comme homme, *et de
» mes sentiments, comme prince du Nord.* Oui,
» sire, je deviendrai l'ami de votre majesté puis-
» qu'elle daigne me dire que c'est *d'âme* qu'elle
» veut être le mien. Dès cet instant, je compte
» sur son amitié, et elle peut compter invaria-
» blement sur la mienne. De longs et sanglants
» démêlés ont existé entre la Russie et la Suède ;
» peut-être alors avait-on raison de décider par
» les armes des prétentions réciproques ; au-
» jourd'hui ces temps ne sont plus, et la paix
» doit être l'objet commun des deux nations. »

Cette lettre, écrite le 16 janvier 1811, était assurément le résultat des plus sages méditations : établir des bases de bonne intelligence avec le puissant autocrate de Russie semblait être une des premières nécessités de la politique suédoise, surtout lorsque, très-évidemment, l'alliance des deux grands potentats du continent laissait soupçonner une rupture prochaine. Cependant cette alliance subsistait encore; Napoléon lui-même n'eût pu logiquement improuver les rapports d'amitié qui s'établissaient entre Alexandre, allié de la France, et le prince royal de Suède.

Néanmoins, on doit présumer que ces rapports prirent, aux yeux de l'empereur des Français, le caractère d'un grief, qui desservit puissamment le prince royal de Suède dans son esprit. Ce fut vers cette époque qu'il lui enleva toutes ses dotations, les réunit à son domaine extraordinaire, et révoqua la permission qu'il avait accordée à quelques officiers [1] français,

---

[1] Ces militaires étaient les colonels Gentil-Saint-Alphonse, Vilatte et Sevret : les deux premiers sont devenus généraux ; le dernier s'est retiré colonel. M. le lieutenant-général Gentil-Saint-Alphonse, officier d'une haute intelligence, vient de mourir ; il commandait la 10ᵉ division militaire.

Voici une anecdote qui se rapporte au rappel des trois aides-de-camp du prince royal de Suède. Le colonel Vilatte, qui s'était rendu à Paris pour solliciter la prolongation du séjour en Suède de ses camarades et de

de rester auprès de son altesse royale, pendant une année.

Charles-Jean essaya d'apaiser l'empereur, dont le mécontentement était causé par les propos envenimés des ennemis du prince, plus essentiellement encore que par les suites du voyage de M. de Czernicheff en Suède. Son altesse royale écrivait à Napoléon, le 20 janvier : « Sire, » au moment où j'allais adresser à votre ma- » jesté des remerciements pour la bonté qu'elle » avait eue de prolonger d'une année le congé » des officiers français qui m'ont accompagné » en Suède, j'apprends que votre majesté m'a » retiré cette faveur. Ce contre-temps imprévu, » et tout ce qui me revient de Paris, m'annon-

lui, venait de recevoir cette prolongation, signée par le ministre de la guerre, des mains d'un employé supérieur de ce département. Il causait depuis un instant avec lui, lorsque, de la part de l'empereur, on vint annoncer que Sa Majesté avait changé d'avis, et que la permission précédemment accordée aux trois officiers français était révoquée. M. Vilatte eut le crève-cœur d'être contraint de rendre au ministre la décision qu'il tenait encore à la main... Avec un homme comme Napoléon, il fallait profiter rapidement de l'occasion, ou craindre de la voir promptement s'évanouir.

Quant aux avantages financiers de l'ex-prince de Ponte-Corvo, nous devons dire que sa principauté avait été cédée moyennant deux millions de francs; son Altesse Royale n'a jamais touché que la moitié de cette somme.

» cent que votre majesté est indisposée contre
» moi... Qu'ai-je donc fait, sire, pour mériter
» ce désagrément? Je suppose que la calomnie
» seule à pu me l'attirer : dans la nouvelle po-
» sition où le sort m'a placé j'y serai sans doute
» plus exposé que jamais, si je ne suis assez
» heureux pour trouver un défenseur dans le
» cœur de votre majesté. Quoi qu'on puisse
» vous dire, sire, je vous prie de croire que je
» n'ai rien à me reprocher, et que je suis en-
» tièrement dévoué à votre personne, non-seu-
» lement par la force de mes anciennes habitu-
» des, mais encore par un sentiment pur et
» inaltérable. Si l'on ne fait pas ici tout ce que
» votre majesté désire, *la constitution en est la*
» *seule cause* : enfreindre cette constitution
» n'est pas au pouvoir du roi et encore moins
» au mien. Il existe encore en Suède bien des
» partis, et je ne puis parvenir à m'asseoir un
» jour sur le trône de ce pays que par une
» conduite très-sage et bien mesurée.

» M. Gentil-Saint-Alphonse, mon aide-de-
» camp, rentrant en France, conformément
» aux ordres de votre majesté, je le charge de
» cette lettre. Votre majesté pourra le question-
» ner; il a tout vu : qu'il dise la vérité à votre

» majesté; elle saura dans quelle position je me
» trouve; combien j'ai de ménagements à garder
» pour me maintenir. Il connaît aussi ma ma-
» nière de penser : il dira à votre majesté si j'ai
» l'envie de la satisfaire, et si je ne suis pas ici
» dans un tourment continuel, entre la crainte
» de lui déplaire et mes nouveaux devoirs.

» Sire, votre majesté m'a affligé en me reti-
» rant les officiers qu'elle avait d'abord daigné
» m'accorder pour un an : outre les motifs que
» j'avais de les désirer encore quelque temps
» auprès de moi, la présence de quelques mili-
» taires français à la cour de Suède n'était pas
» sans un certain effet au dehors, et je l'aurais
» crue conforme à la politique de votre majesté [1].
» Puisqu'elle l'ordonne, je renvoie ces officiers
» en France; peut-être votre majesté reviendra-
» t-elle sur sa décision : dans ce cas, je la prie
» de fixer elle-même le nombre qu'elle veut me
» renvoyer; je les recevrai d'elle avec recon-
» naissance. Si, au contraire, votre majesté les
» retient en France, je les recommande à ses

---

[1] On peut s'étonner, en effet, qu'une telle considération ait échappé à la sagacité de Napoléon ; lui qui, aux yeux de l'Europe, voulait passer pour tenir la Suède sous sa dépendance, il négligeait là un témoignage démonstratif.

» bontés : ils ont toujours servi avec distinc-
» tion, et n'ont eu aucune part aux récompen-
» ses distribuées après la dernière campagne
» d'Autriche¹. »

Par l'exposé impartial des faits et par la production des documents authentiques, nous avons mis nos lecteurs à même de juger ce qui, dans la conduite du prince royal de Suède, à l'époque qui nous occupe, doit être classé parmi ces nécessités despotiques qu'impose le salut d'un état, ou parmi les élans de sincérité qui émanent spontanément du caractère. Nous ajouterons seulement que cette situation complexe, ces combats perpétuels entre les devoirs et les sentiments, étaient pour cet homme franc et expansif une torture sans relâche. Un peu plus tard, et lorsque les embarras de la Suède en étaient venus au point de ne pouvoir plus se dénouer que par une catastrophe, « Charles-
» Jean, » dit un biographe moderne², « éprouva

---

[1] Il ne nous a pas été possible d'insérer un grand nombre de lettres où l'on voit que le prince royal tint le même langage d'affection et de déférence à Napoléon, depuis son départ de France jusqu'à l'invasion de la Poméranie.

[2] *Biographie des hommes du jour*, par M. Sarrut, article *Bernadotte*. La même assertion se trouve rapportée dans plusieurs publications antérieures à celle de cette biographie.

» de si violents chagrins, qu'il fut atteint d'une
» maladie des plus graves, pendant laquelle on
» l'entendit invoquer la mort, et refuser les
» remèdes qu'on lui présentait. »

Les angoisses poignantes auxquelles Charles-Jean était livré, dans les premiers mois de l'année 1811, furent un moment adoucies par l'accueil que le roi, la cour et la nation firent à la princesse royale, arrivée à Stockholm avec le jeune prince Oscar, âgé de onze ans et demi. Les fêtes offertes à la princesse Désirée et à son fils, qui, le 31 janvier, fut proclamé *duc de Sudermanie*, produisirent une trop courte diversion aux calamités du moment. Cependant, lors même que le canon des réjouissances eut cessé de se faire entendre, les Suédois sentirent croître leurs espérances, en voyant une nouvelle tige se enter sur cette dynastie que Charles-Jean devait continuer, ou plutôt renouveler.

CHAPITRE III.

―•••―

Système de compression exercée par la France envers la Suède. — Réclamations mesurées de la Suède. — Les violences continuent. — Mésintelligence entre la France et la Russie. — Lettre de Napoléon au prince royal de Suède. — Conditions offertes à la Suède. — Elles sont inexécutables. — Le prince royal prend les rênes du gouvernement pendant la maladie du roi. — Discours de son altesse royale a des députés de Roslagen et de l'île de Vermden. — Armements de la Suède. — Leur but. — Déterminations arbitraires du baron Alquier. — Réflexions sur la conduite de ce diplomate. — Lettre écrite à ce sujet à l'empereur par le prince royal. — Adoucissement momentané dans la politique impériale. — Le corsaire *le Mercure*. — Promesses du duc de Bassano. — Compte-rendu de la situation du royaume.

Au commencement de l'année 1811, l'empereur des Français, voulant ou paraissant vouloir à tout prix contraindre la Suède à se lier au système continental, fit remettre à la cour de Stockholm, par le ministre Alquier, les notes les plus impératives. Pour appuyer ces moyens de compression diplomatique, des corsaires français inondèrent les mers du nord; des confiscations journalières eurent lieu : en un mot, la marine impériale agit envers celle des Suédois comme elle eût agi envers des vaisseaux ennemis. Le ministre du roi de Suède à Paris représenta, dans une note extrêmement mesurée, que des pertes immenses résultaient pour le commerce suédois de ces véritables hostilités exercées contre une nation amie. Les conseils des prises délibérèrent plusieurs fois sur l'objet de cette réclamation; mais lorsqu'il leur arrivait d'ordonner des restitutions, l'empereur, qui s'était réservé le droit de valider ou d'infirmer les décisions de ces conseils, cassait toutes celles qu'un droit évident avait rendues favorable à la Suède. Dès lors, les corsaires, assurés de l'impunité, firent librement des captures; ils prirent, dans le Sund, jusqu'aux petits bâtiments caboteurs chargés de comestibles et de produits manufacturés du pays. De plus, on confisqua les navires suédois qui se trouvaient dans les ports allemands pour attendre des cargaisons; leurs équipages, ainsi que ceux des vaisseaux enlevés en mer; étaient faits prisonniers et conduits dans les ports de Brest, d'Anvers, de Toulon. Là ce que n'avait pu obtenir la diplomatie était accompli par l'arbitraire : les matelots suédois, menacés d'être mis aux fers, se voyaient forcés d'accepter du service sur les flottes françaises.

Cependant des démêlés presque journaliers avaient lieu entre la régence de Poméranie et le vice-consul français, en résidence dans cette province. Ce fonctionnaire, qui sans doute obéissait aux instructions de son gouvernement, menaça plusieurs fois les autorités de l'arrivée d'un corps de troupes françaises pour faire respecter, disait-il, les intentions de l'empereur, son maître... Cette mesure allait, peut-être, recevoir son exécution, lorsque Napoléon consentit à pallier une telle rigueur, en faisant la demande expresse qu'une force militaire considérable fût levée en Poméranie, pour y exercer la plus scrupuleuse surveillance contre le commerce des denrées coloniales... Ce corps armé fut une charge énorme pour le pays.

On devait avoir, au mois d'août, une preuve plus forte encore de l'excessive sévérité du gouvernement français envers les sujets de

Charles XIII : une rixe s'étant engagée à Stralsund entre des soldats poméraniens et l'équipage d'un corsaire français, cet accident fut regardé à Paris comme une infraction à l'état de paix, et le cabinet des Tuileries exigea, pour réparation, que les militaires suédois fussent punis de mort.

Avant de rapporter tous ces faits, nous avons dû, avec l'espoir de les trouver exagérés, en vérifier l'exactitude; écrivant en France et sous l'empire des justes admirations dont la mémoire de Napoléon est environnée, nous avions besoin des preuves les plus sûrement confirmatives [1], pour attacher à la mémoire de ce grand homme le blâme mérité par des violations indignes de sa renommée. Peut-être furent-elles commises en son nom, par quelques-uns de ces agents, dont le zèle insensé prépara sa perte, en ajoutant leur propre malveillance aux écarts de sa politique et de sa puissance; mais nous devons dire avec chagrin que les faits rapportés plus haut sont de toute authenticité.

[1] Voyez tous les journaux allemands de l'époque; voyez aussi le rapport fait par le baron d'Engestrom au roi de Suède, le 7 janvier 1815, et les pièces justificatives qui s'y trouvent jointes.

Au moment où le gouvernement français sévissait en ennemi contre la malheureuse Suède, une mésintelligence imminente s'était élevée entre Alexandre et Napoléon : dès les premiers jours de mars, elle marchait à pas de géant. La réunion du duché d'Oldenbourg à l'empire français, projetée ou peut-être accomplie déjà, fut la cause alléguée de ce différend ; mais on en trouve un motif plus réel, plus évident, dans le poids accablant que le système continental faisait peser sur la politique et sur le commerce de la Russie.

Dans cette situation, Napoléon sentit qu'il devait se relâcher un peu de sa sévérité envers la Suède; il se rappela alors le message que le prince royal lui avait adressé le 8 décembre, et la demande de secours qu'il renfermait. Ce souverain fit parvenir à son altesse royale un message dont nous allons citer les passages importants. « Monsieur le prince royal de Suède,
» écrivait l'empereur, votre correspondance par-
» ticulière m'est parvenue ; j'ai apprécié, comme
» la preuve des sentiments d'amitié que vous me
» portez, et comme une marque de la loyauté
» de votre caractère, les communications que

» vous me faites ; aucune raison politique ne
» m'empêche de vous répondre.¹. »

Après avoir développé les motifs qui l'avaient déterminé à établir le système continental, et qui le portaient à le maintenir, sa majesté ajoutait : « J'ai des vaisseaux; je n'ai point de
» marins ; je ne puis lutter avec l'Angleterre,
» je ne puis la forcer à la paix qu'avec le sys-
» tème continental. Je n'éprouve aucun ob-
» stacle de la Russie et de la Prusse; leur com-
» merce n'a qu'à gagner par les prohibitions².

» Votre cabinet se compose d'hommes éclai-
» rés; il y a de la dignité et du patriotisme dans
» la nation suédoise; l'influence de votre al-
» tesse royale dans le gouvernement est généra-
» lement approuvée ; elle trouvera peu d'obtacles
» à soustraire ses peuples à la domination mer-
» cantile d'une nation étrangère. Ne vous laissez
» pas prendre aux appâts trompeurs que vous
» présentera l'Angleterre... L'avenir prouvera

¹ A la fin de décembre 1810, cette dernière phrase n'eût eu que sa signification précise; en mars 1811, elle signifiait : une forte raison politique m'oblige à vous répondre.

² Le commerce de la Russie était aux abois : son suif, ses cuirs, tous ses produits étaient sans débouchés; une misère affreuse dévorait ce vaste empire.

» que, quels que soient les événements, les
» souverains de l'Europe seront forcés d'en ve-
» nir à des lois prohibitives qui les rendent
» maîtres chez eux [1].

» L'article 3 du traité du 24 février 1810
» corrige les stipulations incomplètes du traité
» de *Frédérickstsum*; il faut qu'il soit soigneuse-
» ment observé pour tout ce qui regarde les
» produits de l'Angleterre. Vous me dites que
» vous ne pouvez vous en passer, et qu'à défaut
» de leur introduction, les revenus de vos
» douanes diminuent; je vous donnerai pour
» vingt millions de denrées coloniales, que j'ai
» à Hambourg; vous me donnerez du fer en
» échange; vous n'aurez point d'argent à expor-
» ter de la Suède; cédez ces denrées à des mar-
» chands, ils paieront les droits d'entrée, et
» vous serez débarrassés de vos fers.

» Que votre gouvernement soit fidèle au traité
» du 24 février; chassez les contrebandiers de

---

[1] La suite a prouvé la justesse de ce raisonnement : nous avons vu, après la paix de 1815, tous les états du continent encombrés de marchandises anglaises, au point que l'industrie propre à chaque nation était entière- ment paralysée. Par exemple, les Belges, dont les entrepôts regorgeaient des produits de la Grande-Bretagne, maudissaient les traités de commerce signés par la *reconnaissance* de leur roi, et les classes ouvrières mouraient de faim.

» la rade de Gothenbourg, chassez-les de vos
» côtes, où ils trafiquent librement. Je vous
» donne ma parole que, de mon côté, je garde-
» rai scrupuleusement les conditions du traité.
» Je m'opposerai à ce que vos voisins s'appro-
» prient vos possessions continentales : si vous
» manquez à vos engagements, je me croirai
» dégagé des miens.

» Je désire m'entendre toujours amicalement
» avec votre altesse royale; je verrai avec plaisir
» qu'elle communique cette réponse à sa majesté
» suédoise, dont j'ai toujours apprécié les bonnes
» intentions. »

Il est à présumer que dès lors, la diplomatie impériale fit connaître au cabinet de Stockholm, par des communications verbales, comment et à quelles conditions l'empereur Napoléon entendait consommer l'échange de marchandises proposé par lui; ces conditions, qui ne furent l'objet d'une proposition officielle qu'au commencement de l'année 1812, portaient l'obligation, pour la Suède : 1° de faire une nouvelle déclaration de guerre à l'Angleterre, d'interdire expressément toute communication avec les croiseurs anglais, de pourvoir de batteries les rivages du Sund ; que la flotte suédoise fût équipée, et le canon tiré contre les bâtiments de la Grande-Bretagne; 2° que la Suède mît immédiatement sur pied une armée de trente à quarante mille hommes pour attaquer la Russie, si décidément les hostilités commençaient entre cette puissance et l'empire français; 3° pour dédommager la Suède, l'empereur lui promettait la restitution de la Finlande; 4° sa majesté impériale s'obligeait en outre à acheter pour vingt millions de francs de produits du sol suédois, à condition que le paiement ne s'effectuerait qu'après le déchargement des marchandises à Dantzig ou à Lubeck; 5° l'empereur permettrait que la Suède participât à tous les droits et avantages dont jouissaient les états de la confédération du Rhin.

On laisse à juger à tout esprit impartial si la Suède, en 1811 comme en 1812, pouvait se conformer à de telles prétentions, dans la situation extrême ou l'inflexible politique de Napoléon l'avait réduite? Indépendamment même des probabilités de rupture entre la France et la Russie, qui devaient rendre Charles XIII très-circonspect envers cette dernière puissance, il était évident que le cabinet des Tuileries n'offrait à ce monarque que des conditions onéreuses.

La restitution de la Finlande était une clause tellement flottante, tellement dépendante des événements militaires, et la conservation de ce pays semblait d'ailleurs si difficile, si féconde en embarras, que cette proposition équivalait à une nullité absolue. De plus il y avait quelque chose de dérisoire dans l'achat des marchandises suédoises, lorsque, pour condition expresse, on ajoutait que le paiement n'en serait effectué que lorsqu'elles auraient été livrées dans un port d'Allemagne. De cette manière, tous les hasards de la navigation devaient être courus par la Suède, et la capture de ces produits paraissait devoir être inévitable dès que les croiseurs anglais s'apercevraient de la direction des chargements vers les ports alliés de l'empire français. Enfin, personne ne pouvait ignorer à cette époque que les *droits* et *avantages* ménagés par l'empereur Napoléon aux puissances de la confédération du Rhin, se réduisaient à des éventualités de protection, qui ne s'étaient encore réalisées que dans l'intérêt du protecteur, et à des charges qu'il imposait aux confédérés.

Telles sont les considérations qu'on voyait ressortir, au premier examen, des communications dont nous avons rapporté l'objet : considérations

qui déterminèrent le cabinet de Stockholm à ne pas asseoir les destinées politiques de la Suède sur des bases aussi périssables. « Votre majesté, dit
» plus tard le baron d'Engestrom dans son rap-
» port général, ne se dissimula point qu'un état
» de guerre active avec la Russie, dont la suite
» nécessaire serait des hostilités ouvertes avec la
» Grande-Bretagne, surpasserait les forces et
» les ressources de la Suède; que la présence
» d'une flotte anglaise dans la Baltique pourrait
» enchaîner, pendant l'été, les opérations sué-
» doises, et que, d'ailleurs, il n'existait aucun
» grief contre la Russie depuis le dernier traité
» avec elle; qu'en attendant nos côtes et nos
» ports seraient abandonnés à la vengeance de
» l'Angleterre; et qu'une complète stagnation
» du commerce et l'interruption du cabotage
» occasionneraient une misère publique. »

La cour de Stockholm ne donna pas suite, en 1811, aux communications inadmissibles de la diplomatie française; et lorsqu'en 1812, elles furent reproduites, sous la forme d'un *ultimatum*, la Suède, ainsi qu'on le verra bientôt, ne manquait pas de motifs pour les repousser.

Depuis le 17 mars, l'état de maladie du roi, déterminé par les soins et les inquiétudes d'un règne laborieux, avait forcé sa majesté à remettre les rênes de l'état au prince royal. Ce fut durant cet intérim que des révoltes éclatèrent sur divers points, à l'occasion des levées d'hommes que nécessitait la situation critique du pays. Mais ces troubles, qui se déclarèrent particulièrement dans la province de Roslagen et dans l'île de Vermdon, voisine de Stockholm, n'offrirent aucun caractère grave : ils étaient apaisés avant que la couronne eût eu besoin de sévir.

Des députations étant venues à la cour implorer la clémence royale, l'héritier du trône, qui les reçut, leur fit remarquer d'abord qu'une résolution des états du royaume autorisait sa majesté à lever cinquante mille hommes pour le recrutement de ses armées, et que, cependant, on n'en levait que quinze mille. Cet exposé, en rendant les séditieux plus coupables, fit ressortir davantage le pardon accordé, au nom du roi, par son altesse royale : « Je ne veux point » savoir les noms des individus qui ont eu part » aux désordres, dit le prince aux députés de » Vermdon; mais je conserverai toujours le » souvenir de ceux d'entre les habitants qui se » sont montrés bons Suédois, et heureusement

» leur nombre est le plus grand. Pour vous
» prouver que je veux tirer le rideau sur le
» passé, j'irai l'un de ces jours vous voir dans
» votre île, avec mon fils; je serai sans garde :
» je ne veux en avoir d'autre que celle que je
» dois toujours trouver dans vos cœurs. »

La sédition avait été plus loin dans la province de Roslagen; le prince, en parlant à ses envoyés, crut devoir adopter des formes oratoires un peu différentes. « Portez vos regards
» sur le passé, leur dit-il; examinez ce que
» vous étiez il y a vingt ans et ce que vous êtes
» aujourd'hui... Pour conserver ce qui nous
» reste, il n'y a de garantie pour vous que
» dans les armes, et dans la ferme volonté de
» vous en servir au besoin... Ne craignez pas
» que vos enfants soient maltraités; j'adoucirai
» leurs besoins, je partagerai leurs privations
» quand il en sera temps. La carrière des hon-
» neurs est ouverte à tous : celui qui se conduira
» bien peut aspirer à être officier et à devenir
» même un des chefs de l'armée.

» Je cède volontiers à la prière que vous me
» faites de solliciter votre grâce du roi; mais,
» répondez, êtes-vous réellement repentants?
» Est-ce la crainte ou l'hypocrisie qui vous

» amène ici? où est-ce l'amour de la patrie, la
» religion de vos serments et le respect pour le
» souverain? Si vous n'êtes pas animés du plus
» sincère repentir, ne vous présentez pas devant
» le roi ; il verrait sur votre front l'emblème de
» votre incivisme ; mais si, comme je le crois,
» vous êtes sincèrement repentants, sa majesté
» vous accueillera avec la bonté d'un père qui
» reçoit des enfants égarés.

» Maintenant que vous avez l'espérance d'ob-
» tenir votre pardon, avouez-moi franchement
» si, dans vos assemblées tumultueuses [1], vous
» n'avez pas craint de voir planer au milieu de
» vous l'ombre de Charles XII, pour vous re-
» procher d'hésiter un moment à fournir des
» défenseurs à la patrie. »

C'est ainsi, que le prince royal, déjà bon ap-
préciateur du caractère suédois, s'adressait
tour à tour au patriotisme, à l'orgueil national
et même à la superstition, pour attérer l'esprit de
sédition. La noble fermeté de son altesse royale
dans cette circonstance produisit une profonde
sensation ; le souvenir en est resté ; et plus d'une
fois, peut-être, il prévint les entreprises crimi-
nelles de quelques hommes turbulents.

[1] *Socknéstammor*, assemblée de paroisse.

Après la disparition des petits nuages qui avaient un moment troublé les mesures prises, pendant l'été de 1811, pour le recrutement, *l'extra-rotering*, c'est-à-dire la formation de régiments par les terres ordinairement affranchies, se continua avec calme, et ce contingent fut presque immédiatement encadré dans l'armée. Le résultat de cette disposition porta les troupes de terre à soixante mille hommes, et l'armée navale à quinze mille matelots.

Le complément de l'état militaire de la Suède, qui, l'on doit l'avouer, ne paraissait pas bien évidemment avoir pour but le maintien du système continental, excita les soupçons du ministre de France; il présenta, au mois de juillet, une note impérieuse, menaçante même, dont le contenu et le style, peu mesurés, forcèrent la cour de lui rappeler le respect qu'il devait au gouvernement près duquel il résidait, et les égards dont les convenances ont fait la base des rapports entre souverains. Piqué d'une remontrance qu'il avait méritée, le baron Alquier, prenant sur lui une décision pour laquelle il eût dû, certainement, attendre les ordres de l'empereur son maître, déclara qu'il ne pouvait plus traiter avec le ministre des affaires étrangères du royaume, et demanda qu'une autre personne fût chargée de correspondre avec lui.

Nous devons dire, à propos de cette bouderie du diplomate français, que, se pénétrant mal de l'importante alliance de la Suède avec l'empire français, il contribua, par ses formes âpres et fières, à déterminer une rupture qu'il eût été si politique de prévenir à tout prix. Il ne faut qu'ouvrir la carte d'Europe pour reconnaître que, dans une guerre entre l'empereur Alexandre et l'empereur Napoléon, c'était un terrible poste avancé des forces de ce dernier souverain, qu'une nation valeureuse qui pouvait mettre sur pied quatre-vingt mille hommes, et menacer la capitale même du czar... Si l'on se demande quel eût été le résultat de l'invasion de 1812, en supposant alliés de la France les Suédois et le grand capitaine debout sur la première marche de leur trône, on voit, dans les destinées de la Russie, d'immenses et presque inévitables éléments de désastre et d'abaissement.

Le baron Alquier pouvait, mieux que personne, prévoir ces vastes conséquences, lui placé convenablement pour juger des besoins de la Suède, des ménagements qu'ils exigeaient,

et des fâcheuses extrémités qui pouvaient résulter du mépris qu'on en ferait. La question tout entière était là.... Mais ce ministre, au lieu de se montrer habile observateur, ne s'attacha qu'à se faire l'exécuteur rigoureux d'une politique qu'il pouvait adoucir. Il l'outra si souvent et à tel point, que la cour de Stockholm se vit forcée de solliciter son rappel. Lors même que ce diplomate eut quitté la Suède, le juste ressentiment du prince royal fit peser sur lui de graves responsabilités, ainsi que le prouve ce passage d'une lettre de son altesse royale à l'empereur Napoléon : « Sire, j'ai
» trouvé en Suède une nation jalouse de votre
» amitié, mais ne désirant jamais l'obtenir aux
» dépens de son honneur et de son indépen-
» dance. Le ministre de votre majesté a voulu
» heurter ce sentiment national, et son arro-
» gance a tout gâté. Ses communications ne
» portaient aucun caractère des égards que se
» doivent mutuellement les têtes couronnées;
» en remplissant, au gré de ses passions, les in-
» tentions de votre majesté, le baron Alquier
» parlait en proconsul romain, sans se rappe-
» ler qu'il ne s'adressait point à des esclaves. »

Après le rappel du baron Alquier, le langage

de M. le duc de Bassano, ministre des relations extérieures de l'empire français, parut annoncer quelque relâchement aux rigueurs de la politique suivie jusqu'alors : le cabinet de Stockholm se laissa même flatter par cette espérance ; mais elle fut de courte durée. A peine l'arrière-saison eut-elle éloigné les croisières anglaises de la Baltique, que les corsaires français inondèrent de nouveau cette mer, et portèrent plus loin que jamais leurs violences contre le pavillon suédois. Charles XIII, désespéré de voir ainsi maltraiter sa marine marchande et ruiner son commerce, ne pouvant d'ailleurs se déterminer à croire que l'empereur Napoléon autorisât une telle piraterie, Charles XIII ordonna à sa marine militaire de se saisir des aventuriers qui gêneraient le cabotage et qui auraient fait des prises suédoises. Le corsaire français le *Mercure* fut pris [1]. Un courrier fut en même temps expédié à Paris, avec un état détaillé de tous les dommages que le commerce suédois avait soufferts. Cette pièce à la main, le chargé d'affaires de Suède auprès de l'empereur forma la demande, pour l'avenir, d'une garantie contre les

---

[1] Peu de temps après, il fut mis à la disposition du chargé d'affaires de France à Stockholm.

excès intolérables des corsaires; demande déjà faite vainement, et qui, cette fois, obtint un succès de paroles. Le ministre français donna l'assurance que les représentations de la Suède seraient écoutées, et que les griefs dont elle se plaignait allaient être examinés avec une impartiale justice.

Charles XIII se livra à l'espérance de voir enfin respecter les droits de ses sujets, par la politique d'un souverain avec lequel il se flattait encore d'éviter une rupture ouverte. Le prince royal ne partagea que faiblement cet espoir : son altesse royale, mieux informée que sa majesté, savait déjà que le maréchal prince d'Eckmuhl, qui commandait une armée, dite d'*observation* dans le nord de l'Allemagne, avait annoncé qu'il ferait entrer ses troupes dans la Poméranie et l'île de Rugen, aussitôt que les glaces le lui permettraient. En conséquence de cet avis, le commandant suédois avait reçu l'ordre de défendre les possessions du roi son maître contre toute aggression étrangère.

Ce fut à cette époque, c'est-à-dire vers le 7 janvier 1812, que le roi reprit le gouvernement du royaume; le prince royal, dans un compte rendu détaillé, instruisit sa majesté des prin-

cipales dispositions faites pendant la durée de sa gestion : « Plus de deux millions de rixdalers, dit
» son altesse royale, en abordant le système fi-
» nancier, ont été employés pour le recrutement
» de l'armée et la mise en état de défense de
» nos côtes, de nos îles, de nos forteresses et de
» notre flotte. La guerre, en influant sur l'ex-
» portation des productions de la Suède, sur la
» marche générale du commerce et sur l'ima-
» gination des commerçants, avait fait monter
» le cours du change d'une manière exorbi-
» tante; je me suis particulièrement attaché à
» arrêter ce fléau des états, qui, ayant une fois
» rompu ses digues, ne connaît plus de bornes
» pour ses ravages. En réprimant d'un côté
» l'agiotage, en rappelant l'exécution des an-
» ciennes ordonnances contre l'exportation illi-
» cite de l'or et de l'argent, en imposant un
» droit de transit sur le transport des lingots
» venus de l'étranger par la Suède, en tâchant
» de ramener la nation aux principes d'éco-
» nomie qui distinguaient ses ancêtres, j'ai
» cherché, de l'autre côté, à activer l'indus-
» trie intérieure et le commerce licite de la
» Suède. J'ai eu la satisfaction de voir mes
efforts couronnés de succès : le cours du

» change sur Hambourg, porté jusqu'à 136 sk,
» le 19 mars, s'est amélioré jusqu'à 84 sk., le 3
» janvier. Enfin, les résolutions financières des
» états du royaume ont été mises à exécution;
» une nouvelle organisation a été donnée à la
» direction des douanes, à celle des magasins
» et au gouvernement de l'île de Saint-Barthe-
» lemy.

» L'agriculture n'a pas été perdue de vue, »
continua son altesse royale : « une académie
» centrale d'agriculture vient d'être formée
» pour donner à l'économie publique et aux
» connaissances statistiques une impulsion et un
» encouragement qui contribueront à assurer
» la prospérité de l'état. J'ai pris des mesures
» pour encourager et rendre plus générale la
» culture du lin et du chanvre, pour hâter la
» recherche des sources de sel, pour continuer
» les défrichements dans la Dalécarlie, pour
» établir une nouvelle communication et de
» nouveaux marchés dans le Vermeland. »

Sur le commerce, le prince dit : « Je me suis
» efforcé de former une compagnie destinée à
» pêcher le hareng dans la haute mer; j'ai eu le
» bonheur de prolonger nos relations commer-
» ciales avec la Finlande.

« Les travaux du canal de Gothie, ce grand
» monument du règne de votre majesté, » poursuivit son altesse royale avec sensibilité, « ont
» été continués sans relâche; ceux du canal de
» Sodertelge, arrêtés par des obstacles que le
» zèle de la direction a pu surmonter, repren-
» dront bientôt une marche plus rapide. »

Passant à l'état militaire, son altesse royale
en parla ainsi : « Les cadres du nouveau rote-
» ring et de l'armement national sont presque
» entièrement remplis; toutes les mesures ont
» été prises pour en utiliser l'emploi. L'armée
» régulière a été recrutée, ainsi que toute la
» réserve; elle est habillée à neuf et munie
» d'armes en bon état. Il s'en trouve une quan-
» tité suffisante dans les dépôts, et les fabriques
» d'armes ont reçu une nouvelle activité. La
» fabrication de la poudre et du salpêtre a été
» améliorée. L'artillerie se trouve dans un état
» respectable. Les pensions accordées aux of-
» ficiers et aux soldats blessés ont été établies
» ou augmentées.

» Votre majesté daignera voir par ce résumé, »
dit le prince royal en terminant, « que, malgré
» le dire des détracteurs de la Suède, il ne fau-
» dra pas soixante ans pour y organiser une

» armée de soixante mille hommes, et que celle-
» ci pourra se montrer au mois d'avril prochain,
» aux amis comme aux ennemis de votre ma-
» jesté. Le but de cette augmentation de forces
» militaires est entièrement défensif; sans au-
» tre ambition que celle de conserver sa liberté
» et ses lois, la Suède veut pouvoir se défen-
» dre, et elle le peut. Bornée d'un côté par la
» mer, de l'autre par des montagnes inaccessi-
» bles, ce n'est pas seulement du courage de
» ses habitants, ni de ses beaux souvenirs de
» gloire qu'elle doit se former une garantie de
» son indépendance; c'est encore de sa position
» locale, de ses monts, de ses forêts, de ses lacs,
» de ses frimas. Qu'elle sache donc profiter de
» ces avantages réunis; que ses habitants se per-
» suadent intimement de cette vérité : que si
» le fer, enfant de leurs montagnes, prépare
» les moissons en sillonnant les champs, c'est
» aussi le fer seul et la ferme volonté de s'en
» servir qui peuvent les défendre. »

Le discours du prince royal, dont nous n'avons rapporté que les passages marquants, prouvait que, malgré les embarras et les inquiétudes politiques dont son altesse royale avait été accablée pendant la maladie du roi, et quoique le prince eut été malade lui-même, il avait trouvé le temps de porter un coup d'œil investigateur sur toutes les parties de l'administration publique, et d'en maintenir ou en relever l'activité. C'était, pour l'avenir de la Suède, un motif de haute espérance, un gage déjà réel de sécurité.

CHAPITRE IV.

Invasion de la Poméranie par l'armée française. — Lettre du prince royal de Suède à l'empereur Napoléon. — Le général Friant refuse de donner des explications sur l'invasion. — Le chargé d'affaires français à Stockholm est sans instructions à cet égard. — Le cabinet des Tuileries n'accueille pas la note du ministre de Suède. — Toutes les voies de réclamation sont fermées à cette puissance. — Opinion communiquée sur le caractère des relations entre Napoléon et Bernadotte depuis les campagnes d'Italie. — Fausse politique de la France envers la Suède. — Dernière tentative auprès de l'empereur Napoléon, par l'entremise de l'Autriche. — Inutilité de cette démarche. — Négociations avec la Russie. — Traité de Pétersbourg. — Accession ouverte à la politique du Nord. — Traité d'Oerebro. — Lettres du prince royal de Suède à l'empereur Alexandre. — Détails stratégiques sur la guerre de 1812. — Entrevue et convention d'Abo. — Les trente-cinq mille Russes. — Longue indécision de la Russie et de l'Angleterre relativement à la Norvége. — Détails y relatifs. — Note du ministre de Prusse à la cour de Suède. — Réponse du cabinet de Stockholm. — Correspondance avec la cour de Pétersbourg. — Rupture ouverte avec la France.

Les préventions, si fortes chez les hommes, sont, le plus souvent, indestructibles dans les nations. L'individu reçoit au moins l'avis salutaire de ses intérêts; il est rare que la multitude n'attende pas une catastrophe pour abjurer son erreur. A la fin de l'année 1811, les Suédois montraient encore une puissante sympathie pour Napoléon; excepté le commerce et quelques uns de ses adhérents, la population tout entière tournait les yeux avec espoir, avec amour vers ce souverain. Toutes les rudesses, toutes les violences de la politique impériale, tout le mépris qu'elle semblait avoir fait de la nationalité suédoise, avaient glissé sur les convictions de ce peuple du nord, sans lui faire perdre une des espérances qu'il fondait sur l'empereur des Français, pour servir ses vengeances contre la Russie.

Mais il arrive que l'homme frappé d'une cécité presque absolue peut être éclairé par l'incendie de sa maison : ce fut à quelque chose d'aussi désastreux, que la Suède sortit tout à coup du long rêve qui l'avait abusée. On apprit à Stockholm, vers le 10 février que, dans la nuit du 26 au 27 janvier[1], une division de

[1] On a prétendu que le 26 janvier étant l'anniversaire du prince royal de Suède, l'ordre avait été donné d'effectuer l'invasion dans la nuit du 25 au 26 ; mais que la ponctualité ordinaire des généraux commandés par le prince d'Eckmuhl fut cette fois en défaut ; et que les *hourras* des Suédois pour l'anniversaire de leur prince ne furent pas troublés, les Français n'ayant paru que dans la matinée du 27.

l'armée française aux ordres du maréchal prince d'Eckmuhl, avait envahi le territoire de la Poméranie, et, continuant sa marche, s'était emparée de la capitale du duché, puis de l'île de Rugen.

Cette invasion, faite nuitamment, par surprise, lorsqu'un chargé d'affaires français résidait à Stockholm et un diplomate suédois à Paris, déchira violemment le bandeau qui couvrait les yeux de la nation suédoise; son indignation fut d'autant plus vive, son exaspération d'autant plus énergique que la cause en était moins prévue. Car les Suédois, dans leur aveuglement obstiné, avaient cru jusque-là qu'on les abusait sur les griefs politiques de l'empereur Napoléon.

Le prince royal, qui souvent avait dit que les beaux souvenirs inspirés par les exploits de nos armées, avaient été la principale cause de son élévation, éprouva le plus amer chagrin d'un acte déloyal qui lui semblait ternir, jusque sur son front, le reflet de la gloire française. Ce fut sous l'empire de cette pensée déchirante qu'il écrivit à l'empereur Napoléon, le 11 février; « Le roi attend que votre majesté
» fasse connaître les causes qui ont pu la porter

» à agir d'une manière aussi diamétralement
» opposée aux traités existants. Mes anciens
» rapports avec votre majesté m'autorisent à
» la supplier de ne pas tarder à faire connaître
» ses motifs, pour que je puisse donner mon
» opinion sur *l'adoption de la politique que la*
» *Suède doit embrasser désormais.*

» L'outrage fait gratuitement à la Suède est
» vivement senti par le peuple, et doublement
» par moi, sire, qui suis chargé de l'honneur
» de la défendre; si j'ai contribué à rendre la
» France triomphante, si j'ai constamment sou-
» haité de la voir respectée et heureuse, il n'a
» jamais pu entrer dans ma pensée de sacrifier
» les intérêts, l'honneur et l'indépendance d'un
» pays qui m'a adopté. Votre majesté, si bon
» juge dans le cas qui vient d'avoir lieu, a déjà
» pénétré ma résolution. Peu jaloux de la gloire
» et de la puissance qui vous environnent, sire,
» je le suis beaucoup de ne pas être regardé
» comme vassal. Votre majesté commande à la
» majeure partie de l'Europe; mais sa domina-
» tion ne s'étend pas jusqu'au pays où j'ai été
» appelé. Mon ambition se borne à le défendre,
» et je le regarde comme le lot que la Provi-
» dence m'a départi. L'effet que l'invasion dont

» je me plains a produit sur ce peuple peut
» avoir des conséquences incalculables, et quoi
» que je ne sois point Coriolan, et que je ne
» commande pas à des Volsques[1], j'ai assez
» bonne opinion des Suédois pour vous assurer,
» sire, qu'ils sont capables de tout oser, de
» tout entreprendre pour venger les affronts
» qu'ils n'ont point provoqués, et pour conser-
» ver des droits auxquels ils tiennent autant,
» peut-être, qu'ils tiennent à l'existence. »

Sans doute une lettre empreinte d'une fermeté si franche dut exciter la colère d'un prince tel que Napoléon; mais nous croyons connaître assez bien son caractère pour affirmer qu'en ajoutant, peut-être, à son éloignement pour l'héritier du trône de Suède, une ouverture aussi explicite, en ces circonstances, dut ajouter en même temps à l'estime que Bernadotte avait toujours inspirée à l'empereur.

Les reproches de trahison prodigués au fils adoptif de Charles XIII, dans les écrits de certains déclamateurs, à propos de ce point de départ d'une rupture entre la Suède et l'empe-

[1] On croit que ce passage fait allusion à ce qu'aurait dit Napoléon du prince royal de Suède, dont on lui faisait prévoir l'accession à la politique du Nord.

reur des Français, n'ont été accueillis que par les hommes superficiels et sans portée. Napoléon, lui-même, dans les méditations de l'exil, et lorsque les événements lui apparurent sous leur véritable jour, s'exprima ainsi : « Je ne » puis pas dire que Bernadotte m'ait trahi; il » était devenu Suédois en quelque manière; il » n'a promis que ce qu'il avait l'intention de » tenir; ni lui, ni Murat ne se fussent jamais » déclarés contre moi, s'ils avaient cru que » j'allais être détrôné[1]. »

Le général comte Friant, qui commandait la division française entrée en Poméranie, avait reçu des instructions pour que l'avis de cette occupation ne parvînt que tardivement à la cour de Suède; elle y fut connue enfin, et le roi chargea le général d'Engelbrecht de se rendre à Stralsund, en qualité de parlementaire, afin d'obtenir quelques explications sur ce qui se passait. Mais le comte Friant refusa de recevoir l'envoyé suédois, et déclara qu'il ne pouvait répondre à la lettre que cet officier lui avait fait remettre. Alors le ministre interpella M. de Cabre, nouveau chargé d'affaires de France, sur l'inexplicable violation de territoire,

[1] *Napoléon en exil*, par le docteur anglais O'Meara, tome II, page 404.

commise par les troupes de sa majesté impériale et royale. Le diplomate français répondit qu'il n'avait reçu sur cet objet aucune instruction de son gouvernement.

Cependant les autorités militaires françaises, obéissant aux ordres du maréchal prince d'Eckmuhl, et peut-être à l'âcre ressentiment que ce général avait conservé du différend d'Auerstadt[1], ne s'en tinrent pas à l'occupation des provinces suédoises; on fit arrêter les fonctionnaires du pays; on les conduisit dans les prisons d'Hambourg, et leurs emplois furent exercés par des Français. Dans le même temps, le séquestre fut mis sur les propriétés publiques et même sur quelques propriétés particulières. On désarma les deux régiments suédois qui s'étaient laissé, non pas vaincre, mais surprendre par des troupes qu'ils croyaient amies. Ces

---

[1] Tout porte à croire qu'il entra beaucoup d'animosité, de la part du prince d'Eckmuhl, dans l'exécution des ordres de l'empereur relativement à l'invasion de la Poméranie. Ce général français, militaire loyal et probe, ne savait pas toujours se défendre des accès d'une humeur irascible et vindicative. L'auteur de cette histoire était chargé de l'administration militaire à Magdebourg, au moment où l'armée française entra sur le territoire suédois; il se trouvait à la table du prince d'Eckmuhl lorsqu'un courrier apporta des dépêches du général Friant; après les avoir lues, le maréchal parla avec beaucoup d'emportement du prince royal de Suède, et se félicita de l'invasion qui venait de s'accomplir.

militaires furent dirigés vers la France, et traités en prisonniers de guerre. Puis on vit des bâtiments suédois forcés, à coups de canon, de rester dans les ports, désarmés ensuite, et sequestrés au profit de l'empire français.

Pendant que ces dispositions s'exécutaient, toute voie de réclamation fut fermée au cabinet de Stockholm; les courriers suédois étaient arrêtés à Hambourg, leurs dépêches fouillées, et l'on s'attachait surtout à découvrir les annonces où les envois des fonds qui pourraient parvenir en Suède... Qu'aurait-on fait de plus rigoureux à l'égard d'un pays tombé, par la conquête, au pouvoir d'un vainqueur irrité?

Le chargé d'affaires de sa majesté suédoise à Paris n'apprit que par la voie publique, disons plus, par la désapprobation presque générale de la nation française, les énormités vexatoires exercées en Poméranie. Toutefois, dans une circonstance aussi grave, il crut devoir prendre sur lui d'adresser une note au duc de Bassano, afin d'obtenir quelques éclaircissements sur les motifs de l'invasion des provinces continentales de la Suède. Pour toute réponse, on lui demanda s'il faisait cette démarche diplomatique d'après les ordres de sa

cour. « Votre excellence, répondit-il au minis-
» tre, sait, je le présume, qu'aucun courrier
» ne peut m'être parvenu ; mais il m'a semblé
» que, dans une occurrence de la nature de
» celle dont j'ai entretenu votre excellence, il
» était de mon devoir de prévenir les ordres
» de mon souverain. — On ne s'expliquera
» pourtant, répliqua M. de Bassano, que lors-
» qu'ils vous seront parvenus. »

Avec la connaissance des précautions prises
pour que les dépêches de la Suède fussent in-
terceptées, cette réponse équivalait à : « Nous
» ne voulons vous donner aucune satisfac-
» tion. »

Il n'est pas sans intérêt d'ajouter que le gouvernement français était lui-même si bien pénétré de l'injustice des rigueurs exercées contre
la Suède, que ses diplomates avaient été chargés
de publier, par le docile *Moniteur*, que l'empereur, en faisant occuper la Poméranie, ne
voulait que s'assurer une position militaire,
pour la lutte qu'il était près d'engager contre
la Russie... Quant aux actes exorbitants commis envers les Suédois, on les taisait : il eût
été difficile de faire croire aux gens sensés que,
pour se préparer à combattre un ennemi, il fût

nécessaire d'opprimer et de ruiner une puissance amie, encore même que son amitié fût douteuse.

Après avoir exposé ces faits, si étrangement contraires à la politique que les hommes d'état français avaient suivie dans tous les temps, on se sent pressé du besoin d'en rechercher les causes ; et, si l'on ne peut les découvrir parmi les vérités constatées, il faut bien interroger les vraisemblances. Voici l'opinion d'un homme que nous savons avoir été en position de bien connaître et Bonaparte et Bernadotte, sans s'être jamais trouvé dans la dépendance ni de l'un ni de l'autre : ce qui peut donner quelque valeur au jugement qu'il en porte.

« Personne n'avait mieux apprécié que Napoléon le caractère et la capacité de Bernadotte ; son opinion sur ce général s'était formée et invariablement fixée d'après ce qu'il avait vu de lui dans la mémorable campagne que termina le traité de Campo-Formio.

» A cette époque, le général en chef de l'armée d'Italie avait déjà conclu de ses observations sur son lieutenant, qu'avec ses talents militaires et sa grande aptitude à gagner l'affection des soldats, ce général ne pouvait manquer d'avoir une grande ambition. Cette conclusion était juste et vraie ; mais, par malheur, en jugeant une telle ambition d'après la sienne, Napoléon se trompait sur sa nature ; erreur funeste qui, dès lors, et en toute occasion, lui présenta Bernadotte, non comme son second ou son émulateur, mais comme un rival ayant le même but. De là tous leurs discords, qui eurent des suites si déplorables, non seulement pour la France, mais pour l'Europe entière.

» Quand Napoléon fut parvenu à se délivrer de toute concurrence, rien ne l'empêcha plus de se montrer juste envers Bernadotte, et il prouva qu'il l'était par des promotions, par l'importance des gouvernements qu'il lui confia ; enfin, en le dotant de l'une des principautés de sa création. Mais quoiqu'il eût bien reconnu les services de cet homme supérieur, il ne put parvenir à se l'attacher au même titre que ses autres subordonnés ; il comptait bien sur l'exécution ponctuelle, intelligente et très-active des ordres qu'il lui donnait, pour le succès de ses armes et le service de l'état ; mais il sentit qu'il devait renoncer à obtenir d'un tel caractère cette obéissance passive, cette approbation aveugle qu'il obtenait de tous ses lieutenants, pour ses actes, tant militaires que politiques. Général, maréchal, prince, Bernadotte déplut souvent à Napoléon, surtout par des propos qu'il laissait échapper sur les infidélités des bulletins, et sur certains plans de batailles, aux résultats desquels Bernadotte avait cru reconnaître plus de bonheur que de science stratégique. »

» Tels étaient les antécédents des dispositions respectives de Napoléon et du prince de Ponte-Corvo, quand un événement des plus imprévus appela celui-ci à l'hérédité du trône de Suède. Tout ce qui s'est passé depuis entre ces deux personnages n'a pu surprendre que des esprits superficiels, qui les avaient mal connus. Rien de moins fondé, de moins raisonnable que les accusations si souvent portées en France contre Charles-Jean; et, à l'égard de l'empereur des Français, bien des gens graves et sensés ont trop oublié ce qui s'était passé, avant 1810, entre Napoléon et son lieutenant, lorsqu'ils se sont hâtés de déclarer que le premier aurait dû traiter autrement la Suède, au moment de sa campagne de Russie. Tout cela se réduit à dire : qu'il aurait fallu que l'empereur et le prince royal fussent tout autres qu'ils n'étaient. Qui peut ignorer que le premier voulait être le centre d'où toute force devait émaner, et le pouvoir duquel tout devait dépendre; tandis que le second voulait l'indépendance de la couronne dont une glorieuse destinée avait fait son héritage?

» Certes, Napoléon savait aussi bien que ceux qui l'ont tant dit depuis, que le prince royal n'avait qu'à se présenter en Finlande, avec quelques régiments et le drapeau suédois, pour arriver à Pétersbourg, avant que lui-même arrivât à Moscou; mais il savait aussi que, pour faire de la Suède ce qu'il se proposait dans ses vastes desseins [1], il fallait la jeter, non comme alliée, mais comme ennemie dans la lutte qu'il allait engager, et de laquelle on doit convenir qu'il pouvait espérer de sortir vainqueur, quand on considère qu'à Dresde, avant la guerre de Russie, il comptait à son lever huit têtes couronnées... On sait tout ce qu'il fit dans ce but, depuis novembre 1810 jusqu'en janvier 1812... En cela l'on conviendra qu'il fut bien secondé par ce baron Alquier, dont tout le monde s'est accordé à blâmer la conduite, et qui entra dans

[1] Il les avait déjà fait entrevoir par les notes de son chargé d'affaires Désaugiers, en juillet et août 1810.

les desseins de son souverain bien plus avant que ne l'aurait su faire un sage diplomate.

» Lorsque, le jour du départ du prince royal de Suède, Napoléon disait à Duroc : « J'aurais » été charmé qu'il n'eût pas accepté, » il exprimait un sentiment qui ne se rapportait pas au présent, mais à l'avenir; car il prévoyait déjà dans quelle position il serait forcé de placer ce prince, qu'il ne pouvait s'empêcher d'estimer : Il sentait qu'il faudrait le réduire à se voir vaincu sur un champ de bataille... Voilà ce que l'empereur voyait ressortir inévitablement de leur position respective, et c'est ce qu'il aurait voulu éviter.

» Tout cela diffère essentiellement de ce qu'on a dit jusqu'ici sur ces deux personnages illustres; mais ceux qui les ont bien connus trouveront dans cet aperçu le vrai fond des choses, que l'on peut résumer en deux mots : Napoléon voulait dominer, Charles-Jean voulait être libre; et, dans la situation où les événements les avaient placés, ils n'ont fait que ce qu'ils devaient faire, à moins de cesser d'être eux-mêmes. Pour compléter notre opinion, nous dirons encore que si Napoléon fût sorti triomphant de cette grande lutte, nous ne doutons pas qu'il ne se fût montré généreux envers Charles-Jean ; et nous pouvons ajouter que le prince royal de Suède n'a nullement à se reprocher de n'avoir pas fait tout ce qui dépendait de lui pour préserver Napoléon de sa chute. »

Sans adopter de tout point l'opinion que nous venons de citer, nous ne pouvons disconvenir qu'elle ne soit la plus vraisemblable des hypothèses qu'on a émises jusqu'ici, et les événements semblent avoir pris soin de la justifier. En effet l'on a vu que l'empereur des Français se refusait à la moindre concession sur le système continental ; et ce système, observé avec rigueur par une nation qui ne pouvait vivre que d'indépendance maritime, devenait une condition de mort... En l'acceptant, la Suède se suicidait ; elle voulut vivre...

Et, ce qu'il faut bien remarquer, c'est que l'Angleterre, satisfaite d'écouler quelques produits par la Baltique, durant sa guerre de forme avec les Suédois, ne demanda point à Charles XIII son alliance contre l'empereur des Français ; plus sagement avisées que ce dernier, les têtes diplomatiques de la grande Bretagne pensaient qu'il valait mieux obtenir peu dans le nord de l'Europe, que de tout perdre par un éclat inopportun. Or, si Napoléon, imitant cette prudence, eût fermé les yeux sur le commerce clandestin de la Suède, ou si, voulant à toute force y mettre un terme, il eût offert à ce pays, avec sincérité, une assistance que le prince royal lui demandait avec franchise, il conservait pour allié le souverain que Richelieu, cet homme d'état si subtil, regardait comme une *vedette indispensable* aux intérêts de l'Europe du sud...

En ne s'attachant qu'aux appréciations politiques, on aura donc peine à concevoir comment Napoléon, au moment d'une guerre avec la Russie, jeta à ses pieds les belles chances de succès que lui promettait l'alliance de Charles XIII; comment il négligea de considérer que la Finlande et d'autres provinces du vaste empire des tzars ne pouvaient avoir oublié qu'elles avaient été suédoises; enfin comment il ne se rappela pas que de leurs confins on aperçoit le fastueux Pétersbourg.

Cet oubli des vrais intérêts de la politique française, de la part d'un souverain trop habile pour ne les avoir pas compris, fait ressortir, d'une manière frappante, tout ce qu'il y a de vraisemblable dans l'opinion que nous avons citée. On se sent entraîné, malgré soi, à penser que Napoléon, dans le but de dominer la Suède au gré de ses vastes desseins, fit sciemment tout ce qu'il fallait faire pour l'obliger à se ranger parmi les ennemis qu'il se flattait de vaincre ; et, lorsqu'il agissait ainsi envers une nation qui avait pour prince royal un homme du caractère de Bernadotte, la main de son mauvais génie se cramponnait déjà à sa tête pour en détacher les lauriers. Moins aveuglé par ses passions, il eût vu dès lors son étoile s'obscurcir.

Le ressentiment provoqué par l'invasion de la Poméranie et par les excès qui s'en suivirent fut, sans nul doute, la première, peut-être la principale cause des malheurs et du renversement de l'homme prodigieux dont le nom, au commencement de ce siècle, s'inscrivit à côté des noms d'Alexandre et de César.

« Voyant qu'au lieu de donner quelque motif, quelque prétexte qui pût faire supporter tant d'actes hostiles, a dit un biographe moderne, l'empereur s'obstinait à rendre ces actes plus offensants, en y ajoutant l'insulte du silence, le roi de Suède se décida enfin à suivre le conseil qu'il avait reçu, en 1809, de Napoléon lui-même, lorsque, à la demande de sa protection, il avait répondu : « *Adressez-vous* » *à l'empereur Alexandre, il est grand et géné-* » *reux* [1]*!...* » Il s'y adressa donc immédiatement... Avant la fin de février, le comte Charles de Lœwenhielm fut envoyé à Pétersbourg avec la mission de signer un traité d'alliance.

Cependant Charles XIII, voulant épuiser tous les moyens de conciliation que son âme bienveillante lui inspirait, ordonna qu'une démarche fût faite encore auprès de l'empereur Napoléon, par l'entremise de l'Autriche, alors alliée de la France. En conséquence, le baron d'Engestrom fit parvenir, dans les premiers jours de mars, cette note au comte de Neipperg, ministre de l'empereur François II à la cour de Stockholm.

« Les menaces de la France, ses attaques réi-
» térées contre le commerce de la Suède ; l'en-
» lèvement de près de cent bâtiments destinés
» pour les ports amis et soumis à la France ; le
» séquestre mis sur les propriétés suédoises à
» Dantzig et autres ports de la Baltique ; en-

---

[1] Ce fut la veille de la bataille de Wagram que cette réponse fut faite au comte Gustave de Lœvenhielm, qui s'était rendu, de la part du ro son souverain, auprès de l'empereur Napoléon.

» fin l'invasion de la Poméranie, faite au mépris
» des traités, justifieraient suffisamment la
» Suède de tous les engagements qu'elle aurait
» pu prendre avec les ennemis de la France...
» Mais quel que soit le juste grief qu'elle a
» contre cette puissance, elle ne désire pas la
» guerre, et elle rejette la pensée d'être obligée
» de la faire, même pour conserver son indé-
» pendance et ses lois. La Suède est donc prête
» à écouter toutes les propositions conciliatoires
» qui pourront lui être faites : la justice est pour
» elle.

» Si la Suède avait la conviction que sa ma-
» jesté l'empereur Alexandre arme pour asser-
» vir l'Europe, pour tout soumettre au système
» russe, et étendre ses états jusqu'au nord de
» l'Allemagne, elle n'hésiterait pas un moment
» à se déclarer, et à combattre pour arrêter
» cette ambition ; mais si, au contraire, la
» Russie n'arme que pour sa propre défense,
» pour préserver ses frontières, ses ports et
» même sa capitale d'une invasion étrangère;
» si, en cela, elle ne fait qu'obéir à l'impérieux
» devoir de la nécessité, il est de l'intérêt de la
» Suède de ne pas balancer un moment à dé-

» fendre les intérêts du Nord, puisque les siens
» y sont communs.

» La Suède ne peut pas se flatter de pouvoir,
» comme puissance du second ordre, se sous-
» traire à l'état de servitude dont la France me-
» nace les puissances du premier ordre. Une
» guerre entreprise pour reconquérir la Fin-
» lande n'est nullement de l'intérêt de la
» Suède ; l'Europe est instruite des causes qui
» la lui firent perdre. Entreprendre une guerre
» pour s'en remettre en possession serait mé-
» connaître les intérêts du peuple suédois : cette
» conquête occasionnerait des dépenses que la
» Suède n'est pas en état de supporter, et son
» acquisition, en admettant qu'elle pût s'effec-
» tuer, ne pourrait jamais balancer les dangers
» qui en résulteraient pour elle. Les Anglais
» lui porteraient des coups funestes pendant
» l'éloignement de ses armées ; ses ports seraient
» brûlés ou détruits ; ses villes maritimes ré-
» duites en cendres. D'ailleurs, dès qu'un chan-
» gement s'effectuerait dans le système politique
» de la Russie, soit après des succès, soit après
» des défaites, ses anciennes vues sur la Fin-
» lande ne manqueraient pas de faire peser sur

» la Suède une guerre désastreuse. Le golfe
» Bothnique sépare les deux états ; aucun mo-
» tif de division n'existe, et la haine nationale
» disparaît chaque jour [1], par suite des dispo-
» sitions pacifiques des deux puissances.

» Si la France veut reconnaître la *neutralité
» armée* de la Suède, neutralité qui doit em-
» porter avec elle le droit d'ouvrir ses ports,
» avec des avantages égaux pour toutes les puis-
» sances, elle n'a aucun motif de se mêler dans
» les événements qui pourraient avoir lieu. La
» France s'engagerait à restituer la Poméranie ;
» et, dans le cas où elle refuserait cette restitu-
» tion, que réclament à la fois les droits des
» nations et la foi des traités, sa majesté le roi
» de Suède accepte, à titre de médiateurs, leurs
» majestés l'empereur d'Autriche et l'empereur
» de Russie ; elle se prêtera à une réconciliation
» compatible avec l'honneur national et les in-
» térêts du Nord.

» Sa majesté le roi de Suède, persuadée
» que tous les préparatifs faits par l'empereur
» Alexandre n'ont qu'un but purement dé-
» fensif, et ne visent qu'à procurer à son em-

---

[1] Ceci n'était encore qu'une vérité diplomatique.

» pire cette même neutralité armée que la
» Suède désire établir de concert avec la Rus-
» sie, s'engage à faire tous ses efforts auprès de
» sa majesté impériale, pour qu'une rupture
» n'ait pas lieu avant qu'on se soit entendu sur
» l'époque où les plénipotentiaires suédois, au-
» trichiens et russes, aient pu se réunir pour
» convenir à l'amiable d'un système de pacifi-
» cation qui, basé sur la neutralité sus-men-
» tionnée, en terminant les différends actuelle-
» ment existants entre le Nord et la France,
» puisse assurer à l'Europe le repos dont elle a
» si grand besoin. »

De cette note, transmise par le cabinet de Vienne à celui des Tuileries, il ne résulta que l'ultimatum impérial agité depuis la fin de 1811, et dont nous avons rapporté le texte[1]. Au point où les choses en étaient venues, la démarche du roi de Suède ne pouvait avoir aucune suite favorable; tout ce qu'il demandait était absolument opposé au système de l'empereur Napoléon, et personne assurément ne s'attendit à ce que, après avoir été si loin, lorsque la Suède ne sollicitait aucun traité contraire à la politique

[1] Voyez ci-dessus, page 252.

française; il reviendrait sur ses pas quand il devenait évident que cette puissance traitait avec l'autocrate, ainsi qu'on pouvait le conclure de la note elle-même. Du reste les neutralités armées sont dès longtemps jugées pour ce qu'elles sont : un état de transition entre le moment où l'on a pris les armes et l'occasion de s'en servir avec avantage.

Dans la position géographique et politique de la Suède, une neutralité armée ne pouvait être d'ailleurs qu'un être de raison; il était clair qu'une des deux grandes puissances belligérantes devait l'entraîner dans son système. Durant la campagne de 1812, Napoléon temporisa avec Charles XIII, parce qu'il ne pouvait, sans compromettre ses opérations contre la Russie, former un détachement de cent mille hommes, qu'il eût fallu séparer de sa grande armée pour combattre les Suédois. Mais il y aurait trop de candeur à penser qu'il ait ignoré les relations de la cour de Stockholm avec Alexandre et l'Angleterre. Si l'autocrate eût succombé, c'en était fait de l'indépendance suédoise, et peut-être du trône glorieux où l'on vit fleurir Gustave-Adolphe et Charles XII. Celui qui devait un jour occuper ce trône comprit parfaitement la situation critique où l'état de son père était engagé ; Charles-Jean prévit l'extrémité terrible qui pouvait la suivre : il voyait suspendue au-dessus de sa tête une autre épée de Damoclès ; il mit tout en œuvre, ainsi que nous le verrons bientôt, pour faire sortir le tzar triomphant de la lutte redoutable qu'il allait avoir à soutenir.

Les négociations du comte Charles de Loewenhielm furent rapides et décisives : dès le 24 mars, un traité d'alliance entre Alexandre et Charles XIII fut signé à Pétersbourg. Les bases de ce traité, que devait suivre la convention de Vilna, furent, pour l'empire russe, la sécurité de son flanc droit et la promesse d'une coopération active de la Suède. Cette puissance, de son côté, eut l'assurance d'être soutenue par Alexandre, dans la conquête de la Norvége [1].

Deux assertions ont été proclamées comme

---

[1] On lit dans un manuscrit suédois qui nous a été communiqué : « De quel droit, a-t-on dit, la Suède s'emparerait-elle de la Norvége ? Du droit, assez universellement reconnu, d'attaquer son ennemi et de faire sur lui des conquêtes; du droit qu'a eu la Prusse de se donner la Silésie, l'Autriche, les provinces italiennes, la Russie, les provinces polonaises et la Finlande, l'Angleterre, l'Irlande, et l'Ecosse, etc., etc. Les Danois étaient dans la ligne de nos ennemis; donc ils étaient les nôtres. Depuis trois ans, d'ailleurs, ils étaient les douaniers de Napoléon dans le Sund et dans les Belts, et exerçaient contre nous des hostilités aussi réelles que dommageables. »

des vérités incontestables, à propos de l'alliance conclue entre la Suède et la Russie; il importe d'en démontrer la fausseté.

Premièrement, on a dit que le prince royal, obéissant à son animosité contre Napoléon, s'était hâté, à son arrivée en Suède, de rechercher l'amitié de l'empereur de Russie, et même d'affaiblir, de tout son pouvoir, la bonne intelligence qui régnait alors entre lui et l'empereur des Français. Or, nous avons montré précédemment que la première démarche vint du tzar, et qu'elle fut déterminée par l'inquiétude de ce prince. On a vu même qu'il y eut quelque gaucherie dans cette initiative, confiée au général Czernicheff. On a vu aussi que, dès les premières communications, qui ne furent en rien hostiles à Napoléon, Charles-Jean avait nettement déclaré à l'autocrate que la Suède entendait *rester parfaitement indépendante.*

Secondement, l'on a prétendu que, depuis longtemps d'accord avec Alexandre, dans ses rapports secrets, le prince royal de Suède avait cependant attendu les désastres de l'armée française pour s'allier ouvertement à la Russie. La chronologie officielle suffit pour démentir cette assertion : le traité de Pétersbourg, et non celui d'*Abo*, avec lequel on l'a confondu, quoique celui-ci lui soit postérieur de six mois, fut signé, comme nous l'avons dit, le 24 mars 1812, c'est-à-dire longtemps avant l'ouverture de la campagne, qui ne commença que vers la fin de juin. Loin d'avoir attendu pour former cette alliance que le colosse de puissance qui pesait sur l'Europe, fût ébranlé, la Suède rompit avec lui dans le temps qu'il se montrait le plus menaçant. Elle s'arma de ce courage du désespoir qui fait quelquefois l'impossible; et l'on sait tout ce qu'elle avait tenté auprès de Napoléon pour éviter cette extrémité.

Lorsque le traité de Pétersbourg fut conclu, la Russie était encore en guerre avec l'Angleterre et la Turquie. Cette situation, au moment d'une rupture avec l'empereur des Français, pouvait devenir fort critique; peut-être Alexandre ne le sentait-il pas assez vivement; et le chancelier Romanzow, subjugué par l'ascendant que la renommée de Napoléon exerçait sur les esprits, semblait éloigner, par des exigences exorbitantes, tout moyen de pacification avec le divan et le cabinet de Saint-James.

Le premier soin du prince royal de Suède, après les conclusions de Pétersbourg, fut de démontrer à son nouvel allié qu'au prix même des plus fortes concessions, il devait traiter avec le grand-seigneur et l'Angleterre. En conséquence, son altesse royale, pendant la durée de la diète ouverte à Oérebro, le 27 avril 1812, s'occupa directement d'activer les négociations commencées entre le ministre russe Suchtelen et le ministre anglais Thornton; tandis que, de l'aveu du tzar, le prince royal envoyait à Constantinople, le comte de Tawast, pour presser les conférences, trop lentes, qui se tenaient à Bucharest. Cet envoyé, s'autorisant avec habileté de l'estime que les Turcs ont toujours conservée pour les Suédois, contribua puissamment à faire conclure enfin cette paix, que les difficultés inopportunes du chancelier Romanzow, avaient éloignée.

Cependant les négociations ouvertes en Suède, entre sa majesté britannique et l'empereur Alexandre, n'avaient encore produit, au milieu du mois de juin, qu'un projet de traité, qui parvint, le 22 au tzar à Vidzi. Le même jour, ce prince, après avoir approuvé ce projet, fit écrire à MM. de Suchtelen et de Nicolaï, ses plénipotentiaires à Oérebro, la lettre suivante :
« Messieurs, sa majesté impériale, qui n'a rien

» de plus cher que les intérêts de la Suède, se
» porte avec plaisir à un nouveau sacrifice qui
» puisse la satisfaire. Elle vous prescrit, mes-
» sieurs, de signer la paix avec l'Angleterre,
» dès que vous serez invités à le faire par sa
» majesté suédoise, et de la signer pure et sim-
» ple, d'après le projet que vous avez envoyé
» par votre dernier courrier, et que je vous re-
» tourne ici, approuvé par sa majesté impé-
» riale, sans rien stipuler de particulier en
» faveur de la Russie.

» Vous voudrez, bien, messieurs, porter à
» la connaissance du roi, et à celle du prince
» royal, l'ordre que vous venez de recevoir, et
» qui met entièrement à leur disposition le
» droit de résoudre une aussi grande question
» politique que l'est celle de la pacification de
» la Russie avec l'Angleterre. Jamais la Suède,
» ni aucune autre puissance, n'a reçu un té-
» moignage plus grand, plus honorable, du cas
» que l'on fait de son amitié.

» Sa majesté, messieurs, ne fait pas de doute
» que le roi s'y montrera sensible, et s'attend à
» ce que la coopération promise par ce monar-
» que, et qui fait la base sur laquelle repose
» notre traité d'alliance, aura positivement son

» plein et entier effet; que l'accord des deux
» puissances, que leur énergie constaté aux
» yeux de l'Europe entière, prouvera combien
» cette nouvelle alliance a de force et d'utilité
» réelle et réciproque.

» *Signé* le comte de Romanzow. »

Cette lettre portait évidemment un double caractère : l'élan chevaleresque d'Alexandre en avait dicté le commencement; la politique du chancelier se révélait à la fin; et l'on pouvait reconnaître, dans cette dernière partie, le mécontentement, mal déguisé, du ministre russe. Le traité, approuvé par l'empereur, fut immédiatement signé à Oérebro.

Sans la double pacification que nous venons de mentionner, Alexandre se fût trouvé dans l'impossibilité de soutenir la guerre contre Napoléon; il eût été contraint de traiter dès Vilna. Ainsi, secondé par la coopération active du prince royal de Suède, l'autocrate vit, non-seulement finir ses différends avec l'Angleterre, mais encore tourner à son avantage la grande faute que Napoléon commettait en marchant contre la Russie, sans s'être assuré si du moins la continuation des hostilités en Moldavie lui garantissait une diversion sur sa droite. Et lorsque l'on songe que, dans ce même moment, les excessives rigueurs de ce prince envers la Suède allaient, à sa gauche, lui jeter un nouvel ennemi sur les bras, on est tenté de répéter, après les fatalistes, qu'il était entraîné à sa perte par une prédestination funeste [1].

Ce que Charles XIII pouvait faire de mieux dans cette circonstance, la conduite politique la plus sage que les événements lui prescrivissent, c'était, quant aux hostilités ouvertes, de temporiser encore avec Napoléon; descendre dans la lice contre lui, lorsqu'il n'attaquait pas, eût été une imprudence digne de Gustave IV. Certes, l'empereur des Français n'ignorait ni les alliances ni les dispositions du cabinet de Stockholm; ménager alors les Suédois n'entrait nullement dans ses projets; seulement il attendait une occasion favorable pour éclater...

---

[1] Au début des hostilités, l'alliance de l'empereur Napoléon avec la Prusse était si vaguement arrêtée, au moins dans ses détails, que la division Gudin, du premier corps de l'armée française, partie de Magdebourg, place alors westphalienne, fut arrêtée aux frontières du territoire prussien. Il fallut faire de la diplomatie sous le reflet des baïonnettes, et cela fut long.

Mais le prince royal, de son côté, ne se laissait point abuser par les apparences; il mettait le temps à profit... A Stockholm, comme à Paris, on amusait le tapis diplomatique : de la part de la Suède, c'était une habile manœuvre; de la part de Napoléon, il y avait impossibilité d'agir autrement.

Ce ne fut pas seulement par sa coopération diplomatique que Charles-Jean seconda l'empereur Alexandre, dont les défaites décisives eussent entraîné la perte de la Suède; nous avons sous les yeux des témoignages authentiques des conseils stratégiques qu'il lui fit parvenir à diverses reprises. Voici un passage d'une lettre écrite d'Oérebro, le 6 juillet, et qui nous semble d'un puissant intérêt sous divers rapports :

« Le passage du Niémen, que l'empereur
» Napoléon vient d'effectuer à Kawno, me pa-
» raît bien hasardé; car si votre majesté a pu
» avoir deux cent mille hommes sous sa main,
» et qu'elle ait marché pour l'attaquer, en
» même temps que le corps de dix mille cosa-
» ques placé à Byntistock se sera porté sur ses
» derrières, pour intercepter ses convois, dé-
» truire ses réserves d'artillerie et sabrer ses

» traîneurs, je ne mets aucun doute qu'elle
» n'ait obtenu les plus brillants succès. Si, au
» contraire, la grande ligne de votre majesté
» n'était pas concentrée, et que l'ordre dans
» lequel elle se trouvait placée ne lui ait pas
» permis d'effectuer ce mouvement, je pense
» que ma lettre trouvera une partie des armées
» de votre majesté derrière la Dvina. Ce serait
» fâcheux, sans doute, puisque de belles pro-
» vinces, particulièrement la Lithuanie, se
» trouveraient envahies, et que l'empereur
» Napoléon pourrait facilement réaliser son pro-
» jet de rétablir le royaume de Pologne[1]. Nous
» avons à regretter, sire, de ne l'avoir pas pré-
» venu dans une affaire d'une importance aussi
» majeure ; je m'en étais expliqué depuis long-
» temps avec M. le général Suchleten ; mais
» quoique l'élection d'un roi de Pologne pa-
» raisse maintenant manquée pour la Russie,
» je n'en crois pas moins nécessaire de persister
» dans ce projet, en faisant proposer la cou-
» ronne au prince Poniatowski. Je puis assurer

---

[1] Ce projet, Napoléon l'avait eu peut-être, mais il ne l'avait plus depuis son inutile alliance avec l'Autriche, dont il craignait de froisser les intérêts en lui reprenant sa portion de Pologne. Ce fut encore là une grande faute.

» votre majesté, d'après des notions qui me
» sont parvenues, que ce prince paraît n'avoir
» pas encore renoncé entièrement à l'espoir de
» monter sur le trône de son oncle; je serais
» bien trompé s'il ne compte pas toujours sur
» l'assistance de votre majesté : c'est à elle à ju-
» ger, dans sa sagesse, si l'armée polonaise peut
» être détachée, et si, en faisant mouvoir les
» ressorts qui flattent les hommes et éblouissent
» les nations, l'on pourrait arracher ces con-
» trées fertiles à l'influence de l'empereur Na-
» poléon. »

Une telle entreprise, de la part d'Alexandre, pouvait en effet offrir des chances de succès, après l'échec de la grande députation polonaise auprès de Napoléon à Vilna : cette brave nation fut mécontente; lorsque l'armée française traversa le territoire Lithuanien, elle en trouva la population refroidie; l'intérêt de la Pologne, qui venait de se briser contre la politique aussi malheureuse qu'obstinée de l'empereur des Français, avait éteint, parmi les habitants de ce pays, l'enthousiasme que leur inspirait naguère encore sa renommée. Mais Alexandre n'eut jamais un instant l'intention de rendre la nation polonaise indépendante : la Pologne lui plaisait, considérée comme un des beaux fleurons de sa couronne, non comme l'attribut d'une couronne placée sur une autre tête que la sienne, moins encore d'une couronne élective... Les événements ultérieurs ont porté dans cette question les lumières terribles de l'incendie.

« Le prince royal continuait : si l'empereur
» Napoléon marche sur la Dvina pour en forcer
» le passage, et que votre majesté impériale
» veuille se défendre en attaquant brusquement
» ses têtes de colonnes lorsqu'elles parviendront
» sur la rive droite, il pourrait se repentir de
» sa témérité, surtout si les troupes légères
» peuvent rester entre le Niemen et la Dvina,
» pour en contenir les habitants, même les
» forcer à s'armer, à l'imitation des Espagnols.
» Dans tous les cas, sire, si la gauche de votre
» majesté peut se mettre en position d'attaquer
» le flanc droit de celle de l'empereur Napoléon,
» ce mouvement, qui soutiendra les cosaques,
» l'empêchera de passer la Dvina. »

Une dépêche du 13 juillet contient d'autres détails d'un intérêt historique non moins important. Le prince royal écrivait à l'empereur Alexandre : « Nos armements continuent, et

» trente-cinq mille Suédois seront rendus à la
» fin de ce mois sur les points d'embarquement.
» Une seconde armée va se rassembler sur la
» frontière de Norvége, pour observer tous les
» mouvements qui pourraient avoir lieu sur ce
» point.

» Dans mes entretiens avec M. le général Su-
» chtelen, il y a près de quatre mois, je lui re-
» présentais l'urgence de mettre Riga en état
» de soutenir un siége, au moyen de camps re-
» tranchés, indépendants les uns des autres;
» mais soutenus par le feu de la place, et à peu
» près dans le même genre que ceux qui cou-
» vraient Pierre-le-Grand à la bataille de Pul-
» tawa. Si ces ouvrages sont déjà élevés, la ville
» de Riga, défendue seulement par quinze à
» vingt mille hommes et des généraux auda-
» cieux, doit arrêter longtemps les forces de
» l'empereur Napoléon sur la Dvina [1].

» Votre majesté ne saurait trop menacer le
» flanc droit de l'empereur Napoléon, pour le

---

[1] On sait que le maréchal Macdonald fut chargé de faire le siége de Riga ; ses opérations devenaient menaçantes; il réunissait déjà assez de grosse artillerie pour attaquer la place avec de grandes chances de succès. Mais les désastres de la retraite l'obligèrent à suivre ce mouvement rétrograde, qu'il opéra, pour son compte, sans avoir perdu un canon, malgré la défection du corps prussien commandé par le général York.

» forcer à changer son ordre de bataille, de
» manière à ce qu'il présente son flanc gauche,
» sur lequel votre majesté pourrait tomber brus-
» quement avec sa première armée et sa réserve.
» Dans le même temps, la garnison de Riga fe-
» rait des courses pour menacer les derrières
» de son centre et sa gauche. »

Charles-Jean, dans sa correspondance avec Alexandre, s'efforçait de couvrir les conseils qu'il lui donnait pour conjurer ses dangers, du vernis de l'espérance, et l'on a vu qu'il lui annonçait le concours prochain de trente-cinq mille Suédois. Cette armée était prête en effet; mais, pour la faire mouvoir, le nerf de la guerre manquait, et l'Angleterre ne se hâtait pas de réaliser les subsides promis par le traité d'Oérebro. Son altesse royale écrivait le 2 août au comte Charles de Lœwenhielm, qui se trouvait près du tzar. « Les dispositions qui existent
» entre la Grande-Bretagne et nous, au sujet
» des subsides dont nous avons besoin pour
» exécuter le plan convenu et entreprendre
» l'expédition projetée, sont de nature à ne
» pas me permettre une longue absence [1]... Si

---

[1] Ceci se rapporte à une entrevue projetée entre l'empereur Alexandre et le prince royal de Suède.

» des alliés sur lesquels la Suède a fondé ses espé-
» rances élèvent journellement des difficultés,
» l'empereur de Russie a eu raison de vous
» dire que le sort de l'Europe sera décidé sur le
» théâtre qu'occupent maintenant, ou qu'occu-
» peront par la suite les deux armées impé-
» riales. »

Le cabinet de Saint-James concevait parfaitement que tel pourrait être le résultat des hostilités du Nord; mais il savait aussi que, de quelque côté que se rangeât la victoire, la position géographique de l'Angleterre séparerait toujours sa destinée de celle du reste de l'Europe; et c'était peut-être pour cela que, peu encouragée par le début des armes russes, la politique anglaise hésitait à jeter des subsides sur le continent.

Le plan de campagne réservé à la Suède pouvait cependant exercer une grande influence sur les événements militaires, puisque, indépendamment des opérations contre le Danemarck, en Séelande, il devait consister à produire une diversion dans le nord de l'Allemagne, dont on se fût efforcé de soulever les habitants contre la rude domination de Napoléon. Dans ce double but, trente-cinq mille Russes devaient se joindre à l'armée suédoise : ce corps imposant était réuni dans les premiers jours d'août; mais le mouvement de retraite de l'armée d'Alexandre sur Moscou rendit hypothétique la réussite du plan d'une diversion en Allemagne, au moins pour le moment où le succès des armes françaises pouvait intimider les Allemands. Si en effet ils songeaient à briser sur leur front le joug du dominateur de la Germanie, sa marche hasardée et lointaine ne suffisait plus pour les rassurer; ils savaient que si Napoléon soumettait les Russes en Moscovie, sa vengeance aurait bientôt atteint les insurgés du nord de l'Allemagne.

La guerre contre le Danemarck et la grande diversion projetée parurent au prince royal lui-même devoir être ajournées : ce fut avec des projets d'une exécution plus urgente qu'il partit pour Abo, en Finlande, rendez-vous convenu entre lui et l'empereur de Russie, pour une entrevue indispensable.

Dans une lettre, qui précéda de quelques jours le départ du prince, il marquait à l'empereur : « A toutes les levées que votre ma-
» jesté vient d'obtenir, je pense qu'elle aura
» ajouté cette armée valeureuse et aguerrie qui

» a fait trembler le croissant. Je crois que votre
» majesté doit la faire venir en poste, et la di-
» riger sur la capitale de la Lithuanie. Cette
» marche me paraît devoir intimider d'autant
» plus l'empereur Napoléon que, quand même
» il serait victorieux à Smolensk, aucun de ses
» renforts ne pourrait plus lui parvenir. Si, au
» contraire, la bataille a été indécise, ce mou-
» vement audacieux le forcera, ou à repasser le
» Niemen, ou à détacher un grand corps pour
» aller au-devant de ces braves. Dès lors votre
» majesté peut reprendre l'offensive. »

Ce conseil, qui ne put être suivi à temps pour prévenir l'occupation de Moscou, prouve que Charles-Jean calculait en stratége habile les chances hasardeuses auxquelles Napoléon s'était abandonné : ce fut, en effet, mais plus tard, l'armée russe arrivant de la Volhynie qui devint la principale cause des désastres de nos troupes dans la retraite de 1812.

Le prince royal de Suède se rendit à Abo vers le milieu d'août; les conférences commencèrent le jour même de son arrivée. Dans la situation fort grave où se trouvait l'empereur Alexandre lors de cette entrevue, on conçoit qu'il dut faire beaucoup pour gagner l'affection de l'héritier du trône de Suède, dont les talents, le courage et la résolution, offraient à sa majesté autant d'éléments d'espérance. L'autocrate ne s'était point encore trouvé avec cet homme supérieur, dont les inspirations fécondes, le langage animé et le regard étincelant de pensée commandaient cette confiance spontanée, que l'on accorde au génie; celle d'Alexandre augmentait à mesure qu'il entendait le prince développer les moyens de résister à l'empereur des Français, et de soustraire l'Europe au joug qu'il faisait peser sur elle. Charles-Jean attribuait l'ascendant de ce potentat aux fautes commises par les souverains, plus encore qu'aux conceptions de leur vainqueur.

Frappé de la noble assurance avec laquelle le prince royal lui parlait, entraîné par la force de ses raisonnements, Alexandre reconnut, dès ce premier entretien, tout l'avantage qu'il pouvait espérer d'un allié de cette importance. « Prince, lui dit-il, je veux ajouter à l'adoption » de Charles XIII celle de ma propre maison. » — Cette offre est très-flatteuse pour moi, ré» pondit son altesse royale; mais je ne puis » l'accepter : ce serait mal commencer la grande » entreprise de limiter l'ambition de Napoléon

» que de laisser ouvrir une nouvelle carrière à
» la mienne ; je la borne à répondre dignement
» à la glorieuse élection d'un peuple libre, et
» à mon adoption par son roi ; si j'acceptais un
» autre titre, on pourrait penser que ceux-là
» me paraissent insuffisants, et je n'ai garde de
» blesser à ce point l'amour-propre de la nation
» suédoise. Mes soins et mes efforts tendront
» à assurer son indépendance, qui ne peut être
» bien affermie que par l'acquisition de la Nor-
» vége. Voilà mon but ; tel doit être mon lot ;
» si je suis destiné à l'étendre, j'y serai conduit
» par les événements, non par mon ambition
» personnelle. »

Lorsque les articles du traité furent agités, les Suédois qui accompagnaient le prince insistaient pour que l'empereur donnât à la Suède quelques garanties : les uns parlaient de la restitution de la Finlande jusqu'à Abo inclusivement ; d'autres se contentaient des îles d'Aland et de tout le territoire jusqu'à Menborg... Le baron d'Armfeldt, Suédois de naissance, et alors aide-de-camp du tzar, émit l'avis que la Suède devait obtenir une concession quelconque : le général Aminof, autre Suédois au service de Russie, partageait cette dernière opinion... « J'accor-

» derais avec plaisir ce qu'on me demande, dit
» Alexandre, dans une des dernières séances;
» mais je suis certain que cette concession me dé-
» considérerait dans mon pays. Je préfère vous
» mettre en dépôt les îles d'Oisel, Dugo et Riga. »
Le prince royal pria alors l'empereur de lui
dire franchement s'il croyait qu'une telle disposition serait mal accueillie par ses sujets : sur la réponse affirmative de sa majesté, Charles-Jean reprit : « Je renonce à toute garantie; je
» n'en veux d'autre que celle de votre parole,
» et je m'en rapporte entièrement à vous. »
Touché d'un tel procédé, Alexandre serra affectueusement la main du prince en lui disant :
« Je n'oublierai de ma vie la réponse loyale et
» généreuse que vous me faites... » Il ne faut que se pénétrer de l'impression qu'une telle générosité dut produire sur Alexandre, pour repousser l'idée de la prétendue mésintelligence qui aurait régné entre ces deux princes, lorsque Charles-Jean eut ceint la couronne; s'il exista quelque refroidissement passager dans leur intimité, ce ne put être que bien antérieurement au règne de ce prince, et à une époque où le tzar, aigri par le malheur, était devenu d'une exigence irréfléchie envers son allié, exi-

gence que, plus tard, il condamna lui-même.

La convention additionnelle d'Abo, signée le 18 août 1812, portait, en substance, les dispositions suivantes.

« Pour donner plus d'extension au traité d'alliance signé à Pétersbourg le 24 mars dernier, sa majesté l'empereur de toutes les Russies, afin d'accélérer l'époque à laquelle sa majesté le roi de Suède doit opérer une diversion en faveur de l'armée russe, dans le nord de l'Allemagne, s'engage à porter à trente-cinq mille combattants le corps auxiliaire promis à la Suède : vingt-cinq mille hommes seront rendus en Scanie vers la fin du mois de septembre prochain, et les dix mille hommes restants à la fin de novembre, si la saison le permet. Aussitôt que ces forces seront réunies sur le point convenu, sa majesté le roi de Suède commencera les opérations, d'abord contre les îles danoises. Au cas où le roi de Danemarck ne se déciderait pas à céder volontairement le royaume de Norvége à la Suède, et à joindre ses troupes à l'armée russe et suédoise, pour les faire agir, de concert, contre l'ennemi commun, le prince royal de Suède, commandant les troupes combinées, attaquerait l'île de Séelande, sauf à n'en point disposer sans l'assentiment du gouvernement britannique. En réciprocité des facilités que sa majesté l'empereur de Russie promet à la Suède, si, à la suite des événements militaires, sa majesté obtient que les frontières de l'empire russe soient portées jusqu'à la Vistule, sa majesté le roi de Suède déclare qu'il regardera cet accroissement de territoire comme une juste récompense des efforts que l'empereur aura faits contre l'ennemi commun, et lui en garantira la possession. Sa majesté britannique sera également invitée à donner une pareille assurance et garantie à sa majesté l'empereur de toutes les Russies.

» Relativement à la diversion à opérer en Allemagne ou ailleurs, par l'armée aux ordres de son altesse royale le prince royal de Suède, ainsi que relativement à toutes les autres stipulations arrêtées, soit par le traité d'alliance du 24 mars, soit par les conventions additionnelles de Vilna, en date du 3 juin, il n'y sera apporté aucun changement autre que ceux stipulés par la présente convention. Les hautes parties contractantes réuniront leurs instances pour obtenir du gouvernement britannique son accession au traité d'alliance signé par elles, et à la réunion de la Norvége à la Suède.

Un article secret et séparé portait : « Les deux hautes parties contractantes voulant, d'un commun accord, donner à la présente alliance la force et le caractère d'un pacte de famille, s'engagent réciproquement, au cas qu'une puissance quelconque cherchât à troubler la sûreté et la tranquillité de la Suède et de la Russie, à se prêter, afin de réprimer ces projets hostiles, les secours qui pourraient être nécessaires, et qui n'excéderaient jamais le nombre de douze à quinze mille hommes. Cet article séparé et secret aura la même force que s'il était inséré, mot à mot, dans la convention additionnelle, et sera signé en même temps.

Ce traité, supplémentaire à celui de Pétersbourg et aux conventions de Vilna, était signé, pour l'empereur de Russie, par le comte Nicolas de Romanzow ; pour le roi de Suède, par le comte Charles de Lowenhielm : ce dernier avait tenu la plume pendant les conférences.

Lorsqu'elles furent terminées, le prince royal de Suède, après avoir passé la revue des trente-cinq mille Russes qui devaient être mis sous ses ordres, tint à l'empereur ce discours, certainement inattendu : « J'ai vu les troupes que vous
» me destinez ; elles sont bonnes et belles : c'est

» l'élite de votre armée. Mais vous en avez un
» besoin urgent; Wittgenstein se défend comme
» un lion sur la Dvina; mais il s'affaiblit; il ne
» lui reste pas quatorze mille hommes, je le
» sais. Il est impossible que Macdonald et Vic-
» tor ne finissent pas par lui passer sur le corps
» et aller à Pétersbourg... Envoyez-lui ces
» trente-cinq mille hommes. — C'est beau, ce
» que vous faites là, prince, » répondit l'empereur Alexandre; « mais je ne dois pas l'ac-
» cepter; comment auriez-vous la Norvége? —
» Si vous êtes heureux, » répliqua Charles-
Jean, « je l'aurai toujours; vous tiendrez vos
» promesses. Si vous succombez, sire, l'Europe
» est asservie; les couronnes seront flétries; on
» ne les portera que sous le bon plaisir de Na-
» poléon : *Mieux vaut labourer un champ que*
» *régner à cette condition.* »

L'argument était sans réplique; Alexandre accepta. Les trente-cinq mille Russes n'avaient que le golfe de Finlande à traverser pour arriver à leur nouvelle destination; elles joignirent Wittgenstein dans le délai de huit jours. Il était temps; sans ce renfort, Pétersbourg voyait, avant un mois, les aigles françaises; la Russie et la Suède étaient asservies.

L'attaque de la Séelande fut remise à l'année suivante; et quant à la diversion à faire dans le nord de l'Allemagne, il fallut également en ajourner l'exécution, qui ne tenait pas seulement à la réunion des troupes, mais à celle des ressources suffisantes pour les faire mouvoir. Charles-Jean retourna à Stockholm.

La correspondance du prince royal avec l'empereur Alexandre continua; son altesse royale, d'après la demande formelle que lui en avait faite sa majesté, lui continua aussi ses conseils sur les opérations des armées russes; et ce qu'il devait, à cet égard, épargner à la susceptibilité du souverain, lui était transmis, avec des formes de cour, par le comte de Lowenhielm, qui se rendit à Pétersbourg dans le courant de septembre. Cet intermédiaire, à part les intérêts communs entre la Russie et la Suède, fut surtout d'une grande utilité pour faire connaître au prince royal, sous leur véritable jour, les opérations de la campagne. Il importait essentiellement que son altesse royale ne fût pas abusée par ces succès de pur amour-propre dont les Russes avaient alors l'habitude de couvrir leurs défaites. La Suède attachait, comme on le pense bien, un grand intérêt à connaître la vérité, même sous son point de vue le plus affligeant.

Car, à une époque où les destinées de cette monarchie venaient de se lier étroitement à celle de l'empire russe, Charles-Jean n'avait pas prétendu se prévaloir d'une générosité d'apparat, lorsqu'il s'était décidé à changer la destination des trente-cinq mille hommes promis à Charles XIII par le traité d'Abo : il venait de sonder profondément la blessure de la coalition. Riga pris, les Français, par une marche rapide, que rien ne pouvait plus suspendre, arrivaient à Pétersbourg, et le prince royal ne s'était point exagéré les suites d'une telle catastrophe. On avait entendu, dans cette même campagne, l'empereur Napoléon exalter, comme un acte de haute politique, la dispersion des Saxons après leur dernière soumission par Charlemagne... L'envoi des trente-cinq milles Russes à Wittgenstein résultait donc surtout de la prévoyance d'un général habile, qui fait porter un renfort vers le point le plus vulnérable de son ordre de bataille... ; et son altesse royale savait que si la Russie tombait, il n'y avait plus de Norvége à conquérir, peut-être plus de Suède à conserver.

Ces terribles appréhensions n'avaient pas cessé, quoique Riga résistât : les nouvelles qui parvenaient de l'armée russe opposée à l'empereur Napoléon étaient loin d'être rassurantes. Le prince royal de Suède, pénétré de la situation imminente du nord de l'Europe, ne se bornait pas à conseiller le tzar comme capitaine, il s'efforçait de prévenir le découragement de ce prince, et de relever ses espérances, affaiblies par les rapides succès de Napoléon. « Sire, » lui écrivait-il, « la vitesse avec laquelle
» les événements se succèdent fixe les regards
» de l'Europe alarmée. Les hommes timides dés-
» espèrent ; mais les braves, et ceux-ci sont
» en grand nombre quand le chef en impose
» à propos, sont persuadés que c'est du sein
» de votre empire que sortira un équilibre po-
» litique, ou au moins un système de contre-
» force, qui limitera la puissance dominatrice...
» Les immenses ressources dont votre majesté
» peut disposer, les armées exercées et aguer-
» ries qu'elle peut mettre en campagne, la cause
» légitime pour laquelle elle combat, la certi-
» tude qu'elle a qu'il s'agit à présent, non-seu-
» lement du sort de son empire, mais aussi de
» son honneur particulier, de sa sûreté person-

» nelle et de l'éclat qui doit accompagner sa
» mémoire ; tout cela, sire, doit tranquilliser
» votre majesté sur l'avenir, et en descendant
» au fond de sa conscience, elle y trouvera
» toujours cette satisfaction intérieure qui est
» l'apanage des bons princes. »

La courte entrevue d'Abo avait suffi à Charles-Jean pour bien connaître le caractère d'Alexandre ; il le comprenait tel que l'histoire le peindra, grand à la manière de Louis XIV, c'est-à-dire aimant les grandeurs qui brillent, qui éclatent, qui imposent aux yeux et à l'imagination ; mais doué d'une résolution insuffisante, trop superficiel surtout pour conquérir la magnanimité avec labeur et persévérance. Le prince royal sentait qu'un semblable naturel devait être soutenu par des moyens puissants, par des métaphores hardies ; et quelquefois son altesse royale mêlait ces dernières aux avis et réflexions que renfermait sa correspondance : c'était encore un effet de son habileté.

Cependant près de trois mois s'étaient écoulés depuis la conclusion du traité d'Abo, et l'on attendait encore l'accession de l'Angleterre à ses dispositions, notamment en ce qui concernait la réunion du royaume de Norvége à la

Suède : le silence du cabinet de Saint-James à cet égard prouvait trop au prince royal que les alliances politiques, de quelque côté qu'elles soient conclues, traînent toujours à leur suite plus d'un genre de déception. Charles-Jean, fatigué des lenteurs diplomatiques du ministère anglais, écrivit directement au prince régent. Il représenta à son altesse royale que si, par le défaut de forme dont il se plaignait, les conventions d'Abo ne pouvaient être exécutées, en ce qui touchait la Norvége, les Suédois, justement alarmés de se trouver sans garantie sur leur propre sûreté du côté du Danemarck, ne pourraient se prêter qu'avec une extrême répugnance à opérer une diversion dans le nord de l'Allemagne.

Telle était la situation des choses, lorsque le bruit de l'entrée des Français à Moscou retentit à Stockholm comme la foudre. Cet événement, ainsi que tous ceux qui s'étaient succédés jusqu'alors, avait été dénaturé par l'orgueil russe, ou par la politique du cabinet de Pétersbourg. Ainsi l'armée de Napoléon, sortie de la sanglante journée de Borodino sans aucun avantage, sans aucune gloire, n'occupait l'ancienne capitale des tzars, que par suite des profondes combinaisons des généraux d'Alexandre; et l'incendie de cette ville immense avait été allumé par des mains françaises. Certes! il ne peut tomber sous le sens d'aucun homme réfléchi, que le prince royal de Suède ait ajouté foi à ces fables absurdes : un aussi grand capitaine ne croit point à la retraite de troupes triomphantes; encore moins peut-il se persuader qu'une armée d'invasion, parvenue dans un centre de ressources, accablée de fatigue et de besoins, se condamne, de gaieté de cœur, à toutes les privations. Si Charles-Jean, dans les lettres adressées à l'empereur de Russie, parut avoir accueilli la fausse nouvelle du succès des Russes à Borodino, et de l'incendie de Moscou ordonné par Napoléon, c'est qu'il sentit la nécessité de traiter sa majesté impériale avec le ménagement dû au malheur [1].

[1] L'auteur de cette histoire était à Moscou, chargé de la police supérieure des hôpitaux; il a vu commencer l'incendie dans le plus grand repos de l'armée française. Il a vu pendre ensuite, par ordre de l'empereur Napoléon, une partie des malfaiteurs laissés dans la ville pour exécuter cet attentat. Les militaires qui se trouvaient alors au quartier-impérial se rappelleront le spectacle hideux de ces hommes, justement suppliciés, attachés aux arbres d'une promenade : le souvenir d'une telle perspective ne s'efface pas!... Faut-il ajouter que le comte de Rostopchin, gouverneur de Moscou, en 1812, dans un mémoire publié vers l'année 1820, a expliqué le but politique de l'incendie de Moscou.

Lorsqu'on apprit en Suède que Moscou était tombé au pouvoir des Français, tous les regards se tournèrent vers le prince royal : les partisans de Napoléon se demandaient si Charles-Jean serait assez téméraire pour persister dans les alliances récemment contractées; les amis du système d'indépendance, disaient : Sera-t-il maintenant en son pouvoir de rester fidèle à ses engagements. Son altesse royale comprit qu'il devait, dans cette circonstance, à la Suède et surtout à la capitale, une ouverture qui fît sur-le-champ cesser toutes les incertitudes. Il y avait cercle à la cour : on attendait avec anxiété l'arrivée du prince; lorsqu'il entra dans les appartements, on chercha à lire sur ses traits les impressions de son âme; on épia les premières paroles qu'il allait prononcer. Il s'approcha du ministre russe : « Je déplore le sort de votre » seconde capitale, » lui dit-il; « mais je félicite » l'empereur Alexandre; *Napoléon est perdu.* » Oui, monsieur, » poursuivit son altesse royale, en se tournant vers le chargé d'affaires d'Autriche, « Napoléon est à Moscou, et il est » perdu : vous pouvez écrire à votre cour que » tel est mon avis sur cet événement. » Puis, revenant au général Suchtelen, le prince ajouta :

« Un courrier, parti il y a deux heures, porte
» au comte de Loewenhielm les ordres du roi
» pour resserrer encore les liens qui nous unis-
» sent à l'empereur. »

Cette déclaration, faite d'une manière aussi précise, aussi authentique, était une inspiration politique digne du cardinal de Richelieu ; l'effet en fut prompt et complet : les esprits timides furent rassurés ; les esprits mal disposés pour l'alliance du nord se découragèrent.

Nous sentons le besoin d'affirmer ici que cette démarche du prince royal de Suède n'est point un de ces faits historiques, imaginés après coup, dans l'intérêt d'une opinion ou d'une renommée : outre que les paroles de son altesse royale ont été consignées dans des écrits contemporains dignes de confiance, plusieurs des personnes qui les ont entendues vivent encore, et peuvent attester la fidélité de notre récit.

Mais ce qui, dans cette circonstance, doit surtout contribuer à garantir l'authenticité des paroles, c'est la connaissance des dispositions que la Suède fit immédiatement : il est notoire que, peu de jours après avoir reçu la nouvelle de l'occupation de Moscou, le prince royal chargea un officier général de se rendre auprès de l'empereur Alexandre, pour concerter avec lui les opérations de la campagne suivante. Si, comme on doit le penser d'un homme de guerre aussi distingué que Charles-Jean, ce prince n'attachait pas à la position de Napoléon une idée de défaite aussi arrêtée qu'il avait cru devoir l'exprimer à la cour [1], du moins était-ce une inspiration heureuse de parler et d'agir comme s'il eût été complétement fixé à cet égard. Le général suédois envoyé en mission auprès de l'empereur Alexandre, traversa à son retour la Livonie, la Courlande, et put se convaincre que toutes les dispositions maritimes étaient faites pour l'embarquement des trente-cinq mille hommes promis à la Suède par les traités.

Au moment où la marche triomphante de l'armée française ne pouvait pas laisser présu-

---

[1] La nouvelle de l'occupation de Moscou dut parvenir à Stockholm vers le 25 septembre : à cette époque il était difficile encore de prévoir les désastres de la retraite. Chacun sait que l'empereur Napoléon avait avec lui une armée assez nombreuse pour se faire jour partout; le malheur de ses armes ne devint probable que lorsqu'après cinq semaines de négociations diplomatiques, qui ne pouvaient amener aucun résultat favorable, nos troupes furent contraintes de commencer leur marche rétrograde à une époque où les rigueurs de l'hiver devaient infailliblement les atteindre. Ce fut alors seulement que l'on put prévoir les calamités de cette malheureuse armée; et parmi les causes de sa perte, nous ne voyons pas que l'on puisse citer une seule victoire des armées russes.

mer encore ses revers, il s'établit entre la cour de Berlin et la cour de Stockholm, une courte négociation, dont on peut tirer cette double conclusion : 1° sa majesté le roi de Prusse ne croyait pas le prestige de l'invincibilité de Napoléon assez dépopularisé dans le nord de l'Allemagne, pour laisser accréditer, sans réclamation, des bruits d'insurrection ; 2° le cabinet de Stockholm ne se laissait point intimider assez par les succès, encore intacts, de l'empereur des Français, pour rien changer à ses projets de diversion sur le continent germanique. Ces deux points de vue politiques sont dignes de beaucoup d'attention.

Voici le contenu d'une note remise, le 13 septembre, au ministère suédois par M. de Tarrach, chargé d'affaires prussien à Stockholm :
« Sa majesté le roi de Prusse a manifesté, dans
» plus d'une circonstance, le prix qu'elle atta-
» che au maintien des relations d'amitié et de
» bonne harmonie qui l'unissent à la Suède.
» Elle désire vivement de pouvoir éviter tout ce
» qui pourrait y porter obstacle, et prévenir,
» par une déclaration franche et loyale, des
» entreprises auxquelles son système politique
» ne lui permettrait pas de rester indifférente.

» Alliée de la France, la Prusse doit s'opposer
» à toutes les tentatives méditées contre cette
» puissance; elle le doit, à plus forte raison, si
» ces tentatives dirigées contre le nord de l'Al-
» lemagne menaçaient de troubler sa propre
» tranquillité. Malgré les bruits qui circulent
» sur les mouvements qui se préparent en
» Suède, le roi se plaît à croire que sa majesté
» suédoise ne se décidera jamais, dans sa haute
» sagesse, à prendre un parti qui paraît incom-
» patible avec la prospérité de son royaume.

» Si toutefois, et contre toute attente, ce projet
» devait se réaliser, la Prusse n'aurait plus le
» choix des moyens, et elle se verrait obligée, quoi-
» que à regret, de repousser la force par la force.

. . . .

» La moindre entreprise faite contre le con-
» tinent, poursuivait le ministre prussien, soit
» en Poméranie, Prusse, Mecklenbourg; soit
» dans la trente-deuxième division militaire,
» tendant à troubler la tranquillité de l'Alle-
» magne, provoquerait la marche de trente
» mille Prussiens, tirés de la Silésie et d'autres
» parties du royaume et prêts à marcher, au
» premier signal, pour tomber sur les agres-
» seurs. »

Tout porte à croire que cette note rigoureuse n'émanait pas de la politique particulière du cabinet de Berlin; les souvenirs de 1806 et 1807 devaient être trop puissants dans la pensée de sa majesté le roi de Prusse, pour lui permettre d'accéder jusque-là au système de l'empereur Napoléon; une main prussienne avait tenu la plume pour tracer la note remise au cabinet de Stockholm; mais la diplomatie française l'avait dictée. Le baron d'Engestrom le fit clairement comprendre, dans cette réponse, en date du 16 septembre.

« Le soussigné a mis sous les yeux du roi,
» son auguste souverain, la note que M. de
» Tarach, envoyé extraordinaire et ministre
» plénipotentiaire de sa majesté le roi de Prusse,
» lui a fait l'honneur de lui adresser, en date
» du 13 du courant.

» Il a été chargé de répondre que le roi ap-
» précie les motifs *qui ont obligé* sa majesté le
» roi de Prusse à faire la déclaration que con-
» tient ladite note; et, malgré que sa majesté
» y ait vu avec regret quelques expressions peu
» concordantes avec l'harmonie qui unit les
» deux gouvernements, et l'attachement per-
» sonnel que portent le roi et la famille royale

» de Suède à l'auguste famille de Prusse, sa
» majesté n'en continuera pas moins de faire
» des vœux pour que la monarchie du grand
» Frédéric *puisse reprendre* son ancienne splen-
» deur. Elle a chargé le soussigné de déclarer
» qu'elle ne s'écartera en rien du système
» qu'elle a adopté pour maintenir la liberté de
» ses peuples, et l'honneur de sa couronne. »

Lorsque ces notes furent échangées à Stockholm, il est probable que le ministre du roi de Suède et le ministre du roi de Prusse n'étaient pas aussi divisés d'opinion, dans leurs relations personnelles, qu'ils paraissaient l'être dans les communications officielles. Quant aux souverains eux-mêmes, on peut affirmer que leurs sentiments ne différaient que par la manière de les exprimer; et les revers de l'empereur Napoléon devaient bientôt les mettre d'accord, même sous ce dernier rapport.

Au commencement du mois d'octobre 1812, quelques nuages obscurcissaient la bonne intelligence entre les cours de Pétersbourg et de Stockholm. Le malheur rend souvent injuste : l'empereur Alexandre, ou plutôt son ministre, tenant trop peu de compte au prince royal de Suède des difficultés qui l'empêchaient d'agir dans le nord de l'Allemagne, difficultés provenant surtout de la Russie, se plaignait des retards que cette expédition éprouvait, jusqu'à soupçonner la sincérité du cabinet suédois. La Russie ne voyait en cela que l'incessante nécessité d'être délivrée promptement de son ennemi; la Suède devait, elle, considérer le danger où elle se trouverait de favoriser les entreprises des siens, dans le cas où ses troupes s'éloigneraient avant que la Norvége fût incorporée aux états de Charles XIII. Or, les conventions d'Abo restaient encore sans exécution, en ce qui concernait l'accession de l'Angleterre à cette réunion de territoire, et le cabinet de Pétersbourg n'avait fait aucune démarche auprès du gouvernement britannique pour hâter cette accession. Cependant, il était d'autant plus nécessaire que l'Angleterre se prononçât à cet égard, que la coopération seule de cette puissance pouvait assurer le succès de l'expédition de Norvége, et la prudence de Charles XIII ne lui permettait pas de rompre entièrement en Danemark, sans être d'accord avec les alliés de la Suède sur les résultats de cette rupture.

Le cabinet de Saint-James ne se montrait pas

retardataire envers l'alliance du Nord, seulement en ce qui se rapportait à l'acquiescement relatif à la Norvége : les subsides promis à Charles XIII n'avaient été comptés qu'en faible partie, puis qu'au mois d'octobre, il n'avait reçu que 150,000 livres sterling, sur 500,000 stipulés dans le traité d'OErebro. Enfin, M. Thornton, plénipotentiaire anglais, avait déclaré, par une note officielle, que son gouvernement était prêt à céder une colonie [1] à la Suède, et cette promesse ne s'était point réalisée.

Si l'on ajoute à ces motifs les empêchements directs de la Russie, il deviendra tout à fait évident que, en ne considérant même que les causes matérielles, l'activité de Charles XIII se trouvait paralysée par ceux qui devaient concourir le plus à la seconder. En effet, les trente-cinq mille Russes que, dans le péril imminent qui menaçait la capitale du tzar, le prince royal de Suède avait fait diriger sur Riga, au lieu d'en disposer pour l'expédition contre le Danemark, n'avaient pas été rendus depuis à l'exécution des traités de Pétersbourg et d'Abo;

---

[1] Cette colonie (la Guadeloupe) était française; la Suède, en l'acceptant, se compromettait donc gravement vis-à-vis de Napoléon, et donnait ainsi une garantie de plus à l'alliance du Nord.

et l'empereur Alexandre devait comprendre que, privé d'un tel secours, Charles-Jean ne pouvait commencer une entreprise, que les lenteurs diplomatiques et financières de la Grande-Bretagne entravaient déjà.

Dans une lettre écrite au comte de Loewenhielm, le prince royal, ajoutant quelques réflexions à l'exposé des faits que nous venons de mentionner, lui disait : « Si l'empereur Alexan» dre se voit quelquefois obligé de modifier » ses résolutions d'après l'influence de l'opinion » publique, il était de même indispensable pour » le roi de marcher avec mesure dans le sys» tème politique qu'il s'était tracé, et de ne » point risquer les ressources renaissantes de la » Suède dans une entreprise offensive que re» doutait la nation, et qui avait principalement » motivé le mécontentement général qu'elle » manifesta en 1809. »

Cette considération était grave, et dans la résolution à prendre relativement à la guerre continentale, on ne pouvait effectivement espérer d'obtenir le ferme appui de l'opinion nationale. L'armée, pleine de confiance dans les talents et l'expérience du prince royal, se montrait disposée à le suivre partout; mais la nation, rassurée tant qu'il ne s'agissait que d'attaquer la Séelande, flattée même d'un projet dont elle concevait parfaitement l'avantage direct pour son intérêt et sa sûreté, laissait éclater pour toute entreprise continentale une aversion très-prononcée... Les malheurs dont elle avait été accablée, à la suite des funestes tentatives de Gustave IV, étaient encore présents à la mémoire des Suédois... C'est ainsi qu'en portant la guerre dans le nord de l'Allemagne, guerre utile pour l'affranchissement de cette partie de l'Europe, Charles-Jean devait craindre néanmoins de risquer toute sa popularité; et s'engager dans une telle entreprise, sans avoir au moins réuni toutes les garanties possibles de succès, c'eût été, de la part du prince, présumer trop de la confiance des Suédois.

Quant aux reproches de prudence timorée que le cabinet de Pétersbourg semblait adresser à la cour de Stockholm, le prince royal écrivait à M. de Loewenhielm : « Si la Suède eût suivi
» un tel système, elle aurait proclamé haute-
» ment sa neutralité : ce moyen eût servi les
» intérêts de l'empereur Napoléon; car, certain
» alors que la Suède n'agirait pas offensive-
» ment, il aurait pu employer contre la Russie,

» les troupes françaises et confédérées que les
» armements suédois ont retenues en Allema-
» gne, particulièrement sur la côte, depuis
» Dantzig jusqu'à l'Elbe. Il lui eût même été
» facile de forcer le Danemark et la Prusse à
» lui livrer la totalité de leurs troupes, puis-
» qu'alors ces deux puissances n'auraient pu
» lui objecter la nécessité présumée de se dé-
» fendre contre la Suède. » La même lettre
contenait d'autres observations d'une noble vigueur, que M. de Lœwenhielm était expressément invité de mettre, ainsi que les précédentes, sous les yeux du ministre russe : « Je puis
» ajouter quoi qu'il m'en coûte, » disait son
altesse royale, « l'exposé des démarches réité-
» rées que le roi a faites auprès de la Porte-
» Ottomane pour amener la conclusion du
» traité de paix avec la Russie; démarches que
» n'ont pu arrêter ni les froideurs de M. de
» Romanzow, ni la mission française de M. de
» Rochechouart à Constantinople. Les prières
» que j'ai adressées à l'empereur Alexandre,
» pour qu'il terminât ses différends avec la
» Grande-Bretagne, se trouvent consignées dans
» les lettres que je lui ai écrites. N'écoutant
» que sa gloire, je l'ai toujours conjuré de di-

» minuer la masse de ses ennemis, en s'arran-
» geant promptement avec la Porte et l'Angle-
» terre. Maintenant, que l'empereur prononce
» entre un prince qui lui a conseillé de faire la
» paix avec ces puissances, et les personnes qui
» ne le voulaient pas[1]; il n'échappera point à
» l'opinion la moins raisonnable, que si l'em-
» pereur Alexandre avait encore à soutenir ces
» deux guerres, ses embarras, pour ne pas dire
» les dangers de son empire, seraient de beau-
» coup augmentés... surtout si la Suède avait
» saisi ce moment pour essayer de rentrer en
» possession de la Finlande[2]. »

[1] Particulièrement M. de Romanszow.

[2] Cet essai semblait devoir être d'autant plus heureux qu'une insurrection eût été excitée aisément dans cette ancienne province suédoise, et se serait communiquée peut-être jusqu'aux portes de Pétersbourg. D'ailleurs ne pouvait-il pas arriver que, dans le même temps, les forces autrichiennes et ottomanes, après avoir fondu sur les provinces russes avoisinant le Danube et la Mer-Noire, se fussent jointes, à Kaluga, avec les troupes de l'empereur Napoléon, tandis que les Persans auraient trouvé le champ libre pour s'emparer de toute la Géorgie. La paix d'Alexandre avec le grand-seigneur, avec l'Angleterre, et l'alliance conclue entre le tzar et Charles XIII avaient éloigné la possibilité de ces événements, que l'empereur des Français avait comptés parmi ses chances de réussite. Car, il faut le dire, on a parlé bien vaguement, bien légèrement de cette fameuse guerre de Russie, dont peu de personnes ont connu le véritable but... La postérité, en écartant tout ce que les passions ont jeté d'opinions erronées et d'hypothèses sur le plan que suivit en cette conjoncture

L'un des griefs dont le cabinet de Pétersbourg, dirigé par le chancelier Romanzow, autorisait ses soupçons envers la Suède, c'était la présence d'un chargé d'affaires suédois à Paris, et celle de M. de Cabre, chargé d'affaires français, à la cour de Stockholm. Cependant, à part le peu d'importance que cette double présence pouvait avoir à une époque où la Suède avait donné tant de garanties à l'alliance du Nord, il était étrange que M. de Romanzow fît un tel reproche au cabinet de Stockholm, quand M. de Blome, chargé d'affaires de Danemark, non-seulement continuait de résider à Pétersbourg, mais vivait même dans l'intimité du chancelier Romanzow, lequel conservait l'espérance de traiter avec l'empereur Napoléon. Le prince royal écrivait à ce sujet, le 29 octobre, au comte de Loewenhielm : « Je me rap» pelle très-bien qu'à Abo, je dis à l'empereur » que l'intention du roi était de renvoyer M. de

---

Napoléon, pourra reconnaître que, s'il était gigantesque, celui qui l'avait conçu ne faillit peut-être, en l'exécutant, que par trop de précipitation. En se donnant plus de temps, il est certain que l'empereur des Français, allié de l'Autriche, obligeait, par la crainte, le sultan à rester en guerre contre la Russie... et quant à l'Angleterre, il ne paraissait pas impossible de lui faire tourner avec un grand effroi ses regards vers l'Asie.

» Cabre; mais sa majesté impériale doit se rap-
» peler aussi que j'ajoutai que ce départ aurait
» lieu au moment où les troupes russes arrive-
» raient. Au reste, si sa majesté tient au renvoi
» de ce chargé d'affaires, j'espère qu'elle ne se
» refusera pas non plus à celui de M. de Blome;
» attendu que son gouvernement, allié de la
» France, et ayant mis à la disposition du gé-
» néral français commandant Hambourg huit
» mille hommes de troupes, se trouve, par cela
» seul, en guerre avec la Russie et ses alliés.... »
Le prince terminait cette dépêche, à mettre sous
les yeux du ministre russe, par cette déclaration : « *Je n'ai point repoussé le joug de la*
» *France pour prendre celui d'aucune autre*
» *puissance sur la terre.* »

Tous les détails que nous venons de rapporter contribuent à prouver que le caractère de
l'empereur Alexandre n'admettait ni des déterminations assez stables, ni des convictions
profondes : ce prince s'était montré tout de feu
durant les conférences d'Abo; et, soudainement
découragé par le premier souffle du vent de
l'infortune, on l'avait vu, bientôt après, s'abandonner à des inspirations flottantes sur le
prince dont la franche cordialité s'était révélée

par d'immenses services; et cette fluctuation avait été jusqu'à les méconnaître.

Le retour du succès fut pour Alexandre celui de la justice, et le premier sourire de sa fortune dissipa les petits nuages élevés entre lui et la cour de Stockholm. Sa majesté impériale écrivit le 28 octobre, c'est-à-dire après l'évacuation de Moscou, au prince royal de Suède; son altesse royale, en tardant près d'un mois à répondre au tzar, voulut peut-être lui faire comprendre qu'il avait à s'en plaindre; sa lettre prouva d'ailleurs à ce souverain que si l'âme de Charles-Jean avait pu s'affecter vivement des froideurs momentanées de sa majesté, le dévouement pour la cause commune ne s'y trouvait point affaibli.

Le mois de novembre acheva de s'écouler en projets d'insurrection du nord de l'Allemagne: il en arriva plusieurs qu'on avait élaborés à Pétersbourg; mais tous présentaient des vues exaltées, que ne pouvaient accueillir l'expérience et la sagesse de Charles-Jean: son altesse royale y remarquait, d'ailleurs, des traces d'injustice et de partialité, qui ne se conciliaient nullement avec la nécessité de ramener la paix et la sécurité dans ces contrées, en y proclamant l'indulgence et l'oubli.

On voudrait vainement disconvenir que la Suède ait reculé longtemps devant l'idée d'une rupture éclatante avec la France, lors même qu'elle existait déjà dans ses démarches et ses alliances... Mais cette réserve ne peut être politiquement condamnée. L'ombre de relations diplomatiques qui exista entre ces deux puissances, jusqu'au mois de décembre 1812, pouvait entretenir dans le cabinet des Tuileries une lueur d'espérance de voir revenir celui de Stockholm à la politique de Napoléon : le prince lui-même s'était prêté à ce semblant de négociations, persuadé qu'il exciterait des soupçons à Pétersbourg, et l'on a vu que cette opinion ne manquait pas de justesse.

Mais Napoléon, vaincu par les éléments, Napoléon fugitif, à travers les pleines neigeuses de la Russie ; Napoléon enfin, tombé de son piédestal, et roulant d'écueil en écueil, vit cesser tous les ménagements qu'avaient commandés ses dernières victoires, et disparaître tous les masques qui lui souriaient.

Tout à coup une note du 20 décembre, fulminée par le baron d'Engestrom, intima à M. de Cabre, chargé d'affaires du gouvernement français à Stockholm, de quitter immédiatement cette ville. Le diplomate impérial, dans sa réponse, en date du 21, fit observer au ministre suédois qu'il recevait pour la première fois l'avis que ses fonctions diplomatiques eussent cessé; il rappela à son excellence que sa lettre du 7 septembre se bornait à lui demander : « s'il se trouvait en Suède comme agent » d'une puissance amie ou ennemie, » et qu'il devait déclarer que son séjour dans les états du roi dépendait de la réponse que son gouvernement le mettrait à même de donner. M. de Cabre ajouta, néanmoins, que si sa majesté lui faisait signifier *officiellement et par écrit* de quitter le royaume, croyant alors ne céder qu'à la force, il n'hésiterait pas à s'éloigner.

A la réception de ces objections du ministre de France, dont le but était de justifier son départ précipité auprès de sa cour, M. d'Engestrom répondit : « Votre caractère diplomatique » ayant déjà cessé, vous vous trouvez, mon- » sieur, dans la catégorie de tous les étrangers, » et par conséquent soumis à exécuter les or- » dres que *la police* pourra vous donner. Le » grand gouverneur, à qui il a été fait des rap- » ports peu avantageux sur votre compte, a » reçu l'ordre de vous faire quitter la capitale

» dans vingt-quatre heures. *Un commissaire de*
» *police* vous accompagnera jusqu'à la frontière,
» et de cette manière vous n'aurez plus be-
» soin des passeports que vous m'avez ren-
» voyés. »

M. de Cabre, dont la conduite à Stockholm avait été aussi mesurée que celle de son prédécesseur l'avait été peu, répondit : « La déter-
» mination du gouvernement suédois et la ma-
» nière dont elle m'est communiquée me pa-
» raissent plus que suffisantes pour me justi-
» fier vis-à-vis de ma cour, en abandonnant le
» poste que j'ai rempli avec honneur, pendant
» plus d'un an, près de sa majesté le roi de
» Suède. Je prie en conséquence votre excel-
» lence de m'envoyer mes passeports, dont je
» compte profiter dans le plus bref délai. »

M. d'Engestrom avait eu de justes sujets de mécontentement contre le prédécesseur de M. de Cabre; mais était-ce bien à ce dernier qu'il devait en faire sentir, d'une manière aussi crue, la réciprocité ? D'ailleurs son excellence eût dû, ce nous semble, considérer qu'une telle boutade, après la longanimité politique du cabinet de Stockholm, ne pouvait que produire un mauvais effet, surtout à une époque où les malheurs de Napoléon faisaient naturellement croire à l'impunité de ces rudesses ultra-diplomatiques.

Le prince royal, absorbé alors par les soins précurseurs de sa campagne continentale, ignora certainement les formes acerbes de ce renvoi; son caractère bienveillant et généreux eût repoussé de pareils procédés : il éprouva une affliction profonde quand il en fut informé.

CHAPITRE V.

Difficultés diplomatiques. — Lettre du prince royal de Suède à l'empereur Alexandre. — Importante lettre du même, écrite à l'empereur Napoléon le 23 mars 1813. — Effet produit par cette dépêche. — Le prince royal de Suède débarque à Stralsund avec un corps suédois. — Sa lettre à M. d'Alopeus, gouverneur du nord de l'Allemagne. — Nouvelle lettre que son altesse royale écrit à l'empereur Alexandre. — Armistice du 5 juin; ce qu'en pense le prince royal de Suède. — Entrevue de Trachenberg. — Lettre de l'empereur d'Autriche au prince royal de Suède. — Profession de foi du prince royal de Suède sur le but que doivent se proposer les alliés. — Plan de campagne dressé à Trachenberg. — Proposition des alliés à l'empereur Napoléon. — Entrevue du prince royal de Suède et du général Moreau à Stralsund. — Le plan de campagne du prince royal y est discuté.

Depuis qu'une correspondance directe était établie entre l'empereur Alexandre et le prince royal de Suède, celui-ci n'avait pas cessé d'invoquer l'exécution des traités existants, en ce qui se rapportait aux trente-cinq mille Russes à diriger sur la Scanie; et, dans les premiers jours de mars 1813, cette clause restait encore sans exécution. Mais, par une convention signée le 2 du même mois, à Stockholm, le général Hope, ministre plénipotentiaire de sa majesté britannique, avait accédé, au nom de son gouvernement, à la cession du royaume de Norvége à la Suède.

Ce traité du 2 mars, sans modifier ceux de Pétersbourg et d'Abo, consolida probablement assez, aux yeux du gouvernement suédois, les garanties qu'il obtenait, relativement à la cession promise, pour le décider à agir d'abord en Poméranie; ajournant de nouveau l'attaque de la Séelande, que l'on se contenta de faire observer, ainsi que la Norvége, par un corps de vingt-cinq mille hommes, aux ordres du comte d'Essen.

L'attention du prince royal se tourna alors vers la descente projetée : il écrivait, le 17 mars, à sa majesté l'empereur de Russie : « Les évé-
» nements se sont succédé avec tant de rapi-
» dité depuis le mois dernier, que le roi a cru
» indispensable, pour accélérer les succès de
» votre majesté, de presser l'expédition en Po-

» méranie, dont j'ai déjà eu l'honneur d'entre-
» tenir votre majesté : elle partira demain si
» les vents ne la contrarient point. Elle est com-
» posée de six mille hommes d'infanterie, quel-
» ques escadrons et quatre batteries. Le général
» Sandels, qui la commande, a reçu l'ordre de
» réunir sous ses drapeaux la landwehr et toute
» la jeunesse sans distinction, depuis vingt-
» un jusqu'à vingt-trois ans, ce qui nous four-
» nira un corps de quinze mille hommes. Aussi-
» tôt son arrivée sur le continent, j'ai reçu
» l'ordre du roi d'y passer avec dix mille hom-
» mes, qui se rassemblent aux environs de Carls-
» crona, et j'espère que, vers le 25 du mois
» prochain, je pourrai me trouver à même de
» communiquer, par terre, avec votre majesté,
» pour concerter avec elle les opérations ulté-
» rieures. Il restera en Suède un corps de vingt
» mille hommes, que le roi destine à venir me
» joindre, suivant que les circonstances l'exi-
» geront. »

Le prince royal joignit à cette lettre copie d'une note du duc de Bassano, ministre des relations extérieures de l'empire français; pièce peu mesurée, ainsi que l'annonçait son altesse royale, et qui pouvait avoir provoqué le renvoi, assurément moins mesuré encore, de M. de Cabre.

Quoique cette note eût été remise à Paris au chargé d'affaires suédois, M. d'Ohsson, le prince royal voulut répondre directement à l'empereur Napoléon. L'étendue de la lettre, éminemment remarquable, écrite, le 23 mars, par son altesse royale à ce souverain, ne nous permet pas de la citer en entier; nous en extrairons au moins les passages les plus importants. Après avoir résumé les violences du gouvernement français envers la Suède, et les efforts que cette dernière puissance avait faits cependant pour les prévenir, le prince dit:

« Le roi se détacha de la coalition de 1792,
» parce que cette coalition prétendait partager
» la France, et qu'il ne voulait point participer
» au démembrement de cette belle monarchie.
» Il fut porté à cet acte, monument de sa gloire
» politique, autant par attachement pour le
» peuple français, que par le besoin de cica-
» triser les plaies du royaume... Cette conduite
» sage et vertueuse, fondée sur ce que chaque
» nation a le droit de se gouverner par ses lois
» et par sa volonté; cette conduite est la même
» qui lui sert de règle en ce moment.

» Votre système, sire, veut interdire aux
» nations l'exercice des droits qu'elles ont reçu
» de la nature : ceux de commercer entre elles,
» de s'entr'aider, de correspondre et de vivre
» en paix ; et cependant l'existence de la Suède
» est dépendante d'une extension de relations
» commerciales, sans lesquelles elle ne peut
» point se suffire.

» Possesseur de la plus belle monarchie de la
» terre, votre majesté voudra-t-elle toujours
» en étendre les limites, et léguer à un bras
» moins puissant que le sien le triste héritage
» de guerres interminables. Votre majesté ne
» s'attachera-t-elle pas à cicatriser les plaies
» d'une révolution dont il ne reste à la France
» que le souvenir de sa gloire militaire, et des
» malheurs réels dans son intérieur... Sire, les
» leçons de l'histoire rejettent l'idée d'une mon-
» archie universelle, et le sentiment de l'in-
» dépendance peut être amorti, non effacé au
» cœur des nations. Que votre majesté pèse
» toutes ces considérations, et pense une fois
» réellement à cette paix générale, dont le nom,
» profané a fait couler tant de sang.

» En politique, sire, il n'y a ni amitié ni
» haine ; il n'y a que des devoirs à remplir
» envers les peuples que la Providence nous

» appelle à gouverner. Leurs lois et leurs pri-
» viléges sont des biens qui leur sont chers, et
» si, pour les leur conserver, on est obligé de
» renoncer à d'anciennes liaisons et à des affec-
» tions de famille, un prince qui veut remplir
» sa vocation ne doit jamais hésiter sur le parti
» à prendre.

» Pour ce qui concerne mon ambition per-
» sonnelle, j'en ai une très-grande, je l'avoue,
» c'est celle de servir la cause de l'humanité,
» et d'assurer l'indépendance de la presqu'île
» scandinave. Pour y parvenir, je compte sur
» l'équité des droits que le roi m'a ordonné de
» défendre, sur la persévérance de la nation et
» sur la justice de ses alliés.

» Quelle que soit votre détermination, sire,
» pour la paix ou pour la guerre, je n'en con-
» serverai pas moins pour votre majesté les
» sentiments d'un ancien frère d'armes[1]. »

---

[1] L'imprimé dont l'auteur vient d'extraire quelques paragraphes est en sa possession depuis près de vingt-quatre ans.

Il traversait en poste la ville de Brunswick, pour se rendre d'Hanovre à Dresde, lorsqu'un paquet d'exemplaires de la lettre du prince royal de Suède fut jeté dans sa calèche : cet écrit lui parut si remarquable, qu'il l'a toujours conservé. Il doit avoir été imprimé en Allemagne, vers le mois de juin ; car ce fut le mois suivant, et pendant l'armistice de 1813, qu'on le remit à l'auteur de cette histoire, de la manière qui vient d'être rapportée.

Napoléon, exilé à Sainte-Hélène, a déclaré que la lettre du prince royal de Suède, en date du 23 mars 1813, ne lui était jamais parvenue. A cette triste époque de sa vie, à ce crépuscule si sombre d'une carrière qui avait répandu tant d'éclat, l'empereur, descendu du trône, retrempa son âme aux sources d'une longue expérience; et, comme presque toutes les grandeurs tombées, il refit en partie son histoire. Or, il put alors paraître utile à sa gloire de feindre ignorer les sages avis, les conseils salutaires de l'homme qui, par la célébrité, tenait, après lui, le premier rang en Europe... Mais Napoléon ne les ignorait pas : voici ce qui s'était passé en 1813.

La lettre du 23 mars, avant d'être envoyée, fut lue à tous les membres du conseil d'état et à madame de Staël, qui se trouvait alors à Stockholm. Le comte d'Engestrom en tira copie pour être déposée dans les archives de l'État. La dépêche fut ensuite confiée au courrier *Dusable*, qui l'apporta à Paris, et la remit à l'aide-de-camp de service auprès de l'empereur.

Napoléon, après avoir lu cette lettre, la foula aux pieds, se livra au transport de colère le plus violent, s'emporta avec une sorte de frénésie contre le prince royal, et ordonna que l'innocent courrier fût enfermé à Vincennes... Il languit assez longtemps dans cette prison d'état; il fallut une grande persistance d'intercession, de la part de la reine Julie, pour obtenir la liberté de cet infortuné.

Tandis que Napoléon s'abandonnait à ces actes de violence, peu d'accord avec le droit des gens et des nations, Charles-Jean hâtait de tout son pouvoir les préparatifs de son expédition continentale. Mais, loin de laisser penser aux Suédois que le roi consentît à retarder la conquête de la Norvége, on répandit le bruit que l'intention formelle de sa majesté, si le Danemark ne cédait pas ce territoire et ne se réunissait pas à l'alliance du nord, était d'entrer immédiatement en hostilités contre cette puissance; de bombarder Copenhague; d'attaquer la Norvége, par terre et par mer, tandis que les troupes suédoises, débarquées en Allemagne, attaqueraient les possessions danoises du continent.

Ce même bruit, entretenu dans le public et qui flattait ses penchants, diminuait son éloignement pour la priorité donnée à l'expédition en Poméranie, dont la nation ne découvrait

pas l'avantage immédiat. Il faut ajouter que le prince royal lui-même ne perdait point de vue les intérêts particuliers de la Suède, dans cette direction, un peu détournée, de ses forces militaires : « Le roi, » écrivait-il à l'empereur Alexandre, le 17 avril, « a résolu d'agir sur le
» continent danois, conjointement avec les
» trente-cinq mille hommes que votre majesté
» doit nous fournir. La Suède, sire, a la faculté
» de remplir à la fois ses engagements avec
» l'Angleterre et avec la Russie, en portant en
» Allemagne trente mille hommes, qui agiront
» contre le Danemark continental, si tel est le
» désir de votre majesté; et en laissant trente
» mille soldats dans le pays, prêts à attaquer la
» Séelande, avec les trente-cinq mille hommes
» de vos troupes, si votre majesté préfère ce
» dernier parti... Dans l'un ou l'autre cas, le
» roi sera du sentiment de votre majesté, et ce
» sera avec autant de satisfaction que de zèle,
» que j'exécuterai ses ordres pour ce sujet. »

Le prince royal débarqua à Stralsund, le 18 mai, sans avoir pu encore réunir sur ce point tout le corps suédois qu'il avait résolu d'y porter; la difficulté des transports et les vents contraires ayant retardé l'accomplissement de

cette expédition. Cependant son altesse royale ne perdit point de temps pour diriger des troupes contre le Danemark; elles s'avancèrent en échelons sur l'Elbe, et leur marche contribua à rassurer un peu les Hambourgeois qui, après avoir expulsé les Français, se voyaient menacés de retomber en leur pouvoir. Mais la position de Charles-Jean était fort critique, ainsi qu'on peut en juger par ce qu'il écrivait, le 19 mai, à M. d'Alopeus, gouverneur du nord de l'Allemagne : « La retraite de la grande armée après
» la bataille du 2[1]; le projet qu'on attribue
» à l'armée française de vouloir déboucher par
» Wittemberg, Torgau et Dessau; la crainte gé-
» nérale qu'on manifeste pour Berlin[2], m'impo-
» sent impérieusement, pour n'être pas battu et
» coupé en détail, d'agir avec précaution, quant
» aux mouvements de mon armée... Isolé comme
» je le suis, quand je m'attendais, et avec raison,
» à voir se ranger sous mes ordres un corps de
» trente-cinq mille hommes de troupes russes, je
» dois désirer, pour être utile à la cause générale,
» de concentrer mes forces, et ne point faire
» de pointes inutiles, qui nuiraient au moral

---

[1] Celle de Lutzen.

[2] On sait que le roi de Prusse s'était alors déclaré contre la France.

» des habitants et à celui de toute l'armée. »

Le prince royal de Suède n'exprimait pas encore, dans cette lettre, toute l'inquiétude et le chagrin que devaient lui faire éprouver les déviations perpétuelles, pour ne pas dire les infidélités, de la politique russe, aux triples conventions de Pétersbourg, d'Abo et de Stockholm. Il était parfaitement à la connaissance de son altesse royale que, nonobstant ces traités solennels, le cabinet de Pétersbourg ouvrait l'oreille aux insinuations de la cour de Copenhague, et que, dans les démarches faites auprès de sa majesté danoise, pour l'engager dans l'alliance du nord, la cession du royaume de Norvége n'était point exigée. Ainsi, dans les derniers jours de mai, l'empereur Alexandre n'avait encore abordé en rien l'exécution des promesses chaleureuses faites au fils adoptif de Charles XIII, durant l'entrevue d'Abo; et cependant la Suède, non-seulement s'était montrée fidèle à ses engagements, mais les avait dépassés. Ce fut sous l'impression d'un juste mécontentement que son altesse royale écrivit, le 21 mai, au tzar : « En me portant à des » sacrifices nouveaux, je n'ai cependant pas » voulu me désister des prétentions de la Suède

» sur la Norvége, assurées par les traités les
» plus solennels; et si la coopération du Dane-
» mark est acceptée par les généraux de votre
» majesté, sans que la cour de Copenhague ait
» accédé aux bases que je propose, *alors je se-*
» *rai, par le fait, dégagé de tout ce que mon em-*
» *pressement à être utile à la cause générale a*
» *pu me dicter dans les circonstances actuelles.*
» J'envoie le général comte de Lœwenhielm,
» auprès de votre majesté, afin de recevoir sa
» réponse à cet égard. » Et plus loin, Charles-Jean, s'abandonnant avec effusion à la sensibilité qu'excitait en lui l'oubli des engagements de la Russie, disait au tzar : « Le roi a vu avec
» infiniment de chagrin que, dans les disposi-
» tions prises pour le nord de l'Allemagne,
» entre votre majesté et le roi de Prusse, il
» n'avait été nullement question, ni de l'An-
» gleterre, ni de la Suède; je suis vivement
» affecté de cet oubli, sire; mais je le suis
» davantage encore de la nomination d'un gou-
» verneur du nord de l'Allemagne: nomination
» qui ne fait que paralyser tous les esprits. »

Puis son altesse royale, dépouillant sa franchise de presque tous les ornements d'une vaine courtoisie, ajoutait : « Je ne saurais vous

» dissimuler, sire, que de grands malheurs
» nous menacent, et sont prêts à peser sur
» nous, si les principes de la justice ne sont
» pas notre guide. *L'Allemagne veut être libre;*
» elle veut une constitution simple et facile
» dans sa marche. Profitons, sire, des bonnes
» dispositions de ce public, qui est constant
» dans ses haines comme dans ses affections.
» Réfléchissons que ce pays est le cœur de
» l'Europe, qu'il est le centre des hommes
» éclairés, et qu'il n'a besoin que d'un homme
» fort pour se relever. »

Ces vérités ne pouvaient manquer d'être senties par l'empereur Alexandre, parce qu'il avait sous les yeux la preuve de leur justesse; mais, dans un temps où les renommées avaient tant d'influence sur les événements, sa majesté impériale s'était peu souciée de laisser à l'*homme fort* la direction des esprits dans le nord de l'Allemagne. Quoi qu'en eût dit Alexandre, dans la première lettre qu'il avait écrite au prince royal de Suède, l'élève du républicain La Harpe était loin d'accéder aux idées populaires que proclamait Charles-Jean, et la pâle mission de M. d'Alopeus convenait mieux a sa majesté impériale, que l'intervention généreuse du fils adoptif de Charles XIII, pour la restauration politique de cette partie de l'Europe septentrionale.

Ce fut dans les premiers temps de son séjour à Stralsund que le prince royal reçut la nouvelle de l'armistice conclu, le 5 juin, sans la participation de l'Angleterre et de la Suède. Charles-Jean fut sensible à cet oubli d'égards, qui n'était pas le premier dont il eût à se plaindre. Mais une âme comme la sienne devait peu s'arrêter à de vaines considérations de convenance; son mécontentement avait une cause plus grave : son altesse royale regardait la suspension d'armes comme inopportune et impolitique. Le prince s'ouvrit à cet égard dans une lettre écrite à l'empereur de Russie : « Accepter en ce moment une paix dictée par l'empereur Napoléon, écrivait-il, c'est poser la pierre sépulcrale sur l'Europe, et si ce malheur arrive, il n'y a que l'Angleterre et la Suède qui puissent espérer de demeurer intactes. Il est plus important que jamais, ajoutait S. A. R., que nulle divergence d'opinion n'existe entre nous, et, pour y parvenir, rien ne me paraît plus propre qu'une entrevue personnelle, dont une heure vaut

» mieux qu'un mois de correspondance. »

La proposition du prince royal de Suède ayant été acceptée, un rendez-vous, auquel devaient se trouver l'empereur Alexandre et le roi de Prusse, fut indiqué au château de Trachenberg, en Silésie, pour les premiers jours de juillet. Un témoin oculaire, dans des mémoires inédits, qu'il a bien voulu nous communiquer, a tracé le récit de cette entrevue; nous ne pouvons mieux faire que de le citer.

« Le prince arriva le 10 juillet ; l'empereur de Russie et le roi de Prusse étaient déjà rendus à Trachenberg. Ceux qui virent Charles-Jean descendre de voiture conçurent de vives appréhensions sur les résultats de cette entrevue. Il était fort respectueux sans doute; il rendait aux deux souverains tout ce que, comme prince royal, il leur devait; mais il ne donnait que cela, et répondait même à leurs majestés avec une dignité qui tenait de la froideur. L'armistice conclu sans sa participation lui était resté sur le cœur.

» Le lendemain on se vit, l'on parla d'affaires; mais sans rien décider sur le plan de campagne... Un courrier autrichien arrive ; il n'apporte qu'une lettre de l'empereur François ; elle est

pour le prince royal de Suède. Sa majesté écrivait : « Monsieur mon frère et cousin, le comte
» de Neipperg m'a remis la lettre que votre al-
» tesse royale m'a adressée de son quartier-gé-
» néral de Stralsund, le 23 mai dernier; je la
» remercie des sentiments qu'elle a bien voulu
» m'exprimer; elle connaît ceux que je lui
» porte et que je voue au brave peuple suédois.
» Sans rivalité, animés d'un égal esprit de bien-
» veillance l'Autrichien et le Suédois sont ap-
» pelés à soutenir le droit commun de tout état:
» c'est dans ces vues que votre altesse royale est
» arrivée sur le continent, et ce sont également
» celles qui dictent les efforts que je fais pour
» arriver, par la voie des négociations, et à
» leur défaut par celle des armes, à un état de
» choses qui forme le premier besoin de l'Eu-
» rope.

» Les derniers renseignements qui me sont
» parvenus du quartier-général de leurs ma-
» jestés l'empereur de Russie et le roi de Prusse,
» m'ont fait le plus sensible plaisir, en me don-
» nant l'espoir que les obstacles qui semblaient
» s'opposer à la coopération des forces sous les
» ordres de votre altesse royale se trouvent
» écartés. Je regarde cette coopération comme

» un des appuis les plus forts de la cause que
» les puissances peuvent de nouveau se trouver
» appelées à défendre, par une guerre qui ne
» saurait offrir de chances de succès qu'autant
» qu'elle sera soutenue par les moyens les plus
» grands, et surtout les plus unanimes. Les ta-
» lents de votre altesse royale, et son dévoue-
» ment à la cause commune, serviront éminem-
» ment les efforts réunis des premières puissan-
» ces de l'Europe.

» Je charge le comte de Stadion de remettre
» la présente lettre à votre altesse royale, et de
» lui réitérer de vive voix les assurances des
» sentiments particuliers d'estime et de consi-
» dération distinguée avec lesquels je suis,
» monsieur mon frère et cousin, votre bon
» frère et cousin, *François*. »

Cette lettre d'une puissance du premier ordre, adressée au prince royal de Suède, non
à l'un des deux souverains, racheta, d'un seul
coup, et la nomination d'un gouverneur-général de l'Allemagne du Nord, et la non participation du prince suédois à la conclusion de
l'armistice : l'empereur d'Autriche venait d'ac-
quitter son altesse royale envers ses superbes
alliés.

L'assurance donnée par sa majesté autrichienne était, pour la coalition, d'une importance majeure : « un officier, qui connut aussitôt le contenu de la dépêche impériale, continue le témoin oculaire, et qui se rappelait les dispositions des jours précédents, craignit encore davantage l'issue des conférences; car il s'attendait à un redoublement de raideur de la part du fils adoptif de Charles XIII. C'était une erreur : dès ce moment, le prince devint aimable, prévenant; on eût dit qu'il n'avait jamais eu de griefs. » Son altesse royale n'en avait plus en effet : l'amour-propre froissé des deux souverains établissait la balance des antécédents fâcheux.

Cependant, au début des conférences, le prince royal jugea opportun de résumer, sans aigreur, mais avec franchise, en présence des deux souverains et des généraux qui les accompagnaient, les services que le roi, son père, avait rendus jusqu'alors à l'alliance du Nord, à l'empire russe particulièrement. On l'écouta avec calme, avec attention; son altesse royale crut entrevoir que les deux monarques reconnaissaient la vérité de son récit, et les droits de la Suède à obtenir le prix de son courage et de ses efforts, si longtemps, si péniblement soutenus.

Lorsque l'on aborda l'objet principal de l'entrevue, le prince développa toute la profondeur de vues, toute la noblesse de sentiments et de principes qu'il voulait imprimer à la coalition; les personnes qui ont connu les détails de cette fameuse conférence (et plusieurs vivent encore) ont pu juger combien les motifs sur lesquels le prince appuyait ses avis étaient différents de ceux que Napoléon lui supposa depuis, en l'accusant « de n'avoir cédé qu'à de » toutes petites passions, et à des ressentiments » personnels. »

Avant de présenter aux souverains le plan stratégique qu'il avait médité, Charles-Jean voulut savoir quelles seraient les prétentions de ses alliés dans le cas où la guerre aurait d'heureux résultats. L'entretien qui s'ouvrit à ce sujet fixa promptement le prince à cet égard : il put se convaincre que la confiance d'Alexandre et de Frédéric dans l'emploi de leurs forces était loin d'égaler la sienne; toute leur ambition se bornait alors à mettre leurs états respectifs à l'abri de celle de Napoléon; se persuadant qu'ils auraient rempli leur but s'ils forçaient ce prince à faire la paix, en renonçant à l'Espagne, parce que, disaient-ils, il ne l'avait pas conquise, mais usurpée.

Charles-Jean, ainsi qu'on le verra dans la suite, comptait, lui, défendre les intérêts de l'Europe, de la France, de Napoléon lui-même; il ne put entièrement cacher la surprise que lui causait la débilité politique et l'imprévoyance de ses alliés. Il déclara que la coalition manquerait son but si elle ne s'occupait que d'intérêts partiels; qu'elle avait une tâche plus grande et plus noble à remplir, tant pour l'intérêt de leurs états respectifs que pour ceux de la puissance contre laquelle on combattait. « Cette » tâche, ajouta son altesse royale, consiste à » assurer pour longtemps le repos de l'Europe » et l'indépendance des nations, telles qu'elles » se trouvent constituées. Or, une paix qui » n'aurait pour condition que de faire renoncer » Napoléon à l'Espagne, ne peut présenter aucune » garantie, tant qu'on lui laissera la direc- » tion des forces qu'on peut réunir de Naples à » Hambourg. »

A la suite de ces observations, le prince royal proposa de déterminer ainsi le but de la coalition : 1° conquérir et assurer l'indépendance des nations ; 2° pour y parvenir, refouler Napoléon et son armée dans les limites de la France, telles qu'il les avait trouvées en arrivant au pouvoir ; 3° proposer alors et conclure une paix durable, en plaçant, avec toutes les conditions de l'indépendance, Louis sur le trône de Hollande; Eugène sur celui d'Italie; Murat sur celui de Naples; la famille dépossédée du Piémont sur le trône de ce pays ; 4° constituer fortement l'Allemagne, d'après des principes généraux assez bien appropriés à tous ses états, pour la mettre à même de repousser, par ses propres forces, toute domination étrangère. Charles-Jean concluait en déclarant que, pour assurer l'harmonie générale, chaque puissance devait s'engager à se tenir toujours prête à réprimer les entreprises d'un état contre un autre, et renoncer à toute influence sur les affaires intérieures des nations, autres que la sienne.

Nous croyons connaître assez bien le caractère de Charles-Jean, pour assurer qu'en proposant à ses alliés les bases d'un tel pacte pour la grande famille européenne, il croyait à la possibilité de le faire adopter, et à celle de le faire réussir. Sa vertueuse erreur sur le premier point ne devait pas être de longue durée.

Devant d'aussi nobles épanchements, les petites passions se taisent, les projets honteux se déguisent : personne ne contredit l'héritier du trône de Suède... Mais à moins d'une année des conférences de Trachenberg, on vit les souverains alliés, imitateurs de Napoléon, que leur coalition venait d'abattre, l'égaler, le surpasser en égoïsme, en violence, en astucieux abus de la force. Et si l'on compare la conduite des vainqueurs de 1814 avec les principes qu'avait émis Charles-Jean, ne doit-on pas regretter, quelque partie de l'Europe qu'on ait pour patrie, que le système de ce prince n'ait pas prévalu.

Après ce préambule de haute morale politique, le prince exposa le plan de campagne proprement dit, tel qu'il l'avait conçu; la discussion s'engagea sur diverses parties de ce projet, et dura trois à quatre heures. Enfin le sous-chef de l'état-major de son altesse royale reçut l'ordre de rédiger ce qui avait été convenu. Une heure après, le travail arrêté dans cette séance fut signé par les trois chefs d'état-major, qui en gardèrent chacun une copie. Nous tenons ce document curieux de l'un de ces officiers généraux, et nous le croyons assez important, surtout après ses immenses résultats, pour figurer en entier dans cette histoire. Le voici :

« Avant l'expiration de l'armistice, les ar-
» mées combinées doivent être rendues aux
» points ci-dessous énoncés ; savoir :

» Une partie de l'armée en Silésie, forte de
» quatre-vingt-dix à cent mille hommes, se por-
» tera, quelques jours avant la fin de l'armis-
» tice, par la route de Landshut et de Glatz,
» par Jungbanzlau et Brandeis, pour se joindre,
» dans le plus court délai, à l'armée autri-
» chienne, afin de former avec elle, en Bohême,
» un total de deux cent à deux cent vingt mille
» combattants. L'armée du prince royal de
» Suède, laissant un corps de quinze à vingt
» mille hommes contre les Danois et les Fran-
» çais en observation vis-à-vis de Lubeck et de
» Hambourg, se rassemblera, forte d'environ
» soixante-dix mille hommes [1], vers Trenen-
» britzen, pour se porter, au moment de l'ex-
» piration de l'armistice, vers l'Elbe et passer
» le fleuve entre Torgau et Magdebourg, en se

---

[1] Le prince royal joignit encore à ces 90,000 hommes les troupes qui bloquaient Stettin, Custrin, la tête du pont de Torgau, Wittemberg et Magdebourg, sur la rive gauche de l'Elbe.

» dirigeant sur Leipsig. — Le reste de l'armée
» alliée en Silésie, forte de cinquante mille hom-
» mes, suivra l'ennemi vers l'Elbe. Cette armée
» évitera d'engager une affaire générale, à
» moins qu'elle n'ait toutes les chances de son
» côté. En arrivant sur l'Elbe, elle tâchera de
» passer le fleuve entre Torgau et Dresde, afin
» de se joindre à l'armée du prince royal de
» Suède, ce qui fera monter celle-ci à cent vingt
» mille combattants. Si cependant les circon-
» stances exigeaient de renforcer l'armée alliée
» en Bohême avant que l'armée de Silésie fût
» jointe à celle du prince royal de Suède, alors
» l'armée de Silésie marchera sans délai en Bo-
» hême. — L'armée autrichienne, réunie à
» l'armée alliée, débouchera, d'après les cir-
» constances, ou par Eger et Hoff, ou dans la
» Saxe, ou dans la Silésie, ou du côté du Da-
» nube. — Si l'empereur Napoléon, voulant
» prévenir l'armée alliée en Bohême, marchait
» à elle pour la combattre, l'armée du prince
» royal de Suède tâchera, par des marches for-
» cées, de se porter, aussi vite que possible,
» sur les derrières de l'armée ennemie. Si, au
» contraire, l'empereur Napoléon se dirigeait
» contre le prince royal de Suède, l'armée alliée

» prendrait une offensive vigoureuse, et mar-
» cherait sur les communications de l'ennemi,
» pour lui livrer bataille. Toutes les armées coa-
» lisées prendront l'offensive, et le camp de
» l'ennemi sera leur rendez-vous [1]. L'armée de
» réserve russe, sous les ordres du général Be-
» nigsen, s'avancera de la Vistule, par Kalich,
» sur l'Oder, dans la direction de Glogau, pour
» être à portée d'agir suivant les mêmes prin-
» cipes, et de se diriger sur l'ennemi s'il est en
» Silésie, ou de l'empêcher de tenter une in-
» vasion en Pologne. Le blocus des places de
» Dantzig, Modlin, Stettin, Custrin, Glogau;
» l'observation de Magdebourg, Wittemberg;
» Torgau et Dresde, seront faites par la land-
» wehr prussienne et la milice russe [2]. »

Peu de jours après l'entrevue de Trachenberg, on s'occupa enfin de la formation de l'armée dite du *Nord de l'Allemagne*, que devait

---

[1] Le prince royal avait annoncé *Leipsig* comme lieu de rendez-vous; il se reprit et dit le *camp de l'ennemi*. Mais en prenant congé, à Trachenberg, de l'empereur Alexandre, du roi de Prusse, des princes de Walkonski et d'Hardenberg, des comtes de Stadion et de Nesselrode, le prince leur dit : au revoir, à Leipsig : ce furent ses adieux.

[2] Le plan de campagne arrêté à Trachenberg était signé par les chefs d'état-major, russe, prince de Walkonski; prussien, général Knœsbeck; suédois, comte Gustave de Lœwenhielm.

commander le prince royal de Suède : elle se composait, indépendamment des troupes suédoises, de quarante mille Prussiens, vingt-deux mille Russes et dix mille Anglais; ce qui élevait son effectif à plus de cent mille hommes, y compris le corps détaché sur le bas Elbe, pour observer Hambourg et le Danemark.

En rendant compte de l'organisation de cette armée à Charles XIII, le prince royal lui marquait : « Il est hors de doute que si l'empereur » Napoléon n'accepte pas les bases posées par » sa majesté l'empereur d'Autriche, ce souve- » rain se joindra à nous, et dès lors le succès » ne paraît plus douteux... Tout est en mouve- » ment dans son empire, et cent mille hommes » sont déjà rendus en Bohême. »

On voit que l'empereur François II, qui venait d'accepter la médiation entre l'empereur, son gendre, et les alliés, les avait autorisés, en attendant, à comprendre le chiffre de ses forces dans un plan de campagne tracé pendant la durée de sa médiation; il est aisé de juger avec quelle impartialité il l'exerça dans les conférences de Prague... : Jusqu'à présent, nous n'avons pu rien découvrir d'aussi essentiellement punique dans la conduite politique de l'empereur Napoléon. Du centre de cette diplomatie purement formelle, qui se tenait dans la capitale de la Bohême en 1813, sortit, dans les premiers jours d'août, l'ultimatum suivant, posé par le père de l'impératrice Marie-Louise : « Indépendance de l'Espagne, du Portugal, de la Sicile; accomplissement de toutes les obligations contractées entre la Suède et l'Angleterre, c'est-à-dire la réunion de la Norvége aux possessions suédoises. Venaient ensuite les points qui devaient être agités après la signature des préliminaires de la paix générale; savoir : reconstruction du royaume de Prusse et de l'empire d'Autriche [1]; restitution du Hanovre à la maison d'Angleterre; indépendance de la Hollande, qui formerait un royaume séparé, sauf à décider ultérieurement si ce royaume devrait revenir à la maison d'Orange, ou s'il pourrait être donné à un prince de la maison de Napoléon [2].

Sans doute il eût été heureux pour la France

---

[1] Le royaume de Westphalie disparaissait, ainsi que le royaume d'Italie.

[2] La négative de cette dernière disposition ne devait pas être mise en doute; les articles avaient été réglés par l'Angleterre, et l'on ne pouvait pas s'arrêter un instant à l'idée que cette puissance songeât à laisser à Napoléon les ressources maritimes de la Hollande.

que l'empereur Napoléon acceptât ces conditions, toutes rigoureuses qu'elles étaient : cette monarchie n'eût pas eu à subir les préliminaires désastreux d'une restauration qui passa gaîment l'éponge sur le chiffre sanglant d'un million de Français tombés, depuis vingt-deux ans, dans les champs de la guerre civile ou étrangère, et ne tint compte que du sang versé pour la cause d'une famille. Mais Napoléon pouvait-il réfréner assez promptement son caractère impétueux pour se courber sous ces fourches caudines? pouvait-il commander subitement à cet orgueil, au moins légitime en cela, qui le portait à maintenir la France au niveau de splendeur qu'elle avait atteint avant qu'il devînt l'arbitre de ses destinées? L'empereur des Français avait proposé l'armistice à une époque où la nécessité de l'obtenir n'était pas de son côté ; les armées de la coalition étaient en retraite... Il voulait donc en cet instant la paix ; car il savait que les alliés pouvaient mieux profiter que lui d'une suspension d'armes [1]... Ce fut une idée malheureuse : en 1813, la fatalité

---

[1] Soixante mille hommes rejoignirent l'armée russe, seulement pendant l'armistice.

des négociations domina Napoléon, ainsi que, l'année précédente, l'avait dominé la fatalité des conquêtes rapides... Il glissait sur la pente du précipice qui devait l'engloutir.

Le 2 août, Charles-Jean reçut une lettre du général Moreau, qui venait de débarquer à Gothenbourg. Ce général lui annonçait son arrivée prochaine à Stralsund ; peu de jours après, le prince royal vit en effet paraître son ancien frère d'armes. Tout porte à croire que le vainqueur d'Hohenlinden avait déjà reçu l'ordre de s'entretenir avec le commandant en chef de l'armée du nord de l'Allemagne, pour l'exécution des conventions stratégiques de Trachenberg. Quoi qu'il en soit, la première réflexion de ces deux capitaines illustres, en se serrant la main, fut sans doute un regret dirigé vers leur belle patrie, qu'ils allaient combattre par des motifs bien différents [1].

[1] A la suite de recherches impartiales faites pour découvrir si Moreau était venu de son propre mouvement offrir son bras et ses talents aux alliés, ou s'il n'avait fait que se rendre à leur appel, on s'est vu avec douleur contraint d'adopter la première hypothèse. Tout porte donc à croire que ce général se rangea parmi les ennemis de son pays, non pour travailler à ce que les puissances coalisées appelaient *l'affranchissement de l'Europe*, mais pour satisfaire le ressentiment que les rigueurs exercées envers lui par Napoléon lui avaient inspiré, et, plus particulièrement, peut-être,

Le prince royal développa son plan de campagne à Moreau, dans le plus grand détail, sans rien dissimuler des considérations politiques qui l'obligeaient impérieusement à l'adopter. Moreau saisit d'abord les inconvénients d'une ligne d'opérations si dangereuse entre la Baltique, l'Elbe et l'Oder; n'ayant que Stralsund pour point d'appui, et entourée des places fortes de Hambourg, Magdebourg, Torgau, Custrin et Stettin, occupées par les Français.

« En remontant jusqu'à Berlin, continua le célèbre transfuge, vous avancez dans un vrai coupe-gorge, pour défendre une ville trop rapprochée du foyer de l'ennemi. — Oui, mon général, ma position est mauvaise, je n'en saurais disconvenir; mais je serai franc avec vous, car notre ancienne amitié m'est garant

pour courir les chances d'un heureux changement dans sa propre existence. Moreau fut accueilli par Alexandre comme un homme dont le génie pouvait être utile : sa majesté impériale lui donna le titre de son premier aide-de-camp... L'estime des alliés accompagna-t-elle cette faveur? on ne le pense pas. Toute l'Europe se souvenait que, dès 1797, et lorsque l'ambition de Bonaparte ne pouvait être encore un prétexte de trahison, Moreau, oubliant ses devoirs; oubliant la cause sacrée de la patrie, avait voulu livrer aux Autrichiens les braves qu'il commandait. Ce fait, clairement prouvé au Directoire, a été confirmé, depuis le retour des Bourbons, par une conversation entre Louis XVIII et le général Férino.. ... Puis Moreau dénonça, en 1797, le général Pichegru, dont il avait été le

que vous n'abuserez pas de ma confiance. Cette position si périlleuse, si contraire à votre génie stratégique, est pourtant, pour la Suède et pour moi, aussi politique que militaire : tout à fait politique, parce que j'influence le nord de l'Allemagne, dont je me trouve maintenant le seul arbitre; parce que j'électrise les Prussiens, les Meklenbourgeois, les villes Anséatiques, et que je me prémunis ainsi contre le sort des coalitions... Car supposons quelque grand revers, vous verriez un *sauve qui peut* universel; des paix précipitées, des engagements trahis, des alliés sacrifiés. Vous le savez, nous avons affaire à un homme dont la tactique est plus active encore dans les négociations que sur le champ de bataille. Ma position est militaire, par la raison que je contiens, avec moins de

complice. Puis vint la conduite *double* et molle, des deux côtés, que Moreau tint au 18 brumaire. (*Voyez* tome 1er, p. 259 et 241.)

Des écrivains mal informés ont dit que ce général quitta l'Amérique à l'instigation du prince royal de Suède ; rien de plus erroné que cette assertion : le condamné de 1804 avait toujours rêvé une conspiration militaire contre Napoléon : il vint en Europe, pendant la guerre de 1813, pour essayer l'exécution de ce projet. Quant au prince royal de Suède, nous avons développé dans cette histoire les causes invincibles qui lui mirent les armes à la main contre l'empereur Napoléon ; et nous montrerons plus tard que son ancien lieutenant ne voulait conspirer ni contre lui, ni contre ce qu'il tenait de légitime puissance du choix de la nation française...

dix-huit mille hommes, commandés par le comte Walmoden, l'armée du maréchal Davoust et l'armée danoise qui, s'appuyant sur les places de Lubeck et de Hambourg [1], menacent constamment mon flanc droit. Je suis maître d'écraser les masses qui sortiraient de Magdebourg, de Wittemberg et de Torgau pour marcher sur Berlin. Je suis éclairé et protégé, sur mes flancs et sur mon front, par une nombreuse cavalerie légère, et j'aurai toujours soixante mille hommes en poche pour fondre sur les premières têtes de colonnes qui déboucheront des places de l'Elbe.

» Si l'empereur Napoléon, continua Charles-Jean, concentre sa ligne d'opérations sur la rive gauche de l'Elbe, et manœuvre sur la Bohême, par le haut Palatinat, je conçois qu'alors je serai obligé de me borner au blocus de Magdebourg, Wittemberg, Torgau et des places de l'Oder; ayant une armée formidable sur ma droite, et n'ayant à lui opposer que dix-huit mille hommes. Mais les succès de Lutzen et de Bautzen seront funestes à Napoléon; il compte sur la défection de mon armée, sur la levée en

---

[1] Les Français étaient rentrés dans cette place.

masse des Polonais, et sur la tiédeur des Autrichiens [1]. Vous verrez que son plan de campagne admettra ces probabilités comme des chances assurées. Il fera des pointes comme il en fit lors de son début à l'armée d'Italie; il fatiguera ses soldats par des marches inutiles : c'est sur quoi je compte autant, et peut-être plus que sur l'ensemble de nos mouvements généraux.

» Ces motifs sont hors de ma sphère, répondit Moreau; votre position peut être réglée sur les convenances politiques; mais trouvera-t-elle grâce devant la stratégie : c'est une autre question. — Soit, général; mais c'est comme prince suédois que je tiens à garder la ligne de Stralsund; car triomphant ou battu, elle me réserve le chemin du Danemark; c'est là où je dois chercher la Norvége; c'est là aussi qu'au pis aller je trouverai mon dernier allié, l'Angleterre. Je ne suis pas tenté de finir ma carrière dans les marais de la Pologne, ou comme Charles XII à Bender; car enfin, je ne vous le dissimule pas, perdre mon armée et me barrer le

---

[1] Les Autrichiens n'étaient pas encore déclarés; ils ne le furent qu'au mois d'août : mais il faut croire que les alliés avaient déjà de bonnes raisons pour compter sur eux.

retour en Suède, ce serait perdre l'avenir de ce pays.

» Je suis trop peu au fait des ressorts intérieurs qui font agir les cabinets, répliqua Moreau, pour entrer en discussion sur une matière aussi délicate. » Puis il se tut... Après quelques instants de silence, un regard investigateur du prince lui fit ajouter : « Je vous dois la vérité; je pense que vous serez battu. — J'espère que non, décidé que je suis à ne jamais accepter une lutte inégale. — En serez-vous toujours le maître, répondit le général... » Puis comme par réflexion, il reprit : « Mais encore de quel prix est donc Berlin pour vous ; et comment défendre une ville ouverte, sans fortifications naturelles ou de l'art ? — Berlin est le cœur de la monarchie prussienne ; celui qui en est le maître aura toujours un grand ascendant moral et matériel. Il faut conserver ces chances; et d'ailleurs Berlin est le centre des ressources du nord de l'Allemagne. — Mais encore une fois, cette capitale est sur les avant-postes de l'ennemi. — Si Napoléon m'enlève Berlin, dit le prince royal d'un accent animé, je ne lui en aurai pas fait bon marché. Et puis j'aurai toujours soin de gagner sur lui une marche, qui l'empêchera de m'atteindre; dussé-je me retirer sur Stralsund, sur Rugen, sur mes vaisseaux. »

Moreau, sans combattre, pour le fonds, la validité de ces raisonnements, n'y trouvait pas de motifs suffisants pour changer d'opinion : il conserva celle qu'il s'était faite sur l'échec présumable du prince royal. Il eût voulu que son altesse royale se bornât à la défensive sur l'Elbe, en observant les places de Magdebourg et de Wittemberg, et qu'aucune opération sérieuse ne fût tentée de ce côté. Ce général, qui paraissait destiné à diriger la grande armée de Bohême, prétendait concentrer toute la guerre active sous sa main, et l'amour-propre était peut-être pour beaucoup dans la discussion qu'il venait de soutenir.

CHAPITRE VI.

De l'armistice de 1815 et de la continuation des hostilités. — Propositions inadmissibles faites à Napoléon. — Force respective des armées de la coalition et de l'armée française. — Proclamation du prince royal de Suède à ses troupes. — Premiers mouvements de son armée.—Combat de *Gros-Beeren*. Expédition inutile du général français Girard, sorti de Magdebourg. — Divers mouvements habiles du prince royal de Suède pour défendre Berlin. — *Victoire de Dennewitz* remportée par le prince royal de Suède. — Lettre de ce prince au prince de la Moscowa. — Entretien du général saxon Gersdorf avec l'empereur Napoléon sur le prince royal de Suède. — Inutilité des communications de cet officier.

L'examen des motifs qui déterminèrent la continuation des hostilités n'est pas étranger à notre sujet; car si les vues et les principes développés à Trachenberg par le prince royal de Suède eussent servi de base aux délibérations du congrès de Prague, l'empereur des Français aurait pu se montrer accessible aux propositions de la diplomatie européenne. Mais les conditions qui furent offertes à Napoléon étaient-elles acceptables, étaient-elles sincères même, dans leur extrême rigueur? Soutenir l'affirmative serait hardi, lorsque la connaissance des faits ultérieurs a complétement démenti, ce nous semble, les beaux sentiments qu'on avait exprimés pendant les négociations, et les grands mots d'humanité, d'affranchissement, et d'indépendance dont les diplomates avaient fleuri leurs discours.

Napoléon, en consentant à un armistice, savait très-bien qu'il serait plus utile à ses ennemis qu'à lui. Il savait que cette suspension d'armes donnerait aux réserves russes le temps d'arriver; au roi de Prusse, le temps de lever sa landwehr et son landsturm; au prince royal de Suède, le temps de réunir et de combiner les troupes de diverses nations, qui devaient former l'armée dite du nord de l'Allemagne, dont le commandement lui était confié. L'empereur des Français, et certes il ne l'ignorait pas, ne pouvait plus faire ni dans son empire, ni chez ses aliés, des levées comparables aux renforts que la coalition allait recevoir, surtout par la coopération des armées autrichiennes, qu'il devait prévoir dès le mois de mai. Tout ce que Napoléon avait pu réunir de ressources en hommes, combattait depuis le commencement de la campagne : deux conscriptions anticipées se trouvaient sous les drapeaux; le premier ban de la garde nationale avait franchi les frontières ; l'arbitraire levée des gardes d'honneur signalait une extrémité qu'il était impossible de dissimuler ; enfin, on venait de voir en ligne, dans les derniers combats, l'artillerie de la marine, enlevée des ports, ou descendue des vaisseaux dont elle servait précédemment les batteries.

Toutes les probabilités, tous les raisonnements, dépouillés de prévention et d'animosité, tendent donc à prouver que l'empereur, en acceptant l'armistice, espérait conclure une paix telle qu'il pouvait l'obtenir sous l'influence de ses dernières victoires... Ce fut une grande erreur : il avait fait trop de mal aux souverains avec lesquels il traitait, trop de mal à l'empereur d'Autriche, qui se présentait comme médiateur, pour se flatter rationnellement que la générosité présidât un seul instant aux propositions qui lui seraient faites. Le projet d'humilier Napoléon, même aux yeux de la France, domina, pendant la durée du congrès, toute autre pensée; on imposait à ce souverain des sacrifices qu'il ne devait pas faire, et les alliés ne lui promettaient aucune garantie pour le cas où il les aurait faits. Chacun sait, par exemple, qu'en lui demandant l'abandon de l'Italie et de la Hollande, on ne fixait point le sort de ces pays : en les détachant de son empire, l'empereur n'obtenait même pas la satisfaction de leur laisser une existence politique déterminée.

Nous le disons avec conviction, l'ultimatum de Prague ne pouvait être accepté par Napoléon, et la plus grande faute qu'il ait commise alors consista dans la conclusion d'une trêve qui devait profiter presque exclusivement à ses ennemis. Tout l'avantage qu'il en tira se réduisit à l'organisation définitive de quelques corps, formés trop rapidement au début de la campagne, et au complément d'un matériel improvisé après les désastres de 1812. Peu de troupes nouvelles passèrent le Rhin depuis le mois de mai; aussi doit-on regarder comme d'intolérables exagérations les récits qui portent à trois cents ou trois cent cinquante mille hommes, l'armée française qui combattit en Allemagne dans le cours de l'année 1813; elle ne s'éleva jamais à plus de deux cent soixante-dix mille combattants, en y comprenant les garnisons des places de la Vistule, de l'Oder et de l'Elbe... Il suffit d'un mot pour démontrer combien sont erronés les calculs qui ont grossi à loisir les colonnes françaises, afin d'ajouter à la gloire des puissances coalisées qui en triomphèrent : lorsque l'empereur Napoléon avait franchi le Niémen, à l'apogée de sa puissance militaire, il ne commandait que quatre cent mille hommes.

Il ne faut qu'ouvrir les relations allemandes, qu'on ne suspectera pas assurément d'affaiblir la gloire des alliés, pour reconnaître que Napoléon, depuis la reprise des hostilités, eut à combattre une armée double de la sienne. Nous ne comprenons cependant ici ni les landwher, ni les landsturm; si l'on veut les admettre parmi les forces combattantes, on verra que plus d'un million d'hommes était armé contre ce souverain, entre la Vistule et le Rhin. L'Autriche seule mit debout trois cent mille hommes.

Mais ces innombrables cohues armées étaient loin de rassurer le prince royal de Suède : il avait combattu tour à tour toutes les troupes

réunies en ce moment contre l'armée française;
il connaissait la funeste influence qu'exerçait
sur elles une première défaite; il était également
instruit des précédents du plus grand
nombre des généraux qui servaient maintenant
la même cause que lui, et ces précédents ne lui
inspiraient pas une grande sécurité.

Or, dans cette situation, le prince devait
s'inspirer de tout ce que sa prudence lui dictait
de précautions, pour se donner, par lui-même,
autant de garanties qu'il serait possible d'en
réunir. Les motifs qu'il avait exposés au général
Moreau sur la nécessité de défendre Berlin,
malgré l'avis de ce général, de Blucher et du
roi de Prusse lui-même, s'offraient à sa pensée
plus déterminants que jamais; et, pour conserver
ce centre de ressources, dont la perte
eût infailliblement entraîné de nouveaux désastres
pour la Prusse, il lui parut indispensable
d'éviter les engagements d'une certaine importance,
avant d'avoir bien préparé toutes les
chances probables de succès.

Cette précaution était d'autant plus nécessaire,
qu'à l'exception de quarante-huit mille
Russes ou Suédois, l'armée du Nord de l'Allemagne
ne se composait guère que de nouvelles

levées; enfin, son altesse royale occupait avec moins de cent mille hommes, une ligne d'environ cent vingt lieues; ayant à sa droite l'armée franco-danoise, commandée par le maréchal-prince d'Eckmuhl, et forte d'environ trente-cinq mille combattants; sur son front, les forteresses de l'Elbe, auxquelles s'appuyaient deux corps commandés par le prince de la Moskowa et le duc de Reggio; sur sa gauche, les places de Stettin et de Custrin, renfermant des garnisons françaises; derrière lui, la Baltique sans point d'appui, sans places tenables, sans camps retranchés, sans dépôts.

Voilà sous quels auspices le prince royal de Suède osait se présenter devant le premier capitaine des temps modernes; ne pouvant jamais disposer de plus de soixante mille hommes sur les points attaqués par les troupes françaises. Aussi décida-t-il, comme principes invariables de son plan de campagne, qu'à l'exception des troupes qui bloquaient les places, aucun corps ne serait détaché de l'armée à plus d'une journée de marche, et qu'il ne perdrait jamais de vue les moyens d'opérer sa retraite sur la Suède; présumant, avec beaucoup de raison, que si la Prusse éprouvait quelque grand revers, elle serait forcée de se joindre à Napoléon.

Telles étaient les dispositions stratégiques du prince royal de Suède, lorsque les hostilités recommencèrent : il adressa à ses troupes, le 13 août, une proclamation où l'on remarquait ces passages.

« Soldats, appelé par la confiance de mon roi
» et par celle des souverains alliés, à vous gui-
» der dans la carrière qui va s'ouvrir, je me
» repose, pour le succès de nos armes, dans la
» protection divine, dans la justice de notre
» cause, dans votre valeur et votre persévé-
» rance.

» Sans un concours d'événements extraordi-
» naires, qui ont rendu si cruellement célèbres
» les douze dernières années, vous ne seriez
» pas réunis sur le sol germanique ; mais vos
» souverains ont senti que l'Europe est une
» grande famille, et qu'aucun des états qui la
» composent ne peut rester indifférent aux
» malheurs que fait peser sur l'un d'eux une
» puissance conquérante. Ils ont aussi reconnu
» que, lorsqu'une telle puissance menace de
» tout envahir, de tout soumettre, il ne doit
» exister qu'une seule volonté chez les peuples

» qui ont résolu d'échapper à la honte de l'es-
» clavage.

» C'est maintenant que les rivalités, les pré-
» jugés et les haines nationales doivent dispa-
» raître devant le grand but de l'indépendance
» des nations.

» Soldats, quel bel avenir se présente à vous!
» la liberté de l'Europe, le rétablissement de
» son équilibre, le terme de cet état convulsif
» qui dure depuis vingt ans, la paix du monde,
» enfin, seront le résultat de vos efforts. Ren-
» dez-vous dignes par votre union, par votre
» discipline, par votre courage, des belles desti-
» nées qui vous attendent. »

Si l'on se reporte maintenant au discours prononcé par le fils adoptif de Charles XIII dans l'entrevue de Trachenberg, on se convaincra qu'il croyait religieusement à la noble mission qu'il annonce ici à ses troupes; et le plus bel éloge que l'on puisse faire du caractère de son altesse royale, c'est d'affirmer qu'il en croyait l'accomplissement possible. Sa confiance à cet égard était telle, qu'on le vit plus tard s'opposer de tout son pouvoir à l'envahissement de la France, qui devait être une violation du principe sacré d'indépendance qu'il avait proclamé... Tout porte à croire que s'il eût disposé de forces suffisantes, il se fût décidé à soutenir, les armes à la main, ce principe généreux, afin de protester au moins contre le déni de loyauté qui trompa ses desseins.

Le 15 août, le prince royal établit son quartier-général à Postdam ; voici quelle était à cette époque la situation des choses : l'armistice avait été dénoncé le 10, par les alliés; le 11, à une heure du matin, le comte de Metternich avait remis à Prague, au général comte de Narbonne, la déclaration de guerre faite par l'Autriche à l'empereur Napoléon; mais les hostilités ne devaient recommencer que le 16.

Le 18, son altesse royale, rapprochant davantage ses forces de Berlin, établit son quartier-général à Charlottenbourg. Il est aisé de reconnaître par ce mouvement de concentration que le prince opérait sur la capitale, qu'il commençait l'exécution des dispositions nécessaires pour la défense de ce point important : son altesse était loin de partager l'opinion du général Blucher qui, comparant Berlin à une prostituée, déclarait que pour être livrée une fois de plus, elle n'en serait pas plus flétrie.

L'indécision que l'armée française parut apporter dans ses manœuvres, obligea le prince à faire plusieurs marches et contre-marches dans le courant d'août, pour suivre les mouvements de son ennemi. Ainsi le quartier-général, après s'être porté de Postdam à Charlottenbourg le 17, retourna le 21 dans la première de ces places-.

Ce fut là que le prince apprit, par ses agents secrets, que l'empereur Napoléon concentrait dans les environs de Bareuth, les corps commandés par les ducs de Reggio, de Bellune, de Padoue, et par les généraux Bertrand et Reynier, formant, disait-on, soixante-dix mille hommes. Les mêmes agents rapportèrent que tout semblait annoncer, de la part de ces troupes, une marche rapide sur Berlin.

D'après cet avis, le prince royal ordonna les dispositions suivantes : le général Bulow, commandant le troisième corps prussien, dut porter deux divisions de son corps entre Heinersdorf et Klein-beeren, tandis qu'une division déjà postée à Mittenwalde, et une autre occupant Trebbin, masqueraient les mouvements généraux. Le quatrième corps prussien, aux ordres du général Tauentzien, se réunit à Blankenfelde ; dans le même temps, le général Wobser marcha sur Guben, sur Friedland et sur Bochholtz.

Pendant que ces mouvements s'exécutaient, l'armée suédoise, partie de Postdam le 22, à deux heures du matin, se dirigea sur Saarmund, passa les défilés, et prit position à Ruhlsdorf. Le corps russe ayant suivi l'armée suédoise, occupa Gutergotz; le général Czernichef, avec trois mille cosaques et une brigade d'infanterie légère, fut posté à Belitz et Treuenbritzen.

Les mouvements de l'armée française qu'on avait prévus ne se réalisèrent pas entièrement : seulement les quatrième et septième corps, aux ordres des généraux Bertrand et Reynier, avec la cavalerie du duc de Padoue, s'étaient avancés le 21, en deux colonnes, sur Trebbin et Ruhlsdorf, pour forcer la ligne d'inondation inachevée qui devait couvrir Berlin. Vers le soir, ces corps attaquèrent les postes avancés qu'ils rencontrèrent, et qui durent se replier après une résistance opiniâtre. La retraite du poste de Trebbin s'opéra sur le corps du général Thumen; celle du poste de Ruhlsdorf sur Mittenwalde.

Les Français qui s'étaient portés en avant,

prirent position entre Clteslow et Schulzendorf, et depuis Christinendorf jusque derrière Wittstock.

Le 22, à midi, le général Thumen fut attaqué de nouveau dans sa position; le colonel de Stuttersheim fut obligé d'évacuer le poste de Wilmersdof, et se retira derrière les fossés de Thyrow. Bientôt le défilé de Wittstock fut également forcé, et, malgré quelques charges brillantes, fournies par la cavalerie du général d'Oppen, les troupes françaises se maintinrent dans ce poste. Leur artillerie, qu'elles firent alors porter en avant, força le général Thumen à continuer son mouvement rétrograde par Darnsdorf et *Gross-Beeren;* il fit sa jonction, à dix heures du soir, avec le corps du général Bulow à Heinersdorf.

Le septième corps français, qui venait d'obtenir ces avantages, s'empara aussi de la redoute de Jahnsdorf, ce qui força le général de Tauenzien d'évacuer Klein-beeren, et de se porter sur Blakenfelde; tandis que le général de Borstel, qui occupait Mittenwalde et Zossen, effectuait sa retraite par Brusendorf, et se réunissait au troisième corps prussien.

Le 23 au matin, le corps du général Bertrand

se porta sur Blakenfelde, contre le général Tauenzien; mais avant qu'une attaque sérieuse eût pu ébranler les Prussiens du quatrième corps, le général Bulow, commandant le troisième, reçut, du prince royal de Suède, l'ordre de se porter dans la direction de Lichtenwolde et Klein-Ziethen, pour soutenir Tauenzien, et opérer sa jonction avec le général de Borstel. A peine ce premier mouvement était-il exécuté, qu'un nouvel ordre du prince lui prescrivit de reprendre sa première position, où il n'avait laissé qu'un faible détachement : Son altesse royale avait reconnu que les Français menaçaient en même temps Gross-Beeren et Ahrensdorf. En conséquence, le général Bulow, ne laissant que le général de Borstel à Klein-Beeren, se reporta rapidement à Heinersdorf. Le général de Tauenzien eut donc à soutenir seul l'attaque du quatrième corps français, qui du reste était numériquement beaucoup plus faible que le sien. Ainsi la bravoure des troupes prussiennes, si exaltée dans les récits allemands, n'eut à faire ici que des efforts très-ordinaires pour triompher ; mais elle triompha : le général Bertrand fut repoussé, laissant une cinquantaine de morts sur le champ de bataille, et deux cents cinquante à trois cents prisonniers.

Cependant le septième corps avait, dans ce même moment, un engagement plus grave avec le général Bulow. Reynier s'était porté sur Gross-Beeren, afin d'attaquer le détachement du troisième corps prussien qu'on y avait laissé; celui-ci, ne pouvant soutenir le choc des forces supérieures qui s'avançaient, abandonna ce poste. Mais Bulow, y étant revenu, comme nous l'avons dit précédemment, se trouvait en force pour rétablir le combat.

Le prince royal lui ordonna d'attaquer immédiatement Reynier, en faisant les dispositions suivantes : l'aile droite du septième corps français devait être délogée du village de Gross-Beeren; dans le même moment, l'aile gauche serait assaillie avec vigueur : de telle manière que le centre, abandonné de ses deux ailes, pût être forcé avec facilité. Pour obtenir ce résultat, la brigade du prince de Hesse-Hombourg, forma la droite, celle du général Kraft, la gauche; la brigade de Thumen, placée derrière les troupes du général Kraft, forma la réserve. Dans cet ordre de bataille, chaque brigade présentait deux lignes : la cavalerie de ces mêmes brigades composait la seconde. La cavalerie du corps de réserve se déploya derrière les ailes.

Le général de Borstel eut ordre de se porter, avec sa brigade, par Klein-Beeren et Gross-Beeren, et de tourner la droite des Français; soixante pièces de canon étaient en batteries aux deux ailes et au centre.

On a sans doute reconnu, à cette disposition savante, le génie stratégique du prince royal : c'était en effet lui qui, dans un rapide exposé, avait indiqué cet ordre de bataille, opposé aux manœuvres du général Reynier, dont il connaissait l'habileté.

Dans ce même ordre, les bataillons, formés en masses compactes, se portèrent en avant : la pluie tombait, depuis le matin, par torrents, et la nuit approchait. Le combat commença par un feu d'artillerie dont le succès fut partagé, et l'affaire pouvait se prolonger sans résultat décisif. Le général Bulow fit alors avancer son aile droite en échelons, les bataillons de la première ligne déployés, ceux de la seconde formés en colonne. Pendant ce temps, le général de Borstel avait pénétré jusqu'au-delà de Klein-Beeren; débordant ainsi le flanc droit des Français, contre lequel il dirigea une vive canonnade. Ce fut ce qui décida le succès de la journée. Voyant les rangs de cette aile lézardés par la mitraille, Bulow ordonna une attaque au pas de charge, que les Français soutinrent avec leur intrépidité ordinaire. Ce ne furent ni la trempe supérieure des ames et des baïonnettes prussiennes, ni les *hourras* proclamés par la narration que nous avons sous les yeux qui décidèrent la victoire de ce jour; ce fut une heureuse disposition des troupes et le choc d'une masse assaillante double des forces de Reynier... Nous ne connaissons pas un seul engagement, au moins dans les guerres de la révolution et de l'empire, où une charge à la baïonnette, à nombre égal, ait produit un échec pour les légions françaises.

Il est constant toutefois que Gross-Beeren fut emporté avec beaucoup d'intrépidité par les Prussiens du général Kraft; il est constant aussi que cette sanglante mêlée se termina à l'arme blanche; la pluie empêchant les fusils de faire feu.

Le village de Gross-Beeren étant enlevé, le général Bulow fit entrer en ligne son aile droite, qui jusqu'alors était restée en échelons, tandis que la brigade qui avait formé la réserve, remplissait le vide formé dans la première ligne, par l'occupation du village. La cavalerie de réserve de l'aile droite tourna en même temps cette aile pour rompre les rangs français; mais ce résultat ne fut point obtenu: Reynier se retira en bon ordre sur la ville de Trébbin; laissant cependant sur le champ de bataille quelques pièces de canon, quelques caissons, dont les bulletins allemands, non moins menteurs que ceux de Napoléon, ont exagéré le nombre. Les Français eurent environ trois cents hommes hors de combat; et huit ou neuf cents prisonniers restèrent aux Prussiens.

Ce combat eut pour spectateurs le général russe Winzingerode, à la tête de dix mille chevaux; le général Woronzow, commandant plusieurs bataillons russes, et le maréchal comte de Stedinck, placé en avant de la ligne suédoise, ayant sa cavalerie en réserve. L'inaction de ces différents corps prouverait, au besoin, que celui de Bulow était plus que suffisant pour combattre le septième corps français et la faible cavalerie du duc de Padoue qui le soutenait[1]. Il faut dire ici, que durant cette cam-

---

[1] Les ordres du jour des généraux alliés portaient à dix mille chevaux

pagne, ce que l'on appelait un corps d'armée, sous les drapeaux de Napoléon, n'équivalait pas à la force numérique d'une division ordinaire : cette remarque est fort utile pour l'intelligence d'une multitude de narrations, d'après lesquelles la valeur française semblerait s'être complétement démentie dans cette guerre désastreuse ; tandis que jamais, peut-être, elle ne se montra sous un plus noble aspect.

Le prince royal de Suède, aux manoeuvres duquel les alliés devaient la victoire de Gross-Beeren, qui sauva Berlin une première fois, avait, pendant le combat, son quartier-général au moulin de Ruhlsdorf : c'est de là qu'il dirigea les opérations de cette journée, ainsi que le prouvent ses ordres du jour, que nous avons eu sous les yeux.

Le quatrième corps français se retira sur Galzdorf et Salow ; le septième sur Gottow ; tandis que le douzième corps, aux ordres du maréchal duc de Reggio, qui n'avait pris aucune part à l'affaire du 23, se dirigea sur Bareuth par Trebbin. Le 24, les généraux Bulow, Tauenzien et d'Ourouck se mirent à la pour-

---

la cavalerie du duc de Padoue ; elle ne s'élevait pas à moitié. On exagérait aussi la force des corps d'infanterie dirigés sur Berlin.

suite des Français, avec une partie de la cavalerie russe.

Les prisonniers faits dans la journée du 23 furent visités avec sollicitude par le prince royal de Suède; il reconnut parmi eux plusieurs officiers qui avaient servi sous ses ordres; son altesse royale ordonna qu'on les traitât avec tous les égards dus au courage malheureux : « Ici, messieurs, » ajouta le prince, « vous n'êtes plus » que mes compatriotes. »

Les corps français qui s'étaient avancés opérèrent leur retraite sur l'Elbe; mais non pas avec précipitation, ainsi qu'on le faisait publier, dans le but d'encourager les troupes de nouvelle levée. Car le 25 ils enlevèrent Jüterbock, occupé par une brigade aux ordres du colonel Adrianoff; six cents lanciers polonais, et deux bataillons d'infanterie française prirent position dans cette ville, pour couvrir la retraite de l'armée. Mais le 26, ce faible détachement, ayant dû abandonner ce poste aux troupes du général d'Ourouck, fut poursuivi par la cavalerie du général Benkendorf, et éprouva une perte assez considérable dans les villages de Rohrbeck et de Bochow. Les récits allemands ont cependant exagéré de moitié le nombre des

Français tués ou blessés dans cet engagement.

Le général russe Czernicheff avait pris position, le 25, à Belzig, avec environ trois mille cosaques. Le 26, le général Bulow porta son quartier-général à Trebbin, abandonné la surveille par le maréchal duc de Reggio. Le général de Borstel occupa le même jour Luckenwalde, où il obtint, dans la soirée, quelque avantage sur une division wurtembergeoise appartenant au corps du général Bertrand. Par suite du combat qu'elle venait de soutenir, cette division dut se retirer sur Schmilkendorf, et se réunir au quatrième corps français. Le général Tauenzien prit position à Zossen, le corps russe à Belitz; sa cavalerie s'avançant jusqu'à Treuenbritzen; et le corps suédois marcha sur Saarmund, où le prince royal transféra son quartier-général.

Pendant que ces événements se passaient, dix mille hommes de la garnison de Magdebourg, sortis de cette place sous les ordres du général Girard, s'étaient portés sur Geuthen et Ziesar, sans doute dans le but d'opérer leur jonction avec le corps du maréchal duc de Reggio, pour entrer ensuite de concert à Berlin. Mais le général prussien Puttlitz, avec sept bataillons de landwher, arrêta pendant quatre jours la marche du général Girard, et fit échouer son projet de jonction avec le douzième corps français. Ce fait d'armes est assurément un des plus honorables de la campagne, soit par l'audace et l'habileté de son exécution, soit par l'importance du résultat qu'il produisit.

Le général prussien Hirschfeldt occupait Brandenbourg le 24; ayant eu avis de la marche du général Girard, il s'attacha à ses mouvements pour les inquiéter. Le 25, le corps français sorti de Magdebourg s'avança de Ziezar à Belzig, et s'arrêta dans le village de Lubnitz, pour y passer la nuit; mais il poussa des reconnaissances jusqu'à Belzig, où les cosaques de Czernicheff se maintinrent.

Hirschfeldt occupait, le 26, une position entre Rekahn et Golzow; il s'y était porté par une marche nocturne, dans l'espoir de couper l'arrière-garde de Girard; mais cette manœuvre demeura sans succès.

Le 27, à la pointe du jour, le général prussien, suivi de quelque cavalerie, marcha sur Lubnitz; ses troupes y furent réunies à deux heures de l'après midi. Il attaqua sur-le-champ la position que les Français avaient prise en ce lieu; une batterie russe fournit un feu bien nourri. Délogées de cette position, les troupes de Girard se retirèrent sur les villages de Steinsdorf et de Schmerwitz. Alors le corps prussien occupa les hauteurs d'Hagelsberg, à une petite distance de Belzig. Or, ce qui prouve assez clairement que les Français n'avaient pas été *menés battant* jusque-là, ainsi qu'on l'a imprimé dans les rapports prussiens, c'est que le général Hirschfeldt dut y prendre une position défensive, et qu'immédiatement il fut attaqué avec impétuosité par le général Girard. Les hauteurs ayant été emportées par les Français, le désordre fut un moment dans les rangs prussiens. Mais ils ne tardèrent pas à se rallier, et les chances du combat changèrent. Le général Hirschfeldt attaqua, à son tour, les hauteurs d'Hagelsberg et les reprit. L'avantage de la journée ne paraissait pourtant pas fixé; les Français, formés en carrés, faisaient essuyer aux Prussiens un feu très-meurtrier, lorsque le général Czernicheff, sorti de Belzig avec ses cosaques, acheva de décider la victoire en faveur des alliés.

On imprima pompeusement qu'un régiment de cosaques, fondant avec impétuosité sur une colonne française de mille hommes, l'avait dispersée, mise en fuite... Nous avons vu beaucoup de cosaques à l'œuvre; mais il ne nous est jamais arrivé d'en voir *fondre* sur des colonnes formées en carré, et les mettre en fuite. Prêter une valeur héroïque à ces bandes sans discipline, sans esprit militaire, sans attachement à la cause qu'ils servent; c'est aussi pousser trop loin l'hyperbole.

Nous devons ajouter que les Français, battus à Hagelsberg, ne se mirent point en fuite dans la direction de Ziésar; ils se retirèrent sans désordre; on a pu voir qu'ils avaient disputé assez obstinément l'avantage qu'ils laissaient à leurs ennemis. Le général Czernicheff suivit leur marche; mais c'est encore une assertion hyperbolique que de dire qu'il les poursuivit à *toute outrance*... Aucun stratége, impartial et sans passion, ne croira que des bandes du Don ou de l'Ukraine se soient attachées d'aussi près aux traces d'un corps français de six à sept mille hommes.

Néanmoins la perte des Français dans cet engagement fut considérable : quinze à dix-huit cents hommes, dont une centaine d'officiers, tombèrent au pouvoir des Prussiens, avec huit canons et vingt-cinq à trente caissons. Le général Girard avait été grièvement blessé pendant le combat; son corps, non pas réduit à de faibles débris, mais affaibli de deux à trois mille hommes, se retira sur Wittemberg.

Nous ne signalerons point ici tous les mouvements que le prince royal de Suède fit faire à son armée pour déjouer le projet, toujours subsistant, qu'avait l'armée française de marcher sur Berlin. Certes! cette armée ne pouvait se féliciter jusqu'alors de ses opérations; mais on n'avait pourtant pas remporté sur elle des victoires telles qu'elle se fût trouvée contrainte de repasser l'Elbe : elle occupait même plusieurs places prussiennes, comme Juterbock, Zinna, Krapstadt, Lissnitz et Luckau. Elle avait fait creuser des retranchements autour de cette dernière ville, et paraissait disposée à en faire une place d'armes.

Le prince royal de Suède manœuvra, dans les derniers jours d'août et dans les premiers de septembre, pour rejeter enfin les Français sur la rive gauche du fleuve. Nous suivrons maintenant avec quelque détail les opérations de son altesse royale, parce que ses manœuvres furent opposées, avec une grande habileté de calcul, à tous les mouvements que l'empereur Napoléon ordonna pour l'occupation de Berlin. Chacun de ces deux grands capitaines sentait que là se trouvait le nœud stratégique de la campagne, disons plus, celui de la guerre. Il est hors de doute que la capitale du royaume de Prusse une fois occupée, c'en était fait de la cause des alliés; la défection forcée de Frédéric-Guillaume, ou du moins de son peuple, entraînait le découragement de toute l'Allemagne. Il est presque inimaginable que, parmi tous les généraux alliés, le prince royal de Suède seul se fût attaché à cette idée.

Le 28, le général Wobeser, du quatrième corps prussien, somma la place de Luckau d'ouvrir ses portes; il était difficile de la défendre longtemps derrière des fortifications improvisées en quelques jours : le commandant, M. Delavergne, voyant les Prussiens se disposer à donner l'assaut, se décida à capituler : neuf canons et huit cents prisonniers furent le fruit de cette conquête. Le prince royal ordonna sur-le-champ que les travaux de fortification commencés à Luckau par les Français fussent continués, de manière à ce que cette place pût être sous peu de jours à l'abri d'un coup de main.

Les jours suivants, Juterbock fut repris par le général russe Woronzow; Zinna reçut la brigade du général Borstel; et les troupes impériales évacuèrent Krapsdadt et Lissnitz. Quant aux prétendus vingt mille Français qui se trouvaient à Juterbock ou aux environs lorsque Woronzow attaqua cette place avec quatre mille hommes, et qui auraient été terrifiés par ces derniers, il est presque superflu de dire que tout ceci se réduit à de la jactance de bulletin, qui ne paraîtra vraisemblable à personne [1].

Dans le même temps, le prince royal transféra successivement son quartier-général à Bélitz, à

---

[1] Si ce n'est à des landwher sans expérience, dont il pouvait être utile de relever le courage par tous les moyens possibles. D'ailleurs, à la guerre, l'hyperbole est un puissant auxiliaire, et l'on doit convenir que le prince royal de Suède s'entendait merveilleusement à s'en servir. On lisait, dans un de ses ordres, adressé le 28 août au commandant du 4ᵉ corps prussien: « Le général Tauenzien ordonnera au général qui commande devant Stettin de presser l'établissement des batteries et leur armement, afin que le » feu puisse commencer le 5 septembre au plus tard. Le général Tauenzien » ordonnera à la landwher des environs de se tenir prête à garder le camp » lorsque l'assaut sera donné au fort de Prusse, et il fera porter les échelles » *à la vue des assiégés*, afin de les harceler par une surveillance continuelle » de nuit, et de diminuer ainsi la force réelle de la garnison. Le général » Tauenzien fera sommer le commandant de se rendre, en lui annonçant » que l'Espagne est évacuée, que lord Wellington marche sur Bordeaux, » et que deux cent cinquante mille Autrichiens, Russes ou Prussiens sont » à Leipsick. »

Buchholz et à Treuenbritzen; marche déterminée par le mouvement rétrograde des Français, et qui, le 3 septembre, avait conduit l'armée du nord de l'Allemagne à une petite distance de l'Elbe.

Le prince se disposa, dit-on, à passer ce fleuve à Rosslau avec le corps russe et les Suédois, pour se porter sur Leipsick. Son altesse royale donna des ordres pour qu'on s'occupât des préparatifs de ce passage, qui furent dirigés par le colonel Holst, aide-de-camp du prince. Ce projet, s'il exista réellement à cette époque, était d'une grande hardiesse, lorsque son altesse royale laissait derrière elle tant de places occupées par les Français, et manœuvrait sur une ligne d'opérations aussi étendue. Mais quand on aura sous les yeux, comme nous l'avons en ce moment, l'ensemble des ordres du jour rendus par le prince à cette époque, on croira facilement à la réussite de tout ce qu'il se fût proposé d'entreprendre. Il est impossible de voir un ensemble mieux entendu de combinaisons, un calcul plus précis de coïncidences et de rapports stratégiques. On reconnaît en parcourant ce recueil, du plus grand intérêt pour les hommes de guerre, que son altesse royale promenait incessamment sa pensée sur cette ligne immense, qu'il occupait au moins par ses conceptions : le corps de Walmoden, détaché vers Hambourg, les corps formant le siége ou le blocus des places fortes de la Vistule, de l'Oder, de l'Elbe, ceux qui combattaient en rase campagne; enfin tout ce qui obéissait à sa direction sur ce vaste échiquier, recevait chaque jour des ordres, des instructions, des encouragements. En un mot, à une activité égale à celle de Napoléon, le prince royal de Suède joignait une netteté de dispositions qui, par malheur pour l'empereur des Français, n'appartenait plus constamment à ses grandes vues.

Malgré les dispositions de passage que nous avons signalées plus haut, on peut douter que le prince royal songeât réellement à franchir l'Elbe en ce moment. Si les armes françaises venaient d'éprouver plusieurs échecs aux portes de Berlin; si la grande armée de Silésie, aux ordres de Blucher, avait obtenu, de son côté, de grands avantages sur les troupes impériales, particulièrement à la bataille de Kalzbach, le 27 août, ce jour même l'empereur Napoléon avait taillé en pièces, sous les murs de Dresde, la grande armée dite de Bohême, commandée par le prince de Schwarzenberg; et cet engagement, dans lequel plus de vingt-cinq mille hommes, tués, blessés ou prisonniers, avaient été mis hors de combat, causait plus de découragement parmi les alliés que le succès de leurs armes sur d'autres points ne leur inspirait de confiance [1].

Il s'attachait même une pensée fatidique de mauvaise fortune à la mort du général Moreau, frappé l'un des premiers sous les drapeaux russes, auxquels son parent Jominy ne semblait être passé, ce jour-là même, que pour voir expirer le vainqueur d'Hohenlinden, laissant sur ses projets et ses sentiments politiques toute l'incertitude qui résultait de sa conduite aux époques les plus marquantes de sa carrière [2].

---

[1] Les bulletins allemands, qui signalèrent si amplement les pertes de l'armée française dans cette campagne, réduisirent celles de l'armée de Bohême devant Dresde à *quelques suites fâcheuses*... On croirait, en lisant ces récits, que l'armée des alliés perdit dans cette circonstance cinquante à soixante hommes.

[2] Indépendamment de la conduite du général Moreau au moment où Pichegru commençait à conspirer, et lorsqu'il lui succéda à l'armée du Rhin, nous avons mentionné, dans cette histoire, son refus d'appuyer l'aile gauche de Bernadotte, qui disputait pied à pied le terrain à l'archiduc Charles pendant la campagne de l'an IV, à l'armée de Sambre-et-Meuse.

Cependant Napoléon persistait à vouloir se rendre maître de Berlin, et ce dessein paraissait d'autant mieux étudié, que la plus grande résistance qui pourrait lui être opposée désormais viendrait apparemment de la rive droite de l'Élbe. Là aussi semblaient devoir se réaliser ses plus puissantes ressources, puisque les Français occupaient toutes les forteresses de la Prusse, et que, maître du pays, l'empereur pourrait tirer un grand parti de ces garnisons pour renforcer son armée en rase campagne. Or ce souverain, présumant que la première tentative n'avait échoué que faute de bonnes dispositions, ordonna au maréchal Ney de prendre le commandement des quatrième, septième et douzième corps, ainsi que de la cavalerie du duc de Padoue, ralliée sous le canon de Wittemberg, et de reprendre en sous-œuvre l'expédition sur Berlin.

Le maréchal prince de la Moskowa se mit donc, le 3 septembre, à la tête des quatre corps placés sous ses ordres; dans la matinée du jour

---

On a vu comment Moreau devait et pourrait soutenir son collègue de l'armée de Sambre-et-Meuse. Malheureusement pour sa mémoire, on ne peut guère se dispenser d'ajouter foi aux motifs divulgués plus tard par Louis XVIII, et qui dans cette circonstance l'empêchèrent d'agir.

suivant; il fit porter son armée en avant. Vers la fin de cette journée, le général prussien Dobschutz fut attaqué dans la position de Zahna, qu'il parvint à défendre contre des forces supérieures; les Français se retirèrent dans leurs retranchements. Mais le 5, le douzième corps, en masse, dirigea une nouvelle attaque sur le poste de Zahna, et s'en rendit maître... Le quatrième corps prussien tout entier fut délogé le même jour de Seida, et se retira, avec l'avant-garde du général Dobschutz, dans la position de Dennewitz et de Juterbock.

Le prince royal, informé de ces événements, partit le 6, avec l'armée suédoise, de Rabenstein, à trois heures du matin, et se réunit aux troupes russes, sur les hauteurs de Lobessen, village éloigné d'une lieue et demie du point de départ. Son altesse royale espérait recevoir à chaque instant les rapports du général de Tauenzien, que l'on croyait très-compromis, lorsque ceux du général Bulow lui apprirent que l'armée française, après avoir levé son camp, s'était portée en masse sur Juterbock. Alors le prince expédia au général Bulow, qui se trouvait à Ekmansdorf, l'ordre d'attaquer le flanc gauche et les derrières des Français, avant que le général Tauenzien, qui défendait les approches de la ville, fut accablé par le nombre. La brigade Borstel fût chargée d'occuper le défilé de Krapstadt vis-à-vis de Wittemberg, jusqu'à ce qu'elle fût relevée par des troupes russes ou suédoises, après quoi elle devait suivre la direction du troisième corps. L'armée suédoise continua de marcher sur Dennewitz; elle fut suivie par l'armée russe, à l'exception de l'avant-garde du général Woronzow, du corps de Czernicheff, et de celui du général prussien Hirschfeldt, qui restèrent en observation devant Wittemberg.

Le maréchal prince de la Moskowa avait pris position le 5 au soir, à Naundorf, Sechausen et Seida; le 6, à sept heures du matin, le général Bertrand se dirigea par Naundorf, sur Juterbock; le général Reynier marcha sur Rohrbeck; le duc de Reggio vers Ochna. Le quatrième corps avait ordre de tourner la position de Juterbock pour masquer la marche des deux premiers : ce n'était pas précisément ce que le général Bulow avait annoncé au prince royal; aussi fut-il obligé de se remettre en marche pour se trouver à portée d'attaquer le flanc gauche de l'armée française, ainsi qu'il en avait reçu l'ordre.

Lorsque cette attaque eut lieu, le corps du général Tauenzien supporta seul le choc principal, et l'avant-garde de ce corps commença à plier devant celle du quatrième corps français, commandée par le général Morand.

Le général Bulow fit alors avancer son corps en échelons, par l'aile gauche, où commandait le général Thumen. La brigade de Kraft formait l'aile droite, et celle du prince de Hesse-Hombourg était en réserve. Le général d'Oppen, avec la cavalerie et l'artillerie légères, se porta en avant pour couvrir le flanc droit, et retarder, autant que possible, la marche des Français.

Cependant toutes les forces du général Bertrand s'étaient jetées sur le corps de Tauenzien et particulièrement sur son aile gauche; ce qui rendait le flanc gauche de ce corps français moins vulnérable. Le général Bulow, dès que la brigade Thumen fut en ligne, fit dresser une batterie qui joua de manière à dégager le général de Tauenzien. Thumen, dans le même instant, attaqua avec impétuosité la troupe qui lui faisait face sur les hauteurs de Nieder-Gersdorf. Cette attaque produisit de l'effet; mais une grêle de mitraille obligea la brigade Thumen à céder le terrain. Elle revint bientôt en ligne, appuyée par la brigade de réserve que Bulow venait de faire avancer. Prenant alors l'offensive, Thumen emporta le village de Niéder-Gersdorf... Dans ce mouvement, où cet officier-général déploya beaucoup de présence d'esprit et de valeur, il eut deux chevaux tués sous lui.

Tandis que ces événements se passaient à la gauche, le général Kraft combattait vigoureusement à la droite, et conservait sa position. Mais les Français, quoique repoussés de Niéder-Gersdorf, ne paraissaient nullement disposés à cesser leur résistance, lorsque le maréchal Ney, voulant sans doute en finir, fit avancer le septième corps, qui fondit sur l'aile droite de Bulow.

Le général Kraft, après avoir soutenu vaillamment ce nouveau choc, dut prendre une position en arrière, où son flanc droit fût moins exposé. Mais, quoique savamment combiné, peut-être, ce mouvement n'en était pas moins une retraite; et toute marche rétrograde sur le champ de bataille, encourage l'assaillant. Aussi le général Bulow, voyant sa droite fléchir, fit-il avancer sur ce point le reste de la brigade de réserve... Malgré ce secours, il était impossible que les Prussiens pussent conserver leur position de l'aile droite, lorsque le général de Borstel, qui, sans un ordre immédiat du prince royal, n'avait pu quitter son poste de Krapstadt, entra subitement en ligne, à cette droite si obstinément assaillie, et changea la face du combat. Le village de Gersdorf fut repris; les troupes françaises qui l'occupaient éprouvèrent une perte assez considérable, et, poursuivies par la brigade Thumen, durent se retirer sur Dennewitz.

Dans le même temps, le douzième corps français cessait aussi de combattre avec succès les troupes du général Tauenzien; le duc de Reggio voulut ressaisir l'avantage en faisant fournir une charge par la cavalerie du général Lorge; mais celle du général d'Oppen la ramena promptement. On sait que, depuis plusieurs années, les remontes de l'armée française se faisaient en Bohême et en Hongrie[1]; cette ressource ayant été enlevée par les hostilités avec l'Autriche, la cavalerie de Napoléon se trouvait,

---

[1] Quelques jours avant la rupture de l'armistice, l'auteur de cette histoire avait traité, à Augsbourg, avec un négociant bavarois, pour la fourniture de 1,800 chevaux, qui devaient être achetés en Hongrie..... La guerre ne permit pas que cette fourniture s'effectuât.

en 1813, dans le plus mauvais état ; elle était d'ailleurs très-faible en nombre.

Le combat durait depuis cinq à six heures avec des chances diverses ; la victoire, malgré tous les efforts des deux corps prussiens, ne paraissait nullement se fixer sous leurs drapeaux, lorsque tout à coup, soixante-dix bataillons russes ou suédois, soutenus par dix mille chevaux et cent cinquante pièces de canon, s'avancèrent en colonnes, et noircirent la plaine. Le prince royal qui, de sa personne, arrivait en ligne, détacha sur-le-champ quatre mille cavaliers, avec plusieurs batteries, qui se portèrent au galop sur les points où les Français dirigeaient plus particulièrement leurs attaques. Ce formidable renfort ne permit plus au maréchal Ney d'espérer un résultat favorable ; ses troupes battirent en retraite, d'abord avec ordre : elles défendirent même quelque temps le village de Rohrbeck ; mais bientôt le mouvement rétrograde continua, et prit dès ce moment le caractère d'une déroute.

Les Français occupèrent un bois près de Dennewitz, à la faveur duquel ils espéraient échapper à la poursuite de leurs ennemis. Mais le corps de Tauenzien tout entier et la brigade

Thumen, du corps de Bulow, les chassèrent de cette position. Vainement le prince de la Moskowa voulut-il faire donner ses réserves; une panique s'était emparée des soldats; ce brave maréchal ne put les arrêter.

Les cavaleries russe, suédoise et prussienne chargèrent alors avec fureur, la cavalerie française destinée à couvrir les colonnes en retraite, et la culbutèrent, sans beaucoup d'efforts, sur l'infanterie; ce qui acheva de porter le désordre jusqu'à la plus affreuse extrémité.

Personne assurément n'essaiera de nier la défaite du maréchal Ney, à Dennewitz; mais il est juste de relever un fait, politiquement inexact, avancé et publié sur cette journée par les vainqueurs. L'armée du prince de la Moskowa était loin de s'élever à soixante-dix mille hommes : il faut répéter à cette occasion que toutes les évaluations qu'ont données les alliés de la force des troupes françaises, dans cette campagne, étaient exagérées. Un grand nombre de militaires français qui combattirent à Dennewitz sont vivants; mille voix pourraient réclamer contre une telle exagération[1], que nous avons dû signaler.

[1] L'auteur, qui fut, à cette époque, chargé successivement de l'admi-

Non-seulement l'empereur Napoléon eût disgracié le général qui, à la tête de soixante-dix mille hommes, se serait fait battre aussi complétement, même après l'arrivée des Russes et des Suédois; mais il eût refusé de reconnaître en lui le capitaine qui, l'année précédente, avait formé l'arrière-garde de l'armée française, pendant la calamiteuse retraite de Russie, avec deux mille cinq cents hommes, exténués de fatigue, sans vivres, et subissant toutes les rigueurs d'un âpre climat.

Ce ne fut pas le prince royal de Suède qui fit accréditer toutes ces falsifications de nombres et de faits; il estimait trop cette brave nation à laquelle il appartenait encore par tant de liens et d'honorables souvenirs, pour vouloir parer sa gloire militaire des dépouilles d'un honneur qu'au moins elle sortit sauf des désastres de cette guerre. Le talent de son altesse royale n'eut pas besoin d'un semblable secours pour ressortir avec éclat dans les opérations de la rive

---

nistration militaire dans les places de Magdebourg, d'Erfurt, d'Augsbourg; qui eut aussi des fonctions momentanées à Dresde, avait chaque jour sous les yeux les états de situation de tous les corps d'armée : c'est donc avec une parfaite connaissance de leur force, qu'il relève ici l'inexactitude des bulletins de la coalition, qui, d'ailleurs, est connue de tout le monde : Ney commandait, à Dennewitz, moins de 55,000 hommes.

droite de l'Elbe; le génie stratégique de ce capitaine ressortit naturellement et spécialement de l'habile combinaison de mouvements qu'il mit en œuvre pour exécuter le plan, dès longtemps formé, de défendre la capitale du royaume de Prusse. Ce résultat, jugé d'une obtention impossible par des hommes de guerre expérimentés, complète la renommée militaire de Bernadotte; et si l'on songe qu'il avait à vaincre jusqu'à la disettte des vivres et des fourrages[1], on sera à même d'apprécier le résultat de la bataille de Dennewitz.

Les pertes de l'armée française dans cette journée furent immenses, sur le champ de bataille et durant la retraite qui suivit la bataille. Sans accepter ni le calcul exagéré des rapports de la coalition, ni le contenu du bulletin modérateur dicté par Napoléon, on peut assurer que près de seize mille hommes avaient disparu des rangs du maréchal Ney, le 10 septembre. Dans ce nombre, on compta, comparativement, peu de morts et de blessés; mais celui des prisonniers s'éleva à plus de onze mille. On

---

[1] L'armée suédoise, campée à Charlottenbeurg, c'est-à-dire à deux lieues de Berlin, resta trois jours sans distributions, quoique toutes les avances nécessaires eussent été faites par les commissaires suédois.

trouva dans le camp français et sur les routes que les trois corps en retraite avaient suivies, dans la direction de Torgau, cinquante pièces de canon, trois ou quatre cents caissons, et plus de six mille fusils, indépendamment de ce qu'on avait pris sur le champ de bataille. Trois aigles et un étendard ajoutèrent aux trophées recueillis par l'armée du nord de l'Allemagne.

L'armée prussienne laissa plus de monde dans les champs de Dennewitz que les vaincus eux-mêmes : les bulletins allemands avouaient une perte de sept à huit mille hommes, tués ou blessés : le corps de Bulow seul en eut près de cinq mille.

Plus justes que ne le furent, à l'égard des guerriers français, les écrivains de la Germanie, nous croyons remplir une tâche consciencieuse en disant ici que les troupes de Frédéric-Guillaume, quoique presque généralement de nouvelles levées, combattirent à Dennewitz avec une grande intrépidité, et que plusieurs de leurs chefs, particulièrement les généraux Tauenzien, Bulow, d'Oppen, Borstel, Thumen et Kraft, firent preuve d'une expérience consommée dans l'art de la guerre.

Sans croire plus que nous aux soixante-dix

mille hommes du maréchal Ney, quelques écrivains ont avancé que le prince royal, qui se trouvait, avec les Russes et les Suédois, à trois milles du champ de bataille, avait un peu tardé à s'y porter à la tête de ces forces décisives. Cette opinion est fondée sur une connaissance imparfaite des faits : son altesse royale, sachant bien que l'armée française était loin de l'effectif qu'on a exagéré depuis, s'attendait toujours à voir déboucher Napoléon de Wittemberg, avec un corps imposant, destiné à soutenir le prince de la Moskowa, en attaquant le flanc droit du prince royal, quand il serait engagé avec le maréchal. Lorsqu'on lit la collection des ordres du jour du prince, on reconnaît que toutes ses dispositions étaient faites pour s'opposer au mouvement présumé de l'empereur; et les observateurs un peu versés dans l'art de guerre furent étrangement surpris, à cette époque, qu'un capitaine aussi expérimenté que Napoléon eût négligé ce moyen de rendre presque infaillible la marche des Français sur Berlin.

Plusieurs fois, dans la journée du 6 septembre, entre Narzahm et Lobessen, le prince royal répéta, en présence de tout son état-major : « Si l'empereur ne débouche pas de Wittem-

» berg, l'armée du maréchal Ney est défaite. »
Or, dans l'attente de cette diversion si impérieusement indiquée, son altesse royale agit avec prudence et sagesse, en observant cette place, de Lobessen et du coteau de Feldheim. Mais lorsque, entre onze heures et midi, il devint improbable qu'une seconde armée impériale parût, le prince se porta avec rapidité au secours des Prussiens, laissant, ainsi que nous l'avons dit précédemment, l'avant-garde du comte Woronzow, le corps du général Czernicheff et celui d'Hirschfeldt à une petite distance de Wittemberg. La sagacité du général en chef ne fut donc pas un instant en défaut dans cette journée, dont il avait calculé parfaitement les chances; car le matin il disait à ses officiers, en parlant d'une manœuvre du maréchal français; « il faut que l'ennemi nous
» méprise bien pour oser faire un mouvement
» de flanc aussi prononcé devant nous; j'es-
» père que ce soir nous aurons quinze mille
» prisonniers. » Ces paroles furent prononcées en présence de MM. de Schutelen, de Vincent, de Krusomarck et Pozzo-di-Borgo.

Les généraux prussiens, dans le cours de cette campagne, où le prince royal seul, peut-être, ne fit pas de fautes, l'accusèrent cepen-

dant entre eux, et quelquefois hautement, de
ne pas aller assez vite. Ces reproches touchèrent
peu son altesse royale, d'abord parce qu'ils venaient de ces tacticiens auxquels il avait prouvé
tant de fois, en les battant, que sa stratégie
valait mieux que la leur ; ensuite, parce que le
prince appréciait en capitaine expérimenté
tout ce que sa position présentait de difficile,
de dangereux, et tout ce qu'il devait apporter
de circonspection devant un adversaire tel que
Napoléon, lorsque les suites d'une seule défaite
pouvaient être la démoralisation du nord de
l'Allemagne.

Par l'ordre que le prince royal expédia le 7,
au matin, au général Tauenzien, il lui prescrivit d'envoyer la cavalerie du général Wobeser à
Hertzberg et Grossenhayen. Il lui paraissait in-
vraisemblable que l'empereur Napoléon, n'ayant
pas fait appuyer le maréchal Ney par une forte
réserve, laissât inactive sa grande armée. Toute
la journée du 7, et une partie de celle du 8,
son altesse royale s'attendit à combattre le corps
du maréchal duc de Raguse, venant de Grossenhayen, et, simultanément, un autre débouchant de Torgau. Ce fut dans cette croyance
que le prince ordonna le 8, au général Tauen-

zien de se mettre en marche, sans perdre un instant, pour aller joindre, à Dahme, le général Wobeser, en le prévenant que quatre régiments de cosaques lui étaient envoyés. L'inaction de l'armée française rassura le prince royal sur son flanc gauche, et son altesse royale revint à son projet de passer l'Elbe à Roslau.

Le 8 septembre, un *Te Deum* solennel fut chanté dans tous les corps de l'armée, en actions de grâce pour les avantages remportés par l'armée du nord de l'Allemagne, depuis le commencement des hostilités [1].

Le prince royal ordonna expressément qu'on lui présentât tous les officiers faits prisonniers à Dennewitz et qui demanderaient à le voir : le nombre en fut grand, surtout parmi les Français et les Saxons. S. A. R. fit prendre le plus grand soin de ces braves guerriers; il veilla à ce qu'on leur rendît, autant que possible, les effets dont ils avaient été dépouillés, et fit donner de l'argent à plusieurs d'entre eux.

Le colonel Clouet, premier aide-de-camp du

---

[1] Une députation des habitants de Berlin se rendit auprès du prince royal, à Zerbst, pour le remercier d'avoir sauvé deux fois leur ville, et le prier de permettre qu'une médaille fût frappée en commémoration de cet événement : le prince refusa.

maréchal Ney, avait été pris pendant l'action ; dès que le prince royal en fut informé, il voulut offrir à cet officier, par des témoignages directs de sollicitude, une nouvelle preuve des sentiments d'estime et d'attachement qu'il vouait à son général. Mais M. Clouet avait été dirigé sur Berlin; S. A. R. s'empressa au moins de rassurer le prince de la Moskowa sur le sort de son aide-de-camp, en lui écrivant la lettre suivante :

« Prince, le 6 au soir, après la bataille de Den-
» newitz, j'appris qu'un de vos aides-de-camp
» avait été blessé et fait prisonnier. Je m'em-
» pressai d'en envoyer un des miens à sa ren-
» contre à Treuenbritzen, où il eut le déplaisir
» d'apprendre que cet officier venait de quitter
» ce lieu, et avait été dirigé sur Berlin. Mais avant
» son départ, il m'avait adressé une lettre, que
» le magistrat de la ville remit à mon aide-de-
» camp, et que V. A. trouvera ci-jointe. J'ai
» donné des ordres pour que le colonel Clouet
» soit traité avec tous les soins que son état
» exige, et avec tous les égards qui sont dus à
» son rang et à la personne à laquelle il était at-
» taché.

» Quoique les intérêts que nous servons soient

» différents; j'ai du plaisir à penser que nos
» sentiments sont toujours restés les mêmes; et
» je saisirai avec le plus vif empressement toutes
» les occasions de vous assurer que je suis con-
» stant dans ceux que vous m'avez connus pour
» vous.

» Depuis longtemps nous ravageons la terre,
» et nous n'avons encore rien fait pour l'huma-
» nité. La confiance dont vous jouissez à si
» juste titre auprès de l'empereur Napoléon
» pourrait, ce me semble, être de quelque
» poids pour déterminer ce souverain à accepter
» enfin la paix honorable [1] et générale qu'on lui
» a offerte et qu'il a repoussée. Cette gloire,
» prince, est digne d'un guerrier tel que vous :
» le peuple français rangerait cet éminent
» service au nombre de ceux que nous lui ren-
» dions ensemble, il y a vingt ans, sous les murs
» de Saint-Quentin, en combattant pour sa li-
» berté et pour son indépendance. »

Il est probable que le prince de la Moskowa
ne communiqua point cette lettre à l'empereur;

---

[1] Personne ne savait mieux que le prince royal de Suède que cette paix n'était pas honorable; car les bases qu'on avait posées à Prague étaient loin de ressembler aux principes généreux qu'il avait émis à Trachenberg.

le moment eût été peu favorable pour lui parler des bonnes intentions du prince royal de Suède... Plusieurs défaites venaient de succéder au triomphe de Dresde et d'en annuler les avantages : battus à Kulm, à Gross-Beeren, à Dennewitz, les généraux de Napoléon avaient fait évanouir le prestige de ses précédentes victoires; la fortune des armes souriait aux alliés; le découragement devenait épidémique dans l'armée française. La valeur vit de succès, elle s'énerve dans les revers.

Napoléon accueillait avec amertume, avec colère même le nom du prince royal de Suède, toutes les fois qu'il était cité dans les rapports ou dans la conversation de ses généraux. On conçoit, en effet, que si l'empereur n'avait jamais pu dominer un sentiment d'âcre rivalité envers Bernadotte, quand il était son lieutenant, ce sentiment dut s'envenimer encore, lorsqu'il vit cet homme de guerre renommé en armes devant lui; surtout lorsque, par les victoires de Gross-Beeren et de Dennewitz, il eut rendu inexécutable, au moins pour le moment, le projet sagement conçu d'occuper Berlin [1].

---

[1] Nous devons, relativement à ce projet d'occupation, relever une erreur malveillante des bulletins allemands, et qui atteint le caractère d'un

Dans cette situation d'esprit, Napoléon eût voulu que ses généraux partageassent l'éloignement que lui inspirait le prince royal; il lui cherchait partout des détracteurs; il s'efforçait de réduire en doute tout ce qu'on lui avait dit de favorable sur lui depuis vingt ans; et sans cesse il ramenait l'entretien sur ce sujet, espérant que l'éloge se démentirait dans la bouche des personnes qu'il consultait.

On pourrait presque affirmer que Napoléon ne fit venir, en septembre 1813, le général Gérard, de Magdebourg à Dresde, qu'afin de l'entretenir du prince royal de Suède, que ce général connaissait mieux que personne. L'ancien chef d'état-major du maréchal Bernadotte, sans cesser d'être respectueux envers son souverain,

---

homme éminemment honorable, le maréchal duc de Reggio. Lors de sa première marche sur Berlin, ce général, dans une lettre qu'il écrivait au général Reynier, lui disait : *Je pense que demain nous serons en mesure de* CHAUFFER BERLIN. Il n'est pas un homme habitué au langage de la guerre, qui ne comprenne le sens de cette phrase. Chauffer une ville signifie en presser le blocus, la serrer de si près qu'il ne lui soit plus possible de se défendre... Avoir prétendu que le maréchal Oudinot entendait par là *brûler* Berlin, ce n'était pas seulement être calomniateur, c'était être stupide, quand il devait paraître évident que l'armée française eût été intéressée, non-seulement à la conservation d'un centre de ressources précieuses en ce moment, mais encore à celle d'une capitale qui, dans les mains du conquérant, est toujours un gage de la plus haute importance.

persista à se montrer juste en parlant de celui dont il n'avait que du bien à dire.

Le dernier de ces entretiens eut lieu précisément le jour où l'empereur venait d'apprendre la défaite de Dennewitz; Gérard sortait du cabinet de sa majesté, lorsqu'elle fit appeler le général saxon Gersdorf, qui se trouvait dans le salon de service. « Vous avez servi sous le prince
» royal de Suède, vous le connaissez, dit brus-
» quement Napoléon, dès que cet officier fut
» entré.—Sire, répondit-il, je fus, par votre
» ordre, son chef d'état-major. » Alors, cessant d'interroger le général, l'empereur en marchant à grands pas, se prit à parler du prince avec une vivacité, une effervescence, qui dégénéra bientôt jusqu'à l'outrage, et dont le but évident était d'attaquer la réputation militaire de son ancien lieutenant. Puis, s'arrêtant tout à coup devant Gersdorf, Napoléon lui dit:
« Eh! bien, qu'en pensez-vous?—Sire, votre
» majesté a pu connaître le prince royal de
» Suède bien mieux que moi; mais dans
» tout ce qu'elle vient d'en dire, comme capi-
» taine, elle me paraît avoir oublié un point
» très-important. — Lequel? — L'attachement
» qu'il inspire à tous ceux qui servent sous lui.

» — Et vous croyez cela, vous? les Français le
» détestent.—Sire, je parle des Allemands. Que
» votre majesté me permette de lui rappeler
» qu'on l'a plusieurs fois avertie de ne pas lui
» opposer des Saxons, parce qu'on ne pourrait
» pas répondre des suites [1].—Mais, par tous les
» diables, comment cela se fait-il? Gérard et
» le roi de Naples me rabâchent la même chose...
» Eh bien! je vais le trouver moi-même, et ce
» ne sera pas avec des Allemands. »

En effet cette idée domina toutes les pensées de Napoléon pendant le reste de la campagne sur l'Elbe; il lui sacrifia toutes ses autres combinaisons stratégiques; et ce fut une des principales causes des désastres de l'armée française à Leipsick.

[1] Le général Gersdorf eût pu ajouter qu'après la bataille de Dennewitz un grand nombre de Saxons prisonniers venaient de demander à former une légion saxonne dans l'armée combinée du nord de l'Allemagne, et que cette demande avait été acceptée. Quant à la haine des Français pour le prince royal de Suède, elle ne s'était pas révélée parmi les prisonniers, qui, comme on l'a vu, se réclamèrent de lui après les deux combats livrés aux portes de Berlin.

CHAPITRE VII.

Diverses manœuvres des armées de la coalition et de l'armée française. — L'empereur Napoléon paraît décidé à marcher en personne sur Berlin. — Les alliés occupent définitivement la rive gauche de l'Elbe. — Napoléon quitte Dresde et manœuvre sur les deux rives de l'Elbe. — Indécision de l'empereur. — Mouvement habile conseillé au général Blucher par le prince royal de Suède. — Il sauve l'armée de Silésie. — L'empereur renonce à marcher sur Berlin et concentre son armée à Leipsick. — Position des armées de la coalition. — Bataille de Leipsick. — Occupation de cette place par les alliés. — Désastres de l'armée française par suite de l'explosion du pont de Lindeneau. — Divers épisodes. — Retraite de l'armée française. — Le prince royal de Suède marche sur le Bas-Elbe. — Considérations qui l'y déterminent.

Il est évident que, par l'échec de Kulm, à sa droite, par celui de la Katzback, à son centre, et par ceux de Gross-Beeren et de Dennewitz vers sa gauche, l'empereur Napoléon cessait, dès les premiers jours de septembre, d'être maître de la campagne. Mais la ligne des alliés, s'étendant des montagnes de la Bohême aux sources de l'Elbe, était immense et très-vulnérable. L'armée française, avec un chef tel que Napoléon, pouvait obtenir, sur un point, l'une de ces victoires décisives qui paralysent les plus nombreuses armées... L'empereur des Français l'avait senti; mais aussi le prince royal de Suède comprenait et calculait cette grande ressource de son adversaire; il sut combiner constamment ses manœuvres de manière à la lui enlever.

Tandis que le maréchal Ney se retirait sur Torgau, repassait l'Elbe et établissait son quartier-général, le 9 septembre, à Eilenbourg, le prince royal, profitant de sa victoire du 6, se disposait à franchir aussi le fleuve. Le général Czernicheff serrait de près Wittemberg; les avant-postes du général Tauenzien poussaient des détachements jusqu'à Grossenhain, les troupes légères russes longeaient l'Elbe jusqu'à Muhlberg; le quartier-général du prince était encore le 9 à Juterbock, mais il le transféra le 11 à Seida. Ce jour-là même le général russe Winzingerode, pour soutenir Czernicheff qui venait d'occuper Dessau, jeta quelques milliers de cosaques au-delà de l'Elbe. Ce fut le premier passage de cette rivière, effectué par les alliés depuis la reprise des hostilités.

Cependant le général Czernicheff, avec trois mille cosaques, avait reçu l'ordre de se porter sur les derrières de l'armée française, dans le but évident d'inquiéter les alliés de Napoléon, et de faire prononcer des défections, particulièrement dans le royaume de Westphalie. Le 19, cet officier russe était arrivé à la hauteur de Bernbourg, poussant des partis jusqu'à Zorbig, Halle, Delitsch, Bitterfeld, Egeln et Wansleben.

Dans le même temps, le général Tauenzien, commandant le quatrième corps prussien, après avoir soutenu quelques combats assez meurtriers contre le roi de Naples, parvint à occuper toute la ligne derrière l'Elster, et établit son quartier-général à Elsterwerda.

Le général Bulow, avec le troisième corps prussien, s'efforçait d'ouvrir la tranchée devant Wittemberg; quelques jours plus tard, il s'empara de deux faubourgs de cette ville; mais on sait avec quelle opiniâtreté le général Lapoype défendit le corps de la place... C'est peut-être ici le cas de dire que ce ne fut pas par le siége des forteresses que les troupes coalisées s'illustrèrent dans cette guerre.

Plus heureux dans les hostilités en rase campagne, les détachements de l'armée du nord gagnaient toujours du terrain sur la rive gauche de l'Elbe; la cavalerie du comte de Woronzow, établie sérieusement sur les points où s'étaient simplement montrés les cosaques de Czernicheff, occupait Halle, Querfurt, Eisleben, Bernbourg et Halberstadt. Ces troupes liaient ainsi la communication de l'armée du nord de l'Allemagne avec la grande armée de Bohême.

Voulant assurer autant qu'il serait en son pouvoir ses opérations sur la rive gauche, le prince royal de Suède ordonna au général Woronzow de faire fortifier la ville d'Acken, et au feld-maréchal suédois Stedingk de faire construire des ouvrages importants à Rosslau, entre l'Elbe et la Mulde, afin de protéger le pont jeté sur la première de ces rivières.

Ce fut alors que le prince de la Moskowa, après s'être reformé dans les environs de Leipsick et d'Eilenbourg, s'ébranla pour arrêter, s'il le pouvait, la marche du prince royal de Suède. En conséquence, ce maréchal dirigea le septième corps sur Dessau, tandis qu'il se portait avec le quatrième sur Oranienbum. Le prince royal, instruit à temps de ce mouvement, ordonna au général Schulzenheim d'évacuer Dessau à l'approche de l'ennemi, et de se replier sur les ouvrages ébauchés devant former la tête de pont : cette manœuvre fut exécutée le 27 septembre.

Dans les journées du 28 et du 29 il y eut divers engagements entre les troupes du maréchal Ney, maître de Dessau, et les Suédois qui défendaient la tête de pont; en définitive, ces derniers, commandés par le général Sandels, eurent à se féliciter de quelques avantages : les Français perdirent 1,500 hommes.

Nous devons dire, avant de pousser plus loin la relation des opérations de cette campagne, que l'empereur Napoléon, ayant retrouvé l'une de ces puissantes inspirations qui marquèrent les beaux jours de sa fortune militaire, avait résolu de tenter une éclatante revanche de Gross-Beeren et de Dennewitz, en passant l'Elbe avec des forces imposantes: « Je passe » l'Elbe, avait-il dit; ils auront mes communi- » cations, mais j'aurai les leurs; je me porte sur » Berlin et l'Oder; j'écrase le prince royal de

» Suède, et, au pis aller, je pivote sur Hambourg
» et sur Magdebourg. »

Tous les stratéges habiles l'ont dit, cette manœuvre était heureusement conçue : sur la rive droite de l'Elbe, Napoléon se trouvait environné de places renfermant des garnisons françaises; partout il se plaçait sur les derrières des troupes qui les assiégeaient, et la chance d'occuper Berlin paraissait d'une grande probabilité. En supposant que, dans le cours de ce mouvement, une forte partie des armées combinées eût occupé la rive gauche de l'Elbe, et se fût enfoncée dans la Saxe et dans la Westphalie, ses opérations ne pouvaient être en aucune manière décisives. Les alliés ne possédaient pas de places fortes sur cette rive plus que sur l'autre; les défections mêmes n'étaient guère présumables, à une époque où les armées françaises, en occupant le centre de la monarchie prussienne, eussent pu, d'un moment à l'autre, contraindre cette puissance à se séparer de la coalition, et compromettre gravement la cause générale.

Ainsi donc, une marche effectuée sur la rive droite de l'Elbe avec des masses imposantes : une marche audacieuse, rapide, telle enfin que Napoléon en avait fait tant de fois dans les précédentes campagnes, eût rendu la position des alliés fort critique. Mais l'empereur, contre son habitude, laissa flotter ses déterminations, tâtonna, perdit du temps, dissémina ses forces; puis s'abandonna à la malheureuse idée de faire une guerre de chicane sur les deux rives de l'Elbe, lorsqu'il fallait marcher droit au but qu'il avait d'abord marqué : Berlin et l'Oder.

Profitant de ces molles dispositions, les trois grandes armées de Bohême, de Silésie et du nord de l'Allemagne se rapprochèrent insensiblement, lièrent leurs communications, et finirent par enfermer, en quelque sorte, dans leur immense développement, l'armée de l'empereur Napoléon.

La marche des alliés sur la rive gauche de l'Elbe permit au général Czernicheff de faire une pointe sur Cassel, avec ses trois mille cosaques et quatre canons : tel était le but de la mission secrète qu'il avait reçue du prince royal de Suède, et qu'il accomplit, il faut le dire, avec autant d'intelligence que d'intrépidité. Ce général russe cerna, le 28 au matin, la capitale du royaume de Westphalie; le roi l'avait abandonnée deux heures auparavant; laissant la défense de cette ville au général de division Alix, commandant quelques détachements français et westphaliens. Ce faible corps, qui avait pris position à Bettenhausen, avec une batterie de six pièces, fut bientôt forcé d'abandonner ce poste, et se jeta dans Cassel, dont les rues furent barricadées. Le général Czernicheff voulut alors emporter la ville par un coup de main; mais une vive fusillade, partant des maisons, le contraignit de renoncer à ce projet.

Ayant appris, dans ces entrefaites, que le général westphalien Bastineller s'avançait au secours de Cassel avec quelques troupes, Czernicheff, dans la nuit du 28 au 29, se porta à sa rencontre vers Melsungen; mais Bastineller ne l'attendit pas. Cette marche valut au moins au général russe la capture de trois cents hommes, appartenant à l'escorte du roi, et qui se rangèrent sous les drapeaux de la coalition.

Ce fut avec ce renfort inattendu que Czernicheff reparut le 30, devant Cassel; un détachement, conduit par le général westphalien Zandt, y était rentré dans la nuit; il parut alors prudent au général russe d'offrir une capitulation; le général Alix l'accepta. Les troupes françaises et westphaliennes sortirent avec armes et bagages; elles furent conduites par les cosaques jusqu'à deux milles de la ville, sur la route de Francfort.

M. de Czernicheff étant entré à Cassel le premier octobre, adressa à la nation westphalienne une proclamation dans laquelle il l'engageait à se joindre aux alliés ; quelques centaines d'hommes s'enrôlèrent en effet.

Néanmoins cet officier ne se crut assez sûr ni de l'esprit des habitants, ni des succès de la coalition pour s'établir dans une ville aussi éloignée du centre des opérations ; il ne s'occupa que des moyens de tirer tout le parti possible d'une excursion audacieuse, qui lui avait si bien réussi. Pendant les journées du 1er et du 2 il fit vider l'arsenal, s'empara des caisses publiques, enleva les magasins et les dépôts militaires ; puis, le 3, dans l'après-midi, ce général évacua la ville, où les troupes françaises et westphaliennes ne rentrèrent que le 7.

On blâma avec raison le roi Jérôme d'avoir exposé sa capitale à une occupation militaire désastreuse, en emmenant avec lui plus de deux mille hommes qui, joints au petit corps du général Alix, eussent suffi, non-seulement pour défendre Cassel, mais encore pour faire repentir Czernicheff de son audace.

Le 4 et le 5 octobre, l'armée du nord de l'Allemagne se porta entièrement sur la rive gauche; le prince établit son quartier-général à Dessau, que le maréchal Ney avait évacué dans la matinée du 4, en se retirant sur Bitterfeld.

Ce fut aussi le 5 octobre que Napoléon quitta Dresde, et marcha en deux colonnes sur Meissen : l'une suivant la rive droite, l'autre descendant la rive gauche. Arrivé à Wurzen, l'empereur suspendit la marche de ses troupes, et s'arrêta quatre jours sur ce point. On s'est hâté de blâmer ce retard apporté dans le mouvement de l'armée impériale, parce que les événements ultérieurs ont pu faire accuser tout ce que son chef avait entrepris; les jugements des hommes se forment toujours ainsi : le succès fait tout légitimer sans réflexion, l'échec tout condamner sans examen. Le défaut de Napoléon consista rarement à attendre dans les champs de la guerre; s'il sembla hésiter à Wurzen, au moment même où le prince royal de Suède effectuait son passage sur la rive gauche, on peut croire que ce souverain voulut étudier les opérations des armées du Nord et de Silésie, afin de se déterminer à marcher sur l'une ou sur l'autre rive. Si l'on peut lui reprocher des retards et de l'indécision dans cette campagne, c'est à toute la durée du mois de septembre que ce reproche doit, ce nous semble, se rapporter. Malheureusement pour les armes françaises, Napoléon manœuvra particulièrement sur la rive gauche, et le 9 octobre il se remit en mouvement.

Cependant, la position de l'armée du nord sur la rive gauche, sans places, sans magasins, présentait de grands dangers; elle pouvait être forcée de livrer une bataille, dont l'issue paraissait bien hasardeuse. Dans un conseil réuni le 7 à Muhlberg, le prince royal fit admettre la résolution de marcher sur Leipsick.

Napoléon s'était arrêté au projet de se frayer un chemin sur Berlin, en perçant le centre de l'armée de Silésie, dont Blucher avait inconsidérément disséminé les divisions sur une vaste étendue de terrain. Il se porta rapidement sur Eilenbourg; le 10, il était à Duben, se proposant de couper la retraite à cette armée vers le pont qu'elle avait jeté à Wittemberg. Mais le prince royal avait pénétré les intentions du grand capitaine; il avait expédié en toute hâte au général Blucher le comte Alexis de Noailles, pour l'engager à passer, sans perte de temps, sur la rive gauche de la Mulde, et à se former non moins rapidement en ordre profond entre cette rivière et la Saale, vers laquelle S. A. R. elle-même effectua son mouvement dans la nuit du 10 au 11; de sorte que l'empereur trouva les deux armées se donnant la main et s'appuyant, celle de Silésie sur Halle, celle du Nord sur Rothenbourg et Bernbourg.

Cette savante manœuvre, entièrement due à la prévoyance du prince royal, déjoua cruellement le dessein de Napoléon; il s'était promis un succès décisif, et tout porte à croire qu'il l'aurait obtenu s'il n'avait eu en tête que Blucher dans sa première position. Néanmoins, il continua sa marche, s'empara de Dessau et des ouvrages du pont de Rosslau.

Par des ordres réitérés plusieurs fois, le prince royal avait prévenu le général Tauenzien, qui occupait Dessau, qu'il devait évacuer cette place dès qu'il pourrait craindre d'y être attaqué; mais malgré ces ordres, ce général se laissa surprendre, et ce ne fut pas sans avoir beaucoup souffert qu'il put sortir de cette position extrême. Nous ferons remarquer encore à cette occasion, combien la position du prince offrait d'embarras et d'anxiétés : il était tenu, plus que tout autre, d'obtenir des succès contre le premier homme de guerre du siècle; il devait ménager les amours-propres irritables des généraux placés sous ses ordres et réparer cependant leurs fautes ; enfin, il fallait qu'il s'attachât l'armée en ménageant le sang du soldat, en s'occupant sans relâche de ses besoins.

Il était probable que l'empereur ne renonçait pas entièrement à ses projets sur la rive droite de l'Elbe; car le général Reynier eut ordre, le 11, de se porter sur Wittemberg, mouvement qui obligea le général Thumen à lever le siége de cette place. Délogé de Dessau, le général Tauenzien, par suite des instructions récentes qu'il avait reçues, fit un mouvement en arrière pour couvrir Berlin; mais attaqué par la division Delmas, du troisième corps français, il ne put continuer sa retraite qu'après une perte considérable, passée sous silence dans les bulletins allemands.

Cet événement avait lieu dans la matinée du 12; le même jour, le général Reynier, débouchant de Wittemberg avec douze mille hommes, attaqua le général Thumen avant qu'il eût pu se joindre au général Tauenzien, et l'obligea à précipiter sa retraite sur Coswig et Rosslau. Le général Tauenzien se porta alors sur ce dernier point, pour recueillir le général Thumen, et fit occuper la tête de pont, située sur la rive gauche de l'Elbe... Mais l'infanterie française, ayant attaqué ce poste avec impétuosité, en délogea les Prussiens, avec une perte de quatre cents hommes.

Dans le même temps aussi, les Français attaquèrent le pont d'Acken sur l'Elbe, avec l'intention de le détruire. Les ouvrages qui en formaient la tête, à peine ébauchés, ne purent protéger assez les troupes alliées; elles furent contraintes de se retirer sur la rive gauche, emmenant quelques bateaux du pont.

Après ces divers engagements, dans lesquels les Prussiens avaient eu constamment le dessous, le comte de Tauenzien, ayant enfin rallié les troupes du général Thumen, se mit en marche dans la nuit du 12 au 13, sur Zerbst, d'où il gagna Postdam et Berlin. Le général Reynier paraissait vouloir menacer cette capitale; mais sa marche n'eut pas de suite, et le septième corps français se rapprocha inopinément de Wittemberg.

Le 12 octobre avait été, pour l'armée du Nord, un jour néfaste; les troupes de Winzingerode, attaquées par la cavalerie du roi de Naples, avaient reçu un rude échec.

Tout cela ne constituait pas la suite non interrompue de succès que, selon les bulletins de la coalition, auraient remportés les armées du Nord et de Silésie, depuis les premiers jours de septembre; si les troupes françaises furent battues dans plus d'une rencontre, les alliés n'eurent pas moins à souffrir en d'autres circonstances; et vers le milieu d'octobre, leur situation était aussi critique que celle de Napoléon, si elle ne l'était pas davantage.

L'empereur ayant rappelé le général Reynier sous les murs de Wittemberg, ce mouvement fit juger au prince royal que ce souverain avait l'intention de se porter de cette place à Magdebourg, par la rive droite de l'Elbe. Ce mouvement pouvait être fatal à l'armée alliée; mais l'héritier du trône de Suède espéra le prévenir, en faisant repasser la Saale à son armée, qui, par une marche rapide, se dirigea sur Cœthen. Cette manœuvre, en admettant comme très-probable le succès de celle méditée par Napoléon, fut un chef-d'œuvre de stratégie; car si l'empereur se portait en effet, avec des forces imposantes, de Wittemberg à Magdebourg, et liait ainsi, au plus grand préjudice de la coalition, les opérations de la rase campagne avec celles de ces deux places importantes, le prince royal s'avançait sur Zerbst, rencontrait Napoléon, et le forçait d'accepter une bataille, dans laquelle l'armée de Silésie pouvait agir d'une manière décisive sur ses derrières.

Le mouvement de l'armée impériale, prévu par le prince royal, devait lui paraître d'autant plus probable que, dans la matinée du 14, le septième corps français était encore à Wittemberg, le troisième à Dessau, le sixième à Delitsch et la garde à Duben : positions qui révélaient assez clairement le projet de marcher sur Magdebourg.

Mais tout à coup, dans cette même journée du 14, l'empereur changea la direction de ses troupes, et les fit porter à marche forcée sur Leipsick; sa majesté y arriva de sa personne dans la soirée. Tout porte à croire que ce brusque changement de front fut déterminé par la nouvelle que Napoléon reçut le 14 à Reidnitz, de la défection du roi de Bavière. L'empereur vit apparemment avec effroi ses communications avec la France, déjà si gravement compromises par la Westphalie, tout à fait perdues par la Bavière; et sans doute il prévit dès lors que le général bavarois Wrede, précédemment opposé aux Autrichiens, allait se réunir à eux, pour marcher contre le souverain dont il abandonnait la cause. D'ailleurs, Napoléon avait des Bavarois dans son armée ; il devait les surveiller de près, et sa confiance dans les Saxons, les Wurtembergeois, et les Westphaliens n'était pas plus grande. Les préoccupations, les inquiétudes que tant de trahisons imminentes lui causèrent, le détournèrent vraisemblablement de cette marche sur Magdebourg, qui devait entraîner quelque lenteur. Il préféra le parti d'accepter une bataille dans les plaines de Leipsick[1].

Cette détermination était assurément le résultat d'un trouble impérieux ; car Napoléon ne pouvait ignorer que, depuis quinze jours, les trois grandes armées de la coalition se res-

---

[1] On lit dans les *Souvenirs du duc de Vicence*, publiés par madame Charlotte de Sor, que Napoléon abandonna le projet de manœuvrer sur la rive droite de l'Elbe, par suite d'une sorte d'insurrection militaire qui éclata, à Duben, parmi ses vieux généraux ; lesquels, sans calculer les grandes probabilités de succès d'un projet si hardi, n'en saisirent que les dangers, et craignirent de voir le retour en France coupé aux armées françaises. Madame Charlotte de Sor, qui n'a vu Napoléon que le front couronné de son auréole héroïque, a voulu lui conserver toute la gloire de ce vaste dessein, en faveur de l'épopée du récit qu'elle a fait... Mais nous croyons que ce fut l'empereur lui-même qui, redoutant les funestes conséquences d'une défection presque générale de l'Allemagne rhénane, se décida à repasser définitivement l'Elbe.

serraient, combinaient leurs mouvements, et qu'en réunissant ses forces dans les environs de Leipsick, il les concentrait au milieu de ses ennemis. Le terrain même devait lui être peu propice pour asseoir un champ de bataille, puisque, par la position des alliés, il pouvait avoir derrière lui l'Elster et la Pleisse, sans conserver peut-être la facilité de jeter des ponts sur ces rivières; ce qui le forcerait alors d'établir sa ligne d'opérations sur un terrain marécageux et peu propice aux manœuvres de l'artillerie. L'empereur, cette fois comme tant d'autres, comptait sur la valeur de ses troupes, sans s'arrêter assez à l'idée qu'il ne lui restait plus que des fragments de ces vaillantes légions, tombées successivement sous la carabine des guérillas espagnols ou dans les plaines glacées de la Russie. Mais Napoléon n'avait pas encore cessé de croire à son étoile; il pensait aussi que le prestige de son invincibilité n'était point détruit dans l'opinion de ses ennemis; et peut-être se félicitait-il de les voir réunis autour de lui pour les vaincre d'un seul coup.

La bataille de Leipsick, après quelques succès remportés par l'armée française, dans les journées du 11 et du 12, eut pour Napoléon un fâcheux précédent le 14 : Marmont, qui commandait trois corps d'armée, fut battu à Radefeld par les Prussiens et les Suédois réunis. Cet avantage permit aux troupes de l'armée du Nord de s'ouvrir une communication directe avec la grande armée de Bohême ; ce qui rendit la position de Leipsick plus dangereuse encore pour l'armée française.

Le 15 octobre, l'empereur Napoléon avait concentré presque toutes ses forces près de Leipsick : le quatrième corps, commandé par le général Bertrand, occupait le village de Lindeneau, pour lier les communications de l'armée avec Erfurth. Le roi de Naples, réunissant sous ses ordres les deuxième, cinquième et huitième corps, avec les troupes du maréchal Augereau, avait sa droite à Connewitz, son centre à Probstheida, sa gauche au-delà de Stotteritz; occupant les villages de Dolitz, de Wachau, de Holzhausen et de Libertwolkivitz, situés sur le front de sa position. La garde impériale occupait Reudnitz et Crottendorf. Le sixième corps, sous le commandement du maréchal Marmont, occupait Lindinthal et Radefeld. Quant aux troisième et septième corps, encore en marche sur Leipsick, ils devaient se lier à l'aile droite du sixième corps, pour opérer sa communication avec l'armée principale.

Les troupes combinées prirent position le même jour; l'armée autrichienne et les troupes russes, agissant de concert avec elle, s'arrêtèrent dans les environs de Pégau : l'empereur de Russie et le feld-maréchal prince de Schwarzemberg établirent leur quartier-général dans le village même.

Le général Blucher, avec l'armée de Silésie, s'avança aussi, le 15, sur Skeuditz.

Le prince royal de Suède, qui depuis les premiers jours du mois avait observé si attentivement tous les mouvements de Napoléon, se porta sur Halle, avec l'armée du Nord.

Ce fut cette marche, entreprise dans le but de faire croire à l'empereur que son altesse royale voulait repasser la Saale, qui détermina ce souverain à concentrer décidément son armée près de Leipsick. Mais, le 16, l'armée du Nord, au lieu de se porter sur la Saale, prit à gauche, et dirigea sa marche sur Landsberg; se ménageant ainsi la facilité de lier ses communications avec le général Blucher, et d'observer toujours la rive droite de l'Elbe, sur Wittemberg.

Dans cette position respective des armées, une bataille paraissait inévitable : les généraux

alliés l'annoncèrent à leurs troupes. Nous citerons la proclamation du prince de Schwarzemberg, datée de Pégau, le 15 octobre : elle offre le type de l'éloquence militaire sous une plume allemande. « Braves guerriers! l'époque la plus
» importante de la *sainte lutte* est arrivée;
» l'heure décisive vient de sonner ; préparez-
» vous au combat; le lien qui réunit les puis-
» santes nations pour un même but va se
» resserrer sur le champ de bataille. Russes,
» Prussiens, Autrichiens! vous combattez pour
» la même cause; vous combattez pour *la li-*
» *berté de l'Europe*, pour *l'indépendance* de
» votre patrie, pour l'immortalité; tous pour
» un, un pour tous! Que ce soit votre cri de
» guerre dans ce saint combat! Restez-lui fidèles
» dans le moment décisif, et la victoire est à nous. »

Le 16, au matin, la grande armée de Bohême, formée d'Autrichiens, de Russes et de Prussiens, prit une position plus concentrique, et se disposa à commencer l'attaque.

Le terrible combat qui remplit toute la journée du 16, se rattachant peu à notre sujet, puisque le prince royal de Suède ne se trouvait pas en position d'y prendre une part immédiate, nous n'en consignerons point ici les nombreux détails, mais seulement les résultats; et ceux-ci, sans les opérations du 18, eussent été dépourvus de tout avantage pour la coalition. Le succès, durant cette lutte, aussi longue que meurtrière, se montra fort inconstant : chacune des deux armées put s'attribuer la victoire; mais ni l'une ni l'autre ne l'obtint. Cependant, si l'on peut juger de la réussite d'une armée par les ravages qu'elle a produits dans les rangs de son ennemi, les Français furent victorieux à Leipsick, le 16 octobre... Près de vingt-cinq mille hommes avaient disparu des colonnes réunies sous les ordres du prince de Schwarzemberg. Une preuve irrécusable que les alliés, loin d'être triomphants après l'affaire du 16, se trouvaient dans une situation voisine d'une défaite, c'est qu'ils n'attaquèrent pas de nouveau le 17; ce qu'ils eussent fait, selon tous les principes de la guerre, si la bataille du jour précédent leur eût conquis même un commencement de succès.

Loin de là, dans un conseil tenu le 17 au village de Sestowitz, sous la présidence du prince Schwarzemberg, il fut décidé qu'on attendrait pour engager un nouveau combat l'arrivée dans la position de Naunhorf, du général Tolstoy, mandé des environs de Dresde; ainsi que la réunion à l'armée d'un corps autrichien aux ordres du comte Collorèdo; enfin la coopération du prince royal de Suède avec l'armée du Nord. Ces différentes troupes devant renforcer la grande armée combinée d'environ 100,000 hommes, il devenait presque certain que la victoire se rangerait sous les drapeaux de la coalition.

Mais il fallait, pour cela, que l'empereur Napoléon se dispensât lui-même de prendre l'offensive le 17, et cette inaction ne paraissait nullement probable de la part de l'empereur, dans une occurrence où, certes, il était impossible qu'il ignorât que les alliés attendaient un renfort qui allait doubler leurs troupes. Nonobstant une telle évidence, Napoléon n'attaqua point le 17; son repos, dans cette journée, paraît inexplicable. Il est également difficile de concevoir comment, tout à fait le maître de ses manœuvres dans la même journée, il ne profita pas du chemin libre de Weissenfelds pour prendre position derrière la Saale, position qui pouvait lui être si avantageuse.

Il faut avouer ici qu'il se rencontra dans la vie militaire de ce grand capitaine des périodes de trouble ou d'inquiètes préoccupations, qui paralysèrent momentanément son génie : il éprouva sans doute à Leipsick l'une de ces anomalies morales. Ayant l'attention perpétuellement fixée sur la Bavière et les Bavarois, l'empereur pensait sans cesse à la réunion d'un corps autrichien aux troupes de Maximilien, et à la marche de ces forces combinées sur sa ligne de communications : mouvement qui pouvait enclaver son armée entre les légions multipliées de ses ennemis, et lui couper toute retraite vers le Rhin.

Loin de puiser dans cette situation extrême la puissance de résolution qui, tant de fois, lui avait fait tenter plus que le possible; loin de peindre avec chaleur à ses braves soldats la nécessité de vaincre, et d'exciter en eux l'exaltation que leur inspirait ordinairement cette éloquence entraînante qui fut, peut-être, un des plus puissants véhicules de sa gloire, Napoléon songea à faire parvenir aux alliés d'inopportunes propositions de paix : il leur renvoya le général Meervelt, fait prisonnier le 16, avec des offres, ou plutôt une demande d'armistice. Les alliés, auxquels cette démarche donna le secret des appréhensions de ce souverain, refusèrent d'accéder à sa proposition.

Napoléon fut donc contraint de recourir à cette chance terrible de salut, qu'il devait conquérir les armes à la main : il se prépara à combattre sous l'empire d'une impression qui n'était plus le sentiment de la victoire, sans être le ferme espoir de la conservation.

Toutefois, l'empereur, en se disposant à tenter encore le sort des armes, et quoiqu'il eût concentré davantage ses forces sur Leipsick, dans la soirée du 17, s'était ménagé des moyens de retraite : il avait ordonné qu'on jetât trois ponts sur la Pleisse, rivière étroite, mais profonde, qu'il devait passer en cas de mouvement rétrograde. Par malheur cet ordre ne reçut qu'une partie de son exécution, et ce fut une des grandes causes des désastres de l'armée impériale à Leipsick.

Dans ces entrefaites, le prince royal de Suède s'était complétement convaincu que le mouvement du général Reynier sur la rive droite de l'Elbe n'avait été qu'une simple démonstration, puisque cet officier marchait maintenant sur Leipsick. En conséquence, son altesse royale fit, dès le 16, des dispositions pour se rapprocher de la grande armée, en se portant sur Landsberg. Le 17, à deux heures du matin, le prince se remit en marche, et prit position de bonne heure sur les hauteurs de Breitenfeld. Dans la journée, le prince Guillaume de Prusse et le général Blucher se rendirent au quartier du prince royal, où l'ont tint conseil.

La décision prise dans cette entrevue fut que l'armée du Nord, en se portant vers Taucha, se lierait, par sa gauche, aux troupes du général Bennigsen, et que, dans cette circonstance, le corps russe du comte de Langeron[1] serait placé sous les ordres du prince royal.

Les troupes se mirent en marche immédiatement pour passer le ruisseau de la Partha; le troisième corps prussien et la cavalerie du général Winzingerode devaient former l'extrême gauche dirigée sur Taucha. Cette cavalerie y était parvenue le 17 au soir, et avait pris dans cette ville trois officiers et quatre cents hommes. L'armée russe, dont l'avant-garde était

---

[1] Le comte de Langeron, seigneur français émigré fort jeune, s'était réfugié en Russie ; il y avait pris du service. L'auteur de cette histoire, qui, en sa qualité d'administrateur militaire, fut chargé, en juin 1814, de reconduire jusqu'au Rhin le corps du général Langeron, put se convaincre que, devenu Russe par sa destinée, cet officier n'avait pas cessé d'être Français par le cœur.... Il aida puissamment l'auteur dans l'opposition que celui-ci apporta au pillage des bandes russes en Champagne et en Lorraine, par des distributions régulières.

commandée par le comte de Woronzow, passa le ruisseau à gué près de Grasdorf, tandis que les Suédois franchissaient la Partha entre ce village et Plaussig.

Le 18 au matin, les Français concevant toute l'importance du poste de Taucha, le firent enlever aux cosaques par des forces supérieures; mais, presque aussitôt, le général russe baron de Palhen, secondé par un colonel d'artillerie qui, dans cet engagement, eut la jambe emportée, s'empara de nouveau du village... Deux bataillons saxons qui s'y trouvaient furent faits prisonniers. On doit présumer, d'après les dispositions politiques de ces alliés de Napoléon, qu'ils n'opposèrent pas une grande résistance aux troupes russes.

Ce fut alors que la cavalerie de l'armée du Nord opéra sa jonction avec l'avant-garde d'une division autrichienne, commandée par le comte de Bubna, et faisant partie de l'armée du général Bennigsen. L'hetman des cosaques, Platow, arrivait en même temps vers Taucha avec ses troupes légères; quelques instants après le prince Constantin, commandant en chef la cavalerie russe, se rendit à ce point de jonction.

Dès que le général Bulow put, à son tour,

déboucher dans la direction de Paunsdorf, il fut destiné à l'attaque de ce village. Le maréchal prince de la Moskowa, commandant l'aile gauche de l'armée française, formée de trois corps, le troisième, le sixième et le septième, arrivé dans la nuit, avait été chargé de défendre la position de La Partha, qui venait d'être forcée par l'armée du Nord. Voyant qu'elle avançait toujours, ce maréchal changea son ordre de bataille, pour former une ligne de ses trois corps entre Schœnfeld, Sellerhausen et Stunz. Le septième corps (général Reynier) fut rangé en une double ligne près de Paunsdorf... Une brigade de cavalerie, l'artillerie légère et un bataillon d'infanterie légère, toutes troupes appartenant à l'armée saxonne, ainsi qu'une brigade de cavalerie wurtembergeoise, commandée par le général Normann, faisaient partie du septième corps, et furent postées entre Paunsdorf et Taucha, afin d'être opposées à la cavalerie russe réunie sur ce point.

Cette cavalerie ayant reçu l'ordre d'attaquer le village de Paunsdorf, les troupes et l'artillerie saxonnes sus-désignées, avec les escadrons wurtembergeois, se portèrent en avant comme pour repousser cette attaque... Mais tout à coup ces mêmes troupes passèrent dans les rangs russes... Leur exemple entraîna la plus grande partie de l'infanterie saxonne, malgré les efforts du loyal général Zeschau, qui ne put retenir dans les rangs français que cinq cents hommes. Le corps saxon qui, dans cette journée, passa aux alliés, se composait de onze bataillons d'infanterie, un escadron de hussards, deux escadrons de lanciers et trois batteries. Le bulletin de l'armée du Nord, que nous avons sous les yeux, ne fait mention que d'une batterie de dix pièces de canon. Ce mouvement de défection ayant été un moment entravé par la cavalerie française, l'hetman Platow le favorisa en faisant marcher plusieurs régiments de cosaques, qui rendirent infructueux les efforts des escadrons français... Après cet événement, il devenait impossible de défendre le village de Paunsdorf; il fut évacué.

Au moment où l'effet moral d'une telle défection se faisait vivement sentir dans l'armée impériale, le comte de Langeron, qui s'était avancé vers Schœnfeld, le fit attaquer avec impétuosité par son infanterie; elle parvint à s'en emparer, malgré la plus vive canonnade. Les Russes trouvèrent ce village livré aux flammes; mais c'était toujours un poste important; le maréchal Ney ordonna qu'il fût de nouveau enlevé de vive force; de l'infanterie et beaucoup d'artillerie l'occupèrent. Cependant le corps du général Bulow, soutenu par des batteries russes et prussiennes, s'avança pour reprendre ce poste, et l'emporta. Alors une longue et meurtrière canonnade s'engagea : la cavalerie russe, commandée par les généraux d'Orouck, Manteuffel, Pahlen, Benkendorff et Chustak, reçut pendant deux heures une grêle de boulets.

Vers trois heures du soir, de fortes masses françaises débouchèrent des villages de Sellershausen et Wolkmarsdorf; le prince royal ordonna à la cavalerie russe de les charger : leur mouvement fut arrêté. Mais pendant cette charge, qui fit rentrer les Français dans les villages, avec perte de quatre canons, le général russe Manteuffel fut atteint mortellement d'un boulet.

Le mouvement des colonnes de l'armée du Nord, ralenti par les combats que nous venons de mentionner, continua bientôt sur Leipsick; mais, dans le même moment, on vit s'avancer de Moelkau et d'Engelsdorff des masses compactes qui, d'après l'ordre direct de Napoléon, manœuvraient de manière à tomber sur le flanc et sur les derrières des troupes alliées. L'empereur, informé de la défection des troupes saxonnes et wurtembergeoises, détachait le général Nansouty, avec toute la cavalerie de la garde et vingt pièces de canon, pour déborder l'armée combinée. Lui-même se portait à Reudnitz, à la tête d'une division de la vieille garde, pour attaquer le général Langeron : c'était le va-tout de la fortune de cette journée, poussé devant l'empereur des Français ; et, ce que ce prince ne devait pas prévoir, sa couronne même était risquée dans ce terrible enjeu.

Le général Nansouty, soutenu par l'infanterie précédemment portée près de Moelkau, s'avança, avec une grande résolution, contre le corps du général Langeron; mais le comte de Bubna, placé à l'aile droite de Bennigsen, changea subitement de front, et, faisant face à la cavalerie française, la fit hésiter dans son mouvement. Au même instant, le prince royal de Suède détacha la brigade du prince de Hesse-Hombourg vers ce point; elle fut soutenue par l'artillerie saxonne, qui venait de déserter les rangs français, et par une batterie à la con grève, dont l'effet, peu connu des troupes françaises, étonna même les braves cavaliers de la garde impériale.

Ce concours de forces paralysa la manœuvre du général Nansouty; le général Bulow profita de l'occasion pour attaquer impétueusement les villages de Stunz et de Sellerhausen. Les troupes françaises défendirent ces postes avec la plus vaillante opiniâtreté; mais elles en furent délogées et ne purent y rentrer.

Cependant l'empereur, prévenu que le maréchal duc de Raguse attaquait sans beaucoup de succès le village de Schœnfeld, défendu par les Russes du général Langeron, envoya de Reudnitz une division de la garde pour soutenir son lieutenant : Langeron fut désemparé du village... Mais le prince royal, ayant fait avancer sur ce point le général suédois Cardell, avec vingt pièces d'artillerie, les Russes tinrent Marmont en respect; dans la soirée, ils occupèrent de nouveau Schœnfeld.

La nuit étant venue, l'armée bivouaqua.

Les généraux Schutelen, Stewart, Vincent, Pozzo di Borgo et Krusemarck, commissaires des puissances coalisées, assistèrent aux opérations de l'armée du Nord, dans la journée du 18 : le prince royal tint plusieurs heures ces militaires-diplomates avec lui sous le feu le plus vif; peut-être, par cette raison, se crurent-ils autorisés à hasarder quelques conseils stratégiques; son altesse royale les entendit sans se mettre en peine d'y déférer. Enfin, une fois, la tactique inopportune de ces messieurs ayant impatienté le prince, il s'éleva sur ses étriers et renforçant sa voix, il dit, avec un coup d'œil non moins impératif que son accent : « Qu'on se taise; seul ici je commande; qu'on » obéisse. »

Toutes ces marches, tous ces mouvements, plus ou moins heureusement combinés, n'avaient fait obtenir sur aucun point aux alliés des succès décisifs. L'événement, d'une grave importance, de la défection des Saxons et des Wurtembergeois avait indigné l'armée française; mais, loin de la décourager, cette action hideuse exaltait son courage : on eût dit que le soldat voulait doubler sa valeur pour annuler l'influence de la trahison de ses indignes alliés.

Pendant que l'armée du Nord soutenait ou livrait les combats que nous venons de décrire, le général Blucher attaquait simultanément avec l'armée de Silésie, les faubourgs de Leipsick et le Rosenthal, afin de diviser la défense des Français. Alors, l'empereur Napoléon avait ordonné la retraite de ses troupes sur le seul point libre de Weissenfelds; Blucher, averti que ce mouvement était commencé, ordonna au général Yorck de se porter rapidement sur Halle, afin de prévenir les Français sur la Saale, et de les devancer, s'il se pouvait, à Mersebourg et Weissenfelds.

Ainsi finit la journée du 18 octobre : les armées de la coalition avaient gagné du terrain, et s'étaient approchées de Leipsick; mais on n'avait point expulsé l'armée de Napoléon du champ de bataille. Plusieurs grands détachements y couchèrent; d'autres occupaient encore le point essentiel de Probstheida, qu'aucun effort n'avait pu leur arracher.

Cependant l'avantage de la journée, qui restait en définitive aux alliés, leur garantissait surtout de grands résultats futurs. L'armée française, entièrement privée de munitions, ne pouvait plus tenir la campagne sans risquer d'être anéantie... Mais, nous le répétons, le succès obtenu par les puissances coalisées dans la plaine de Leipsick n'avait point le caractère d'un triomphe; il y eut pourtant beaucoup de gloire acquise durant cette trop longue succession de combats : en examinant plus tard ses précédents, il nous sera facile de faire comprendre à qui cette gloire appartenait le plus essentiellement.

Tandis que l'armée française battait en retraite, les forces combinées de la coalition marchaient sur Leipsick. Le 19 à la pointe du jour, l'empereur Napoléon avait confié la défense de cette ville aux maréchaux Macdonald et Poniatowski[1]; sa majesté s'était retirée elle-même dans la ville, et logée, avec le vénérable roi de Saxe, à l'hôtel de Prusse. Les deux maréchaux, uniquement dans le but de soutenir la retraite, postèrent leurs troupes autour de la place; à neuf heures du matin, c'était le seul point que l'armée française occupât encore; toutes les autres positions avaient été évacuées pendant la nuit.

Le général baron Saken s'approcha de la ville du côté du Nord ; mais un feu terrible, partant de la porte de Halle, l'obligea d'abord à se retirer. Alors, le général Langeron ayant détaché une partie de ses troupes pour soutenir l'attaque, les Russes se rendirent maîtres de

---

[1] Ce prince Polonais avait été nommé le 16 maréchal d'empire.

cette porte. Pendant ce temps, le prince royal de Suède faisait attaquer Leipsick à l'est par le général Bulow : cette attaque, confiée au prince de Hesse-Hombourg, fut soutenue par la brigade du général de Borstel. Les deux portes qu'attaquaient à la fois les troupes du prince royal étaient palissadées : la résistance se prolongea quelque temps. Enfin, le passage fut forcé ; les Prussiens entrèrent dans la ville. Mais les Français, s'étant fait une forteresse de chaque maison, tiraient de toutes les fenêtres ; le prince de Hesse-Hombourg, encourageant ses soldats de la voix, et leur donnant l'exemple de l'intrépidité, fut atteint d'une balle ; le général de Borstel le remplaça ; et ce ne fut qu'après avoir perdu beaucoup de monde que les deux brigades réunies parvinrent à occuper une partie de la ville... Il fallut le concours de six bataillons suédois et de cinq bataillons russes, appartenant au corps du général Woronzow, pour assurer l'entière possession de Leipsick.

L'empereur Napoléon avait quitté la ville à dix heures du matin, au moment où, déjà, plusieurs portes étaient attaquées. Le roi de Saxe, malgré les instantes prières de son allié, voulut rester à Leipsick : ce fut une heureuse inspiration; si ce monarque vénérable eût suivi l'empereur, c'en était fait de sa couronne. Avant que les troupes de la coalition fussent entrées dans la place, ce souverain fit proposer de leur livrer, comme prisonniers de guerre, le surplus des troupes saxonnes, avec celles de Weymar et de Bade. On les trouva réunies sur la place, les armes renversées, lorsque la ville fut conquise.

Au moment où l'empereur quitta Leipsick, il ne restait plus qu'une issue libre; les troupes qui se trouvaient dans la ville ou aux environs, l'artillerie, les équipages, la cavalerie, les dépôts, les malades s'y jetèrent, et ne tardèrent pas à produire un encombrement compacte et tumultueux dans cet unique défilé. Encore, en sortant de la ville, les fuyards étaient-ils exposés au feu du général Bennigsen, qui n'avait pas cessé sur l'esplanade autour de la ville.

Rien ne peut être comparé au désordre de cette retraite; on frémit en songeant au désastre qui en résulta. Ainsi que nous l'avons dit, l'empereur avait ordonné qu'on jetât trois ponts sur la Pleisse pour favoriser, au besoin, le mouvement rétrograde de ses troupes; mais, soit négligence, soit intention coupable, un seul existait le 19 octobre. L'empereur, sorti de Leipsick par la porte dite Pétersthor, passa la rivière sur ce pont; et tout aussitôt, l'officier du génie qu'on avait chargé de le faire sauter dès que toutes les troupes françaises l'auraient franchi, oubliant que huit à dix mille hommes combattaient encore pour favoriser la retraite, fit mettre le feu aux matières combustibles... L'arrière-garde se trouva ainsi séparée du reste de l'armée, et abandonnée à la discrétion des alliés... On conçoit aisément l'effroi dont les Français furent saisis en apprenant ce terrible événement; pressés par d'innombrables colonnes ennemies, foudroyés par des feux croisés de mousqueterie et d'artillerie, chargés par des nuées de cosaques, l'espace leur manquait pour se défendre; il était fermé devant eux pour fuir. Ces infortunés essayèrent d'échapper à la captivité qui les attendait, en traversant, au risque de la vie, les bras de l'Elster et de la Pleisse : des centaines d'hommes trouvèrent la mort dans les eaux ou sous le feu des tirailleurs. De ce nombre fut le maréchal prince de Poniatowski : blessé grièvement dans la matinée, les forces lui manquèrent pour se diriger à travers l'Elster. Il périt avec son cheval dans cette rivière aux bords escarpés. On y trouva aussi le corps du général Dumoustier, chef de l'état-major du onzième corps. Plus heureux, le maréchal Macdonald réussit à traverser à la nage l'Elster et la Pleisse, tombeau de tant de Français... Le duc de Bassano échappa à ce grand désastre en se sauvant à pied [1].

Malgré les efforts de désespoir tentés par ces braves Français, victimes de la terreur au moins prématurée d'un seul officier, plus de huit mille tombèrent au pouvoir des alliés. Près de vingt mille malades ou blessés restaient en outre dans les hôpitaux de Leipsick. L'armée impériale, dans la longue suite de combats soutenus depuis le 16, avait à peine laissé quelques pièces de canon sur le champ de bataille; mais l'événement du 19 la contraignit d'aban-

---

[1] Les détracteurs de Napoléon ont trouvé à Leipsick l'occasion de l'accuser d'une *troisième fuite*. On a vu qu'il n'avait quitté cette ville que lorsqu'elle allait tomber inévitablement au pouvoir des alliés; sans doute on eût voulu que ce souverain se laissât faire prisonnier. S'il se fût proposé en effet de fuir, il eût quitté Leipsick la veille, puisque le mouvement rétrograde était commencé. On a même dit que l'ordre de faire sauter le pont immédiatement, et quoique dix mille hommes fussent encore à Leipsick ou aux environs, avec presque tout le matériel de l'armée, avait été donné par Napoléon. Cette assertion est trop absurde, trop stupide pour être réfutée.

donner deux cents pièces d'artillerie de tout calibre sur la rive droite de l'Elster. Elle y laissa aussi plus de neuf cents chariots de munitions, de vivres ou de bagages.

Quant aux pertes faites dans les engagements de Leipsick par l'armée française, elles étaient fortes, sans égaler, à beaucoup près, celles des alliés : c'est une vérité maintenant constatée, et que rendit sensible, dès le premier moment, le nombre des officiers généraux tués ou blessés de l'un comme de l'autre côté. Indépendamment du maréchal Poniatowski et du général Dumoustier, noyés dans l'Elster, l'armée française perdit sur le champ de bataille les généraux Vial et Rochambeau. Parmi les blessés, on comptait les maréchaux Ney et Marmont; les généraux Souham, Compans, Latour-Maubourg[1], Friederichs.

L'armée autrichienne avait perdu le général-major Giffing; les feld-maréchaux lieutenants Hardegg, Nostitz, Mohr, Radetzky et le général-major de Spleny, étaient blessés. Dans les rangs russes, les lieutenants-généraux Schewilsch et Novorofski; les généraux-majors Lindfors, Man-

---

[1] Il avait eu la jambe emportée.

teufell, Hune et Kudaschef avaient péri; parmi les blessés on nommait les généraux Rajefski, Duca, Krischanofski, Koratajef et Lewaschof.

L'armée prussienne ne perdit pas de généraux, et le seul prince de Hesse-Hombourg fut blessé dans ses rangs. Pourtant, ce fut cette armée qui souffrit le plus, particulièrement les divisions placées sous les ordres du prince royal de Suède, dont les troupes, ainsi que nous croyons l'avoir prouvé, fixèrent le succès sous les drapeaux de la coalition, dans la soirée du 18.

En jugeant donc de la perte des combattants par celle des chefs supérieurs, il est facile de reconnaître qu'elle dut être plus forte parmi les alliés que parmi les Français; les relations allemandes elles-mêmes avouent que la *défense désespérée* des troupes de Napoléon fit payer cher l'avantage remporté sous les murs de Leipsick.

Le nombre des prisonniers français faits du 16 au 19 octobre dut être d'environ quinze mille hommes : de ce nombre étaient quinze généraux, parmi lesquels on comptait les comtes Lauriston, Reynier et Bertrand; ce dernier avait été chargé, dans les derniers moments, du commandement de Leipsick.

Le 19 à midi, le calme était rétabli dans cette ville; il ne s'y trouvait plus de Français, sinon morts, blessés ou prisonniers de guerre. L'empereur de Russie, le roi de Prusse, le prince royal de Suède, le feld-maréchal prince de Schwarzenberg et le général Blucher, y firent leur entrée à une heure de l'après-midi, et se rencontrèrent sur la grande place. Alexandre et Fréderic-Guillaume embrassèrent le prince royal et le nommèrent leur sauveur... Puis le tzar ajouta en riant : « Vous le voyez, nous » sommes fidèles au rendez-vous que vous nous » aviez donné à Trachenberg. »

A l'entrée des souverains alliés dans Leipsick, le roi de Saxe parut un moment sur un balcon de l'hôtel qu'il occupait; il eut la douleur de voir *ses frères* détourner dédaigneusement leurs regards, et demeurer indifférents à sa présence. Mais le prince royal de Suède ne partageait ni ce dédain ni cette indifférence : avant même de se rendre auprès des monarques heureux, il avait visité le vieux roi trahi par la fortune; il lui avait prodigué des consolations et des témoignages de respect. Le jour suivant,

Frédéric-Auguste rendit visite à son altesse royale; il se montra attendri jusqu'aux larmes des procédés généreux de l'héritier du trône de Suède, dans une circonstance où les autres princes de la coalition lui refusaient un regard. Le chef d'état-major du prince royal avait reçu l'ordre exprès de veiller à ce que sa majesté ne fût environnée que d'égards et de vénération.

Cette conduite pieuse de Charles-Jean fut un sujet de mécontentement pour l'empereur d'Autriche, et surtout pour le roi de Prusse qui, dans sa pensée, rayait, a-t-on dit, l'allié fidèle de Napoléon de la liste des têtes couronnées. Le prince royal, malgré la bonne intelligence qui régnait entre lui et l'empereur Alexandre, eut à se défendre, même auprès de ce souverain, de la déférence qu'il venait de témoigner à un monarque qui n'était coupable que d'une fidélité fort rare, il est vrai, à un allié malheureux.

L'empereur de Russie et le roi de Prusse avaient reconnu publiquement que le prince royal de Suède était le sauveur de la coalition, et cette assertion ne devait pas être attribuée à ce premier élan d'enthousiasme qui suit quelquefois les grands événements. Ces paroles n'étaient pas moins justes que flatteuses : peu de lignes suffiront pour le prouver.

Non-seulement le prince royal avait sauvé trois fois la capitale de Frédéric-Guillaume, grâce à des manœuvres savantes, qu'avaient suivies des combats glorieux; mais la tactique de son altesse royale avait préparé de plus grands succès encore, en trompant les projets de l'empereur Napoléon, en refusant des engagements hasardeux, en déterminant la concentration des trois grandes armées sur le terrain que le prince avait désigné précédemment.

En nous bornant à reprendre quelques détails sur la manœuvre la plus décisive de cette campagne, le mouvement précipité fait, le 10 et le 11 octobre, derrière la Saale, mouvement qui prévint la perte assurée de l'armée de Silésie, il nous sera facile de prouver que le prince royal fut en effet le sauveur des troupes coalisées. Car il nous semble évidemment démontré que leur immense ligne étant percée vers son centre, il leur eût été bien difficile de ressaisir l'avantage, lorsque les armées françaises eussent inondé la Prusse, appuyées, dans toutes les directions, par des places fortes au pouvoir de Napoléon.

Blucher, en passant l'Elbe dans les premiers jours d'octobre, à la gauche de Wittemberg, et en s'éloignant d'une marche du fleuve, sans points d'appui, sans tête de pont, ni sur la rive droite ni sur la rive gauche, avait complétement aventuré l'armée de Silésie. Ce fut dans cette situation, dont le prince royal avait aperçu tout le danger, que son altesse royale sollicita l'entrevue de Muhlberg, qui eut lieu le 7 octobre, en présence du prince Guillaume de Prusse, et des généraux Muffling, Adlercreutz, Bulow et Favast. Le prince royal, ayant exprimé le désir de connaître la position de l'armée de Silésie, elle lui fut indiquée sur la carte. Son altesse royale, au premier coup d'œil, trouva les corps trop éloignés les uns des autres, et les troupes trop peu concentrées. Le prince engagea avec instance le général Blucher à serrer la droite de son armée vers la Mulde, le centre sur la droite, la gauche sur le centre, et à se former en ordre profond par corps d'armée.

Heureusement pour l'armée de Silésie, son commandant en chef suivit ce conseil; et dans l'attaque qu'il eut à soutenir pendant l'exécution de ce mouvement, il en fut quitte pour la perte d'une partie de ses équipages. Le corps du général Sacken, qui avait été dirigé imprudemment sur Duben, trouva, par bonheur, le pont de Raguhn pour se jeter sur la rive gauche de la Mulde, derrière l'armée suédoise.

Dans la relation des combats livrés le 18 octobre, nous croyons avoir démontré que l'avantage de la journée fut conquis par l'armée du nord, opposée aux trois corps réunis sous les ordres du maréchal Ney, renforcés, dans la soirée, par la réserve que l'empereur Napoléon avait fait déboucher de Reudnitz. Partout, les alliés avaient sans doute opposé de la constance et de la valeur à l'intrépidité furieuse des troupes françaises; mais ce fut incontestablement dans la direction de Taucha, Grasdorf, Sellershausen et Wolkmarsdorf, que le combat fut décisif. Et si, pour rendre hommage à la vérité, l'on doit convenir que la défection des Saxons et des Wurtembergeois détermina le succès, il faut ajouter que l'attachement porté par ces troupes au prince royal, leur général en 1809, fut pour beaucoup dans leur action, que cet attachement ne justifiait pas. Du reste, l'empereur, si bien prévenu, dès les premiers jours de septembre, par le général Gersdorf, du sentiment que les troupes saxonnes vouaient au prince royal, commit une imprudence inimaginable, en les comprenant dans un corps qu'il opposait précisément à ce prince.

Dans les journées du 20 et du 21 octobre, l'empereur de Russie eut de longues conférences avec le fils adoptif de Charles XIII; sa majesté vouait à son altesse royale une estime et un attachement fondés sur l'appréciation de ses hautes qualités, et sur celle, non moins vivement sentie, des immenses services que ce prince rendait depuis un an à la coalition. Mais le roi de Prusse, tout en convenant de l'importance de ces services, ne se montrait ni aussi reconnaissant, ni aussi affectueux que le tzar, envers l'héritier du trône de Suède. Sa majesté s'était trop abandonnée aux insinuations de ses généraux, qui non-seulement avaient impatiemment supporté les représentations, pourtant fort utiles, que ce chef expérimenté avait dû leur adresser pendant la campagne, mais qui, peut-être, en recevant ses conseils salutaires, n'avaient pu lui pardonner de les avoir jadis battus tant de fois. De sorte qu'ils lui en voulaient, en même temps, et des succès obtenus autrefois contre eux et de ceux qu'il venait d'obtenir avec eux.

Si Frédéric-Guillaume ne sut pas alors se défendre assez de ces injustes influences, il en a reconnu depuis l'illégitimité, et nous aimons à le dire ici. Mais puisque ces préventions, conçues avec trop de précipitation, sont maintenant évanouies dans l'esprit de ce monarque du nord, nous devons, par respect pour la vérité, les exposer entièrement.

Il n'est point hasardeux d'avancer que le refroidissement du roi de Prusse envers le prince royal de Suède eut particulièrement sa source dans les égards que son altesse royale témoigna au roi de Saxe. Nous ne tarderons pas à reconnaître que les puissances coalisées étaient loin, dès lors, de vouloir demeurer fidèles au plan d'affranchissement et d'indépendance développé par l'altesse suédoise, durant l'entrevue de Trachenberg, et que les deux souverains du nord avaient paru accueillir avec tant de faveur... On ne se proposait rien moins que d'incorporer tout le royaume de Saxe à la monarchie prussienne.

Les conférences qui eurent lieu à Leipsick, entre l'empereur Alexandre et le prince royal de Suède, durent aussi se rapporter aux bases primitives d'alliance posées par les conventions d'Abo. La Suède, soit par le concours de ses troupes, soit par le zèle et le talent de l'héritier de la couronne, avait fait beaucoup pour la coalition; et la coalition n'avait encore rien fait pour cette puissance. Les subsides mêmes de l'Angleterre n'avaient été jusqu'alors employés qu'à des armements dans l'intérêt général; la Norvége était toujours au pouvoir du Danemarck. Le prince royal de Suède déclara donc, à Leipsick, qu'il devait songer enfin à son pays.

Avant de quitter cette ville, Charles-Jean s'occupa, avec une vive sollicitude, des blessés et des prisonniers français; il visita en personne les hôpitaux, et prodigua l'argent pour secourir ses anciens frères d'armes. Il agit de même envers les militaires valides que le sort de la guerre avait fait tomber au pouvoir des alliés; le prince chargea son premier aide-de-camp de réclamer les prisonniers, et de leur offrir tous les secours imaginables. Il vit lui-même les généraux et les officiers supérieurs: non-seulement son altesse royale leur rendit tous les services que nécessitait leur situation, mais ces braves en reçurent de ces témoignages d'amitié qui, dans les âmes nobles, ne peuvent être comprimés par les dissidences politiques. En un mot, dans cette circonstance, le prince acquit des droits à la reconnaissance de tous les Français qui lui furent présentés ou qu'il avait recherchés.

Les armées alliées s'étaient mises à la poursuite de l'empereur Napoléon, dès le 20; mais le 21 il avait passé Erfurth; dès lors il devint certain qu'il ne se reformerait que sur le Rhin. Le but du mouvement général de la coalition était donc rempli sur ce point; tandis qu'il restait à l'armée du nord de l'Allemagne des opérations à entreprendre. Les forces combinées du maréchal Davoust et du Danemarck, étaient à peu près intactes dans le bas Elbe; le prince royal songea à se diriger sur Hambourg et les rives de la Baltique, où l'appelaient en même temps les intérêts de la coalition, et les intérêts directs de la Suède.

Le fils adoptif de Charles XIII, en s'occupant enfin de cette Suède jusqu'alors sacrifiée aux desseins généraux des alliés; de cette Suède, si malheureuse pourtant, si froissée, si appauvrie de défenseurs, dans une suite de guerres toujours étrangères à sa prospérité; le fils de Charles XIII, disons-nous, excita la critique et même le mécontentement des puissances, qu'il avait si fructueusement secondées. Après avoir sauvé la Prusse et surtout sa capitale d'une invasion, qui eût brisé violemment le nœud de la coalition; après s'être fait l'utile précepteur des généraux qui servaient sous lui, et même de ceux qui commandaient en chef comme lui; après avoir enfin conduit, par de savantes combinaisons, l'empereur Napoléon, le premier capitaine du siècle, sur le terrain où sa fortune devait être le plus vulnérable, l'héritier de la couronne de Suède faisait crier *à l'intérêt particulier,* parce qu'il se rattachait, au profit de son pays, à des clauses de l'inexécution desquelles un peuple souffrant lui demandait compte. L'intérêt particulier! eh bien soit! il était temps que le héros de cette histoire y songeât. La Russie occupait déjà la Pologne, et conservait toujours la Finlande, marquant avec l'épée son lot de conquête. La Prusse rentrait en possession de toutes les provinces que la guerre lui avait enlevées, et regardait le royaume de Saxe avec convoitise. L'Angleterre avait son pays d'Hanovre; l'Autriche se flattait de ressaisir l'Italie.

La Suède seule restait sans indemnité des sacrifices qu'elle avait faits ; la Suède qui, seule aussi sur le continent, s'était dévouée à la cause de l'indépendance du nord, lorsque l'Autriche et la Prusse combattaient dans les rangs de Napoléon, et se partageaient, en espérance, les provinces Russes.

Depuis deux ans que les Suédois, pour sauver leur indépendance, leur nationalité, peut-être, s'étaient alliés aux puissances coalisées, ils n'avaient vu leur prince occupé que d'intérêts dont ils étaient loin d'apprécier l'opportunité, puisqu'ils ne diminuaient en rien le malaise de la nation.

Et cependant ces légitimes considérations ne guidaient pas exclusivement le prince royal ; c'était encore pour servir l'alliance européenne, qu'il se portait sur le bas Elbe : il devait faire ce mouvement quand même il n'eût agi que d'après les règles d'une prudente stratégie. Commandant l'aile droite de la grande armée coalisée, son premier devoir, après les événements décisifs du centre et de la gauche, était évidemment de marcher dans la direction qu'il suivait. Le maréchal Davoust, avec vingt à vingt-cinq mille hommes, occupait Hambourg, et cinq mille Danois manœuvraient aux portes de cette grande ville; tandis que le général Lemarrois était renfermé dans Magdebourg, avec dix-huit à vingt mille hommes. Ainsi près de cinquante mille combattants se tenaient derrière le flanc droit de cette ligne immense, qui, s'ébranlant pour se porter en avant, avec plus d'imprudence que d'utilité, allait peut-être livrer le nord de l'Allemagne à des garnisons françaises, s'élevant à plus de cent cinquante mille hommes.

Vers le bas Elbe, le général Walmoden, avec un faible corps de dix-huit à vingt mille hommes, ne pouvait qu'observer des forces triples des siennes, et se retirer si elles l'attaquaient. Il est évident que la marche du prince royal sur ce point répondait à une pressante nécessité de la coalition : aussi l'officier-général envoyé, un peu plus tard, à Francfort et à Londres, pour soumettre ce mouvement aux souverains alliés, en revint-il avec leur entier assentiment, et l'autorisation d'employer à réduire le Danemarck, tout ce qu'ils avaient placé de troupes sous le commandement de son altesse royale.

FIN DU DEUXIÈME VOLUME

TABLE DES MATIÈRES.

Pages.

LIVRE II.

Chapitre VI.	5
Chapitre VII.	59
Chapitre VIII.	98
Chapitre IX.	124

LIVRE III.

Chapitre premier.	161
Chapitre II.	196
Chapitre III.	225
Chapitre IV.	248
Chapitre V.	321
Chapitre VI.	356
Chapitre VII.	407

FIN DE LA TABLE.

www.ingramcontent.com/pod-product-compliance
Lightning Source LLC
Chambersburg PA
CBHW060518230426
43665CB00013B/1570